"As ideias de Montoya sobre o desenvolvimento de marcas pessoais mudarão a maneira como os profissionais e empresários se promovem."
– Robert G. Allen e Mark Victor Hansen, coautores, *O Milionário em um Minuto*

A MARCA CHAMADA VOCÊ

DVS EDITORA

www.dvseditora.com.br
São Paulo, 2010

A MARCA CHAMADA VOCÊ

Crie uma Marca Pessoal de Destaque
e Expanda seus Negócios

PETER MONTOYA com TIM VANDEHEY

DVS EDITORA

www.dvseditora.com.br
São Paulo, 2010

A MARCA CHAMADA VOCÊ

DVS Editora 2010 - Todos os direitos para a língua portuguesa reservados pela editora.

THE BRAND CALLED YOU

Original edition copyright © 2009 by Peter Montoya. All rights reserved.
Portuguese edition copyright © by 2010 DVS Editora Ltda. All rights reserved.

Nenhuma parte deste livro poderá ser reproduzida, armazenada em sistema de recuperação, ou transmitida por qualquer meio, seja na forma eletrônica, mecânica, fotocopiada, gravada ou qualquer outra, sem a autorização por escrito do autor.

Tradução: Matheus Martins Corrêa
Diagramação: Konsept Design & Projetos

Dados Internacionais de Catalogação na Publicação (CIP)
(Câmara Brasileira do Livro, SP, Brasil)

Montoya, Peter
 A marca chamada você : crie uma marca pessoal de destaque e expanda seus negócios / Peter Montoya com Tim Vandehey ; [tradução Matheus Martins Corrêa] . -- São Paulo : DVS Editora, 2010.

 Título original: The brand called you
 Bibliografia

 1. Carreira - Desenvolvimento 2. Marketing pessoal 3. Sucesso em negócios I. Vandehey, Tim. II. Título.

10-01961   CDD-650.1

Índices para catálogo sistemático:

1. Marketing pessoal : Sucesso em negócios 650.1

SUMÁRIO

Introdução: Que Teoria Que Nada, Tenho um Negócio Para Tocar   vii

PARTE I: O DNA de uma Marca Pessoal   1

CAPÍTULO 1 – Para Que Criar a sua Marca?   3

CAPÍTULO 2 – Como Funciona a Criação de Marcas Pessoais   17

CAPÍTULO 3 – Conquistando e Mantendo a Nata dos Negócios   31

PARTE II: A Marca com Três Cérebros   47

CAPÍTULO 4 – Especialize-se ou Gaste   49

CAPÍTULO 5 – Veículos de Promoção   67

CAPÍTULO 6 – Dando Satisfação ao Cliente   97

PARTE III: A Anatomia de uma Marca Pessoal   111

CAPÍTULO 7 – Identidade de Marca   113

CAPÍTULO 8 – Folders e Cartões Postais Pessoais   129

CAPÍTULO 9 – A Internet   147

CAPÍTULO 10 – Relações Públicas e Envolvimento com a Comunidade   167

CAPÍTULO 11 – *Networking* e Recomendações   185

CAPÍTULO 12 – Publicidade   205

PARTE IV: Ela Está Viva! Trazendo sua Marca à Vida em 12 Meses   221

CAPÍTULO 13 – Crie sua Estratégia de Marca   223

CAPÍTULO 14 – Lance seu Plano de Um Ano   241

CAPÍTULO 15 – Mantendo e Defendendo sua Marca   255

Recursos Úteis   269

Índice Remissivo   273

INTRODUÇÃO
QUE TEORIA QUE NADA, TENHO UM NEGÓCIO PARA TOCAR

A política e o desenvolvimento de marcas pessoais são como pão e manteiga, portanto falemos de política por um instante. No início de 2007, a longa carreira do senador John McCain parecia estar acabada. Ele parecia ser um coadjuvante nas eleições primárias do partido Republicano de 2008, bem atrás de candidatos glamourosos como o ex-prefeito de Nova York Rudy Giuliani, o ex-governador de Massachusetts Mitt Romney, e até o ex-senador e ator de TV Fred Thompson, que alguns consideravam o herdeiro de Ronald Reagan. Em contraste, McCain era conhecido como um *maverick*, um político dissidente que irritava os conservadores com sua recusa em aderir à linha do partido. Ele não tinha levantado muito dinheiro, nem recebia muita cobertura da imprensa. Até o ex-governador do Arkansas Mike Huckabee estava roubando sua cena, principalmente depois que "O Huck" venceu a convenção de Iowa.

Mas McCain fez algo muito sensato: continuou sendo John McCain. Ele permaneceu a bordo do *Straight Talk Express* (*Expresso da Conversa Franca*, como batizou seu ônibus de campanha), não tentou agradar ninguém, e continuou sendo uma pessoa autêntica e rabugenta. Comparado com Romney, que parecia não se decidir entre posições liberais e conservadoras, Giuliani, que não conseguia pronunciar cinco palavras sem mencionar o 11 de setembro, e Thompson, que parecia estar dormindo, McCain começou a ser visto como uma boa opção. Ele parecia ser autêntico: um **herói de guerra** genuíno que matinha as mesmas posições há décadas e que não voltaria atrás. Ele era verdadeiro. Os eleitores reagiram, e você sabe o resto da história. McCain acabou nomeado candidato republicano de 2008. Sob a nossa perspectiva, ele fez algo muito inteligente: estabeleceu uma **marca pessoal** e dedicou-se a ela, a despeito do que o pensamento convencional ditava.

Apesar de ter sido derrotado nas eleições presidenciais por Barack Obama, outro candidato com uma forte marca pessoal, é impossível negar a impressionante ascensão de McCain no cenário político norte-americano.

A CURA PARA O PENSAMENTO CONVENCIONAL

O pensamento convencional diz que quando você está numa situação competitiva, deve copiar o que o outro indivíduo está fazendo, apenas tentando fazê-lo melhor. Não contrarie as intuições ou se destaque, pois você pode alienar alguém, em algum lugar. Encaixe-se no padrão dos outros. Goste ou não dele, foi precisamente isso que McCain **não** fez, obtendo grandes resultados. O pensamento convencional é surpreendentemente imbecil. Eu diria até que segui-lo é a melhor maneira de ser jogado para escanteio. Você acabaria assistindo os pensadores mais ousados passarem, tentando entender o que diabos aconteceu.

Você já se pegou fazendo estas perguntas sobre sua vida profissional?

- Por que estou cheio de dinheiro num mês e com dificuldades no outro?
- Por que concorrentes menos hábeis que eu conseguem mais clientes sistematicamente?
- Por que dependo tanto de poucos clientes?
- Por que nunca pareço alcançar meus objetivos de renda?
- Quando as coisas vão melhorar?

Se a resposta for **sim**, você não está sozinho. Milhões de profissionais autônomos perguntam-se as mesmas coisas todos os anos. Eles fazem essas perguntas porque descobrem que ganhar o salário que almejam significa trabalhar mais do que jamais tinham antecipado e passar menos tempo aproveitando a vida. Eles descobrem que gastam tempo demais passando dificuldade, servindo clientes desagradáveis e tentando atrair fregueses. Eles não estão aproveitando a vida, mas deveriam estar. Você deveria estar. Porque as coisas podem ser diferentes, e eu vou lhe mostrar como.

Introdução

Vou ensinar-lhe como dar uma banana para o pensamento convencional e fazer algo que todos os profissionais de sucesso, de todos os tipos de profissão, fizeram para que ficassem ricos:

Criar uma marca pessoal dominante e irresistível.

DUAS ILUSÕES

O que isso significa? Tocarei nesse assunto mais tarde, mas neste momento, começaremos destruindo duas ideias vigentes no pensamento convencional. Na verdade, essas ideias são tão ridículas e danosas aos negócios individuais que vou chamá-las pelo nome certo: **ilusões**. Você pode estar tocando o seu negócio de acordo com uma ou com as duas ilusões; a maioria dos profissionais comete esse erro. Assim, para preparar você para o nosso mergulho no mundo das marcas pessoais, vou transformar essas duas vacas sagradas em bife e fritar uns hambúrgueres para comermos.

Ilusão 1: O público se importa com o seu negócio.
Realidade: O público não sabe que você existe.

Você já viu restaurantes ou lojas na sua comunidade abrindo as portas sem alarde ou publicidade, aparentemente esperando que as pessoas descobrissem por telepatia que estavam em funcionamento? Há algo muito narcisista na criação de um negócio próprio; ele é o centro do seu mundo, então é fácil se esquecer de que ele não é o centro do mundo das outras pessoas. Mas ele realmente não é. Todos nós temos milhares de entidades diferentes clamando por nossa atenção todos os dias – negócios, escolas, organizações cívicas, igrejas, família, amigos, médicos e assim por diante. Se não o conhecemos pessoalmente, não nos importaremos com o seu negócio a não ser que você nos dê um motivo. Os negócios que não encontram uma maneira de fazer com que as pessoas se importem não duram muito tempo.

Ilusão 2: Você oferece algo diferente e superior às ofertas da concorrência.
Realidade: Você oferece basicamente os mesmos produtos (serviços).

Tudo bem, você é competente e inteligente o suficiente; e, maldito seja, as pessoas gostam de você! Eu sei que isso é difícil de engolir. Todos nós queremos acreditar que fazemos o nosso trabalho melhor do que os outros. Mas apesar de você ter seus pontos fortes – e também certas habilidades que podem até ser superiores àquelas apresentadas pelos outros – você não oferece um serviço muito diferente dos seus concorrentes. Se você é um médico de família, recomenda exames e vacinas e prescreve receitas. Se você é um advogado tributário, oferece planejamento de impostos e negociações com a Receita Federal. Existirão sempre variações aqui e ali, mas não há nada de muito original.

Isso tudo significa que as estratégias nas quais muitos profissionais confiam para expandir seus negócios – o fato de serem melhores do que os outros, e o uso de cartões de visitas e das páginas amarelas para fazer com que as pessoas se importem com eles – não funcionarão. Nunca. Claro que você conseguirá alguns clientes usando esses métodos, mas você não estudou medicina, direito ou arquitetura, ou tirou sua licença de corretor, para conseguir "alguns clientes". Você se esforçou muito para ganhar dinheiro e construir um grande estilo de vida, e se isso não está acontecendo, é provavelmente porque você vem acreditando nas ilusões do pensamento convencional.

O QUE SÃO MARCAS PESSOAIS (MPS)?

Marcas pessoais (MPs) são a chave para mudar tudo isso. Pura e simplesmente, elas são as ferramentas mais poderosas já criadas para a construção de carreiras profissionais milionárias. Usada adequadamente, com criatividade, planejamento e coerência, uma **marca pessoal** (MP) irá ajudá-lo a fazer três coisas:

1. Transformar seu nome e imagem em um "produto" diferenciado que tem qualidades desejáveis associadas a ele.
2. Atrair um tipo de clientela mais elitizada e lucrativa.
3. Ajudá-lo a manter mais desses clientes de qualidade, mesmo quando os negócios estão em baixa para o resto das pessoas.

Já estabelecemos que você não será bem-sucedido só por falar que é melhor do que a concorrência, e que você não pode esperar que as pessoas simplesmente entrem pela sua porta e lhe entreguem seu dinheiro. Sua única vantagem é você mesmo. O que você faz pode não ser único, mas você é. Assim, ao invés de se concentrar em serviços ou preços, você se concentrará em si mesmo, para se aproximar do seu mercado-alvo e moldar o que ele pensa de você – para criar uma relação íntima com as pessoas. É isso que uma MP faz para você. Se isso vai de encontro às suas intuições, se lhe parece mesmo assustador, bom. Desafiar o pensamento convencional é sempre assustador. É também eficaz.

Mas estamos falando muito de negócios isso, profissional aquilo; afinal, para quem este livro foi realmente escrito? Idealmente, para qualquer pessoa gerindo uma prática profissional:

- Profissionais da saúde (médicos, dentistas, terapeutas).
- Advogados.
- Consultores financeiros.
- Corretores de imóveis.
- Corretores de seguros e de hipotecas.
- Arquitetos.
- *Personal trainers*.
- Outros consultores.

Mas, na realidade, é completamente aplicável a qualquer pessoa que ofereça serviços e que tenha o próprio nome no cartão de visita: empreiteiros, fornecedores de serviços para festas, artistas gráficos, *designers* de interiores, locutores profissionais, só para citar alguns. Se você é a estrela do *show*, você precisa de uma forte MP.

Você é o seu negócio. Os clientes o escolhem não por causa dos seus cartões de visitas legais ou do seu escritório moderno, mas por causa de algo em você que inspira confiança. Essa característica faz com que eles decidam que você oferece algo de valor. Os clientes escolhem trabalhar com você. O problema disso é que, obviamente, o crescimento do seu negócio fica dependendo inteiramente de você. Você acaba trabalhando longas horas, gastando uma fortuna para atrair novos clientes e negligenciando outras partes da sua vida que você gostaria de aproveitar. O seu negócio acaba comandando você, e não o contrário.

Uma MP torna-se seu "eu substituto". É você na mente dos clientes em potencial, trabalhando por você pelo mundo afora, atraindo novos clientes mesmo quando você está de férias na praia. Uma grande marca lhe dá o poder de escapar da gaiola do "lucro auferido" = "horas trabalhadas". Os profissionais com as marcas pessoais mais fortes (e os melhores sistemas para administrá-las e expandi-las) na verdade trabalham por menos horas do que seus concorrentes. Eles também ganham muitas vezes mais por ano!

O DOUTOR CHEGOU

Parece muito bom, não é? Em *A Marca Chamada Você*, eu guiarei você por cada passo necessário para a construção, lançamento e manutenção da sua própria MP, capaz de transformar seus negócios e aumentar a sua renda na vida real. Também irei fazê-lo com o mínimo de psicobaboseiras possível. Há uma escola de pensamento inteira que estuda como as marcas funcionam dentro da mente, e apesar de eu achar tudo muito fascinante, eu suspeito que você não acharia. Sejamos francos, você sai por aí todo dia tentando ganhar a vida, defendendo-se de uma concorrência ferrenha, lidando com regulações governamentais e, de alguma maneira, fazendo o seu negócio crescer. Então este livro lhe entregará um baú cheio de conselhos práticos preciosos – coisas que você pode fazer hoje, amanhã, semana que vem e mês que vem para começar a se transformar numa marca de sucesso e construir seu negócio com base nessa marca.

Para fazer isso, vou copiar uma página direto do dr. Frankenstein: vou construir nossa MP parte a parte. Começarei com algumas informações sobre os princípios básicos do funcionamento das marcas, e então prosseguirei logo aos seus componentes essenciais, sendo o mais importante deles a especialização. Depois começarei a costurar as partes com a ajuda do meu assistente de laboratório corcunda e, finalmente, trarei a marca à vida, sem nem precisar de um raio cenográfico como toque final. Quando tivermos acabado, você terá o equivalente a um mestrado em MPs... uma grande vantagem sobre seus concorrentes.

Mas como este livro é sobre conselhos práticos, não vamos desperdiçar o nosso tempo. Aqui vai a minha primeira recomendação para o mundo real:

Dê o seu nome para o seu negócio.

Talvez você já tenha feito isso; se for o caso, ótimo. Não mude nada. Mas se você caiu em tentação e batizou o seu negócio de Aliança Capital Investimentos ou PenseBem *Marketing e Design* ou algum outro nome terrível, pare por um momento e escute. Você tem que dar seu nome ao seu negócio. Ponto final. Ninguém telefona para falar com a Aliança Capital; eles ligam para falar com você. Ninguém recomenda a PenseBem; eles dão o seu nome e telefone para os colegas que precisam de publicidade. É você quem dá valor aos seus serviços, não o nome da sua companhia. Sejamos sinceros, o único motivo para você ter escolhido esse nome besta foi a esperança de que as pessoas achassem que você fosse maior do que realmente é. Mas confie em mim, você não está enganando ninguém.

As corporações são consideradas o inimigo na cultura popular de hoje. Elas são instituições sem face, indiferentes, monolíticas e corruptas. Elas têm uma terrível imagem. Por que alguém escolheria um profissional da saúde que soa como uma corporação quando ele poderia confiar em um ser humano que possui basicamente os mesmos interesses e preocupações dele? Quando você está criando uma marca para si mesmo, inventar um nome que parece vindo da *Fortune 500* (relação das 500 empresas mais bem-sucedidas pela revista *Fortune*) é o **beijo da morte**.

Ainda tem dúvidas? Você não está sozinho. Nos meus seminários sobre MPs, encontro mais resistência contra esse ponto do que quase qualquer outro. Por isso, vamos tentar fazer um exercício. Num pedaço de papel, anote de 15 a 20 nomes de marcas de luxo. Podem ser de qualquer indústria: roupas, calçados, carros, relógios, vinhos, joias e assim por diante. Se formos parecidos, você acabará com uma lista mais ou menos assim:

Ferragamo
Versace
Mercedes-Benz
Dom Perignon
Rolex
Rolls-Royce
Prada
Reidel

Kohler
Lauren
Bang & Olufsen
BMW
Bentley
Yves Saint Laurent
L'Oréal
Cartier
Armani

Observe sua lista. Quantas das marcas de luxo têm o nome de alguém? Na minha lista, as únicas que não têm nomes de pessoas são a Rolex e a BMW. Todas as outras começaram com uma pessoa abrindo sua empresa, construindo-a ao longo do tempo, desenvolvendo uma reputação por sua excelência e talhando uma MP fora de série. Esse é o poder que o seu nome pode ter se você der suporte a ele com a mensagem certa, a publicidade correta e, acima de tudo, consistência e persistência.

Esse foi o meu primeiro conselho prático para você. Há muito mais por vir. Então vamos começar.

Peter Montoya
Junho de 2008

PARTE I
O DNA DE UMA MARCA PESSOAL

CAPÍTULO 1

PARA QUE CRIAR A SUA MARCA?

Desenvolver uma marca pessoal de peso pode ser a chave para se elevar acima da concorrência. Ela serve como uma abreviatura que comunica o conjunto das suas habilidades e estilo – seja você um coordenador que procura responsabilidades além daquelas que o seu emprego atual oferece, ou um executivo de comunicações de nível intermediário visando à presidência. A criação de uma marca lhe dá uma maneira excepcionalmente eficaz de difundir quem você é para o seu mercado-alvo de forma rápida e eficiente.

– Rick Haskins, do Multichannel News

Você conhece os nomes: Tiger, Oprah, Trump, Schwab, Madonna. Eles estão entre as poucas celebridades mundiais que podem ser identificadas instantaneamente através de uma única sequência de sílabas. Mais precisamente, os seus nomes trazem à mente um conjunto de qualidades veementes – positivas e negativas – para quase qualquer pessoa que os ouça. É essa a exata definição de uma marca pessoal de nível internacional. Você não está nesse nível; você provavelmente não tem ambições de se tornar famoso mundialmente e de ter sua foto estampada nos tabloides. Mas você pode ser como essas celebridades em um sentido importante: sua imagem pública pode representar algo transparente, influente e atraente nas mentes das pessoas com quem você entra em contato.

O QUE É UMA MARCA PESSOAL (MP)?

Uma imagem pública transparente, influente e atraente – é esse o genuíno significado de uma marca pessoal (MP). Há muita conversa sobre marcas empresariais e pessoais nos dias de hoje, e por isso há também muita confusão. Quando você ouve que a Nike ou a Anheuser-Busch gastou 30 milhões de dólares em uma campanha para o desenvolvimento da sua marca, pode ser fácil concluir – incorretamente – que esse negócio de marca não é para você. Então vamos direto ao ponto para falar das três características que compõem uma MP.

COISAS QUE VOCÊ PODE FAZER HOJE

1. Parar de usar panfletos e artigos promocionais baratos.
2. Iniciar o processo de mudança do nome do seu negócio para o seu nome.
3. Se você ainda não o fez, reservar o nome do domínio www.seunome.com. O custo é de mais ou menos nove dólares por ano.
4. Anotar as qualidades que o tornam único.
5. Anotar os seus objetivos de renda e horas de trabalho para os próximos 1 ano, 5 anos e 10 anos.
6. Escrever uma descrição do seu cliente ideal. Essa pessoa será o alvo da sua marca.

Primeiramente, sua MP é **você**, aprimorado e apresentado através de métodos de comunicação hábeis e sofisticados. Ela é planejada com o intuito de transmitir duas informações vitais para o seu mercado-alvo:

1. Quem você é como pessoa.
2. Qual é a sua especialidade.

Sua MP é a imagem que vem à mente dos clientes em potencial quando eles pensam em você. Ela representa seus valores, sua personalidade, suas qualificações e as qualidades que fazem de você um indivíduo singular entre os seus concorrentes. Por isso é tão importante que você se mantenha autêntico ao criar a sua marca. As pessoas querem trabalhar com você, não com o produto de uma jogada de *marketing*.

Em segundo lugar, uma MP é uma **promessa**. Ela informa aos clientes em potencial o que eles devem esperar de você. É um acordo tácito entre um prestador de serviços e um cliente que faz com que o cliente acredite, "Toda vez que eu precisar desta pessoa, vou receber um serviço e um atendimento de determinada qualidade." Podemos observar isso a todo o momento em companhias de bens de consumo como a Apple Inc. Os clientes da Apple estão entre os mais devotos do mundo; eles agarram-se a cada lançamento e formam filas de vários quarteirões para comprar novos aparelhos como o *iPhone*. Eles esperam da Apple um certo conjunto de qualidades: belo *design*, funcionalidade intuitiva e funções inovadoras. Essa é a promessa da marca Apple, e desde que a companhia continue a cumpri-la, a marca continuará forte.

Uma MP cria expectativas na mente das pessoas sobre o que elas receberão quando trabalharem com você. Se você puder descobrir o que o seu mercado-alvo valoriza, criando assim uma marca que promete oferecer esses valores repetidamente, os clientes em potencial baterão à sua porta e ocuparão todas as linhas telefônicas. A condição: você tem que cumprir essa promessa 100% das vezes. Veremos mais sobre esse assunto mais adiante neste livro.

Um grande exemplo de promessa de uma MP é Charles Schwab. No passado, ele costumava ser um solitário profissional de finanças, mas agora ele é o diretor executivo de uma das maiores corretoras *on-line* do mundo, conhecida por cobrar comissões baixas. Apesar dos descontos, sua MP carrega uma poderosa promessa: quando investirmos através da sua empresa, seremos tratados como se tivéssemos muito dinheiro.

Finalmente, uma MP é um **relacionamento** que exerce influência sobre os clientes, tanto os potenciais quanto os de fato. Os atributos da sua marca determinarão quanta influência você terá. Por exemplo, se o seu melhor amigo carpinteiro lhe dissesse que você precisa parar de fumar e perder peso, você provavelmente zombaria dele, mas se o seu médico lhe dissesse a mesma coisa, você levaria o conselho mais a sério. Os atributos do relacionamento dão ao médico mais autoridade na sua área de especialização. Neste livro, você aprenderá a criar uma marca que o ajudará a construir um relacionamento com os seus clientes no qual você será a principal fonte de influência. Isso o ajudará a alcançar três objetivos importantes:

1. Atrair mais clientes com mais facilidade.
2. Elevar seus preços e comissões para aumentar a sua renda.
3. Dar satisfação aos clientes e criar um fluxo constante de recomendações.

O QUE UMA MARCA PESSOAL (MP) FAZ

O linguista e antropólogo Gregory Bateson disse: "Os processos da percepção são inacessíveis; somente os produtos são conscientes e, é claro, são os produtos que são necessários." O desenvolvimento de uma MP tem tudo a ver com a **percepção** – com a maneira como os outros o percebem. Pergunte a si mesmo: quem é o "você" que as pessoas conhecem? É claro, as pessoas que já são seus clientes ou pacientes o conhecem como pessoa, mas e a maioria que nunca trabalhou com você? Eles conhecem você, ou uma **percepção** de você construída a partir de anúncios na lista telefônica, do seu nome num cartaz, de um ou outro anúncio no jornal, e talvez do boca a boca?

É um assunto interessante para se refletir, não é mesmo? O "você" que trabalha no escritório todo dia não é o mesmo "você" do qual as outras pessoas têm consciência antes de terem um relacionamento cara a cara com você. Este "você" é uma percepção criada a partir de centenas de partes aleatoriamente encaixadas sobre as quais você tem muito pouco controle.

Ao criar uma MP, você toma controle da maneira como as outras pessoas o veem antes de entrarem em contato direto com você. Acredite ou não, você já tem uma MP. As pessoas já têm uma percepção sua, mesmo que seja "um contador qualquer" ou "aquele advogado ali na rua do Estado". Essa é uma marca que você construiu acidentalmente sem nem perceber. Mas, aqui e agora, você começará a tomar controle consciente desse processo e da sua imagem pública.

Fazendo isso, você abrirá as portas para alcançar três metas fundamentais para ganhar mais dinheiro e construir o estilo de vida que você deseja:

1. *Fazer com que as pessoas percebam que você é diferente.* Especialização – a percepção de que você é especialista numa área profissional que tem valor para o seu público – é a parte mais importante de uma MP de sucesso.

2. *Mostrar às pessoas que você é "como elas"*. Todos nós queremos trabalhar com pessoas de quem gostamos, pessoas que nos entendem, que acreditamos compartilhar dos nossos valores, e que são verdadeiras e autênticas. Sua marca ajuda as pessoas a se relacionarem com você num nível pessoal.
3. *Trazer clientes em potencial até você*. Vivemos numa sociedade que é saturada por promoção e *marketing*, e nós ressentimos esse fato. De acordo com o jornal USA Today, os consumidores são expostos a uma média de 3.500 a 5.000 mensagens de *marketing* num dia típico. Nossa resistência às vendas é extremamente alta. É só observar a incrível popularidade da lista de bloqueio telefônico nos Estados Unidos para perceber que as pessoas odeiam quando alguém tenta vender-lhes alguma coisa. Então como trazer as pessoas ao seu escritório para que você possa usar seu charme e traquejo comercial para transformá-las em clientes? Sua MP proporciona o nível de conforto necessário para que elas possam vir até você.

COISAS QUE VOCÊ PODE FAZER EM UMA SEMANA

1. Definir um novo *slogan* que reflete quem você é e o que você faz da maneira mais precisa possível.
2. Dividir seus clientes/pacientes em três categorias: A (mais desejável), B (moderadamente desejável) e C (clientes que você prefere não manter).
3. Marcar uma reunião com uma amostra representativa dos seus melhores clientes para perguntar por que eles continuam procurando seus serviços.
4. Comparar seus preços com a média do setor e com os dos seus concorrentes. Você está cobrando muito caro ou muito barato?
5. Contatar as empresas que publicam suas propagandas e seus anúncios na lista telefônica. Renegociar as tarifas ou remover os anúncios até que você tenha construído a sua nova marca.
6. Conversar com seus funcionários sobre a criação de uma MP e ouvir suas opiniões.

MENOS CLIENTES, MELHORES CLIENTES

Uma grande marca pessoal (MP) é a sua passagem para fugir da monotonia de vender, gastar dinheiro com ferramentas de *marketing* que não funcionam, e de perseguir constantemente cada cliente em potencial que se aproxima. Voltando à política por um momento, é sabido que uma das chaves das estratégias de campanha é "defina-se antes que o seu oponente possa defini-lo". Se você não comunica a sua mensagem de maneira rápida e firme, o seu oponente pode chamá-lo de "vira-casaca", e você acabará jogando na defesa quando deveria estar atacando.

Ao defini-lo nas mentes dos seus clientes em potencial ao invés de deixar que eles o definam, sua marca **traz** novos negócios à sua porta, fazendo com que você gaste menos tempo divulgando o seu negócio e mais tempo atendendo os clientes. Mas uma grande marca faz outra coisa que é vital: ela melhora a **qualidade** dos seus clientes. Digamos que você é um contador que se especializa na declaração de imposto de renda para outros profissionais – médicos, advogados, etc. Se a sua única maneira de conquistar novos clientes é um anúncio nas páginas amarelas, alguns anúncios em assentos de ônibus, além de algumas visitas não anunciadas ou um *telemarketing* invasivo, que tipo de cliente você acabará atraindo? Clientes cujos gastos são baseados principalmente nos custos. Você conseguirá clientes que estão à procura do serviço mais barato que puderem encontrar, mas que também desejam qualidade. Assim, você acabará com um monte de clientes exigentes que tomam o seu tempo e que lhe dão uma renda mínima... e alguns deles ainda reclamarão dos seus preços.

Quando você tem uma MP que o coloca na posição de especialista e que comunica quem você é e que valores representa, o tipo de cliente atraído será diferente. Se os seus materiais promocionais (panfletos, anúncios, placas e assim por diante) são elegantes e sofisticados, você afastará algumas daquelas pessoas centradas nos preços automaticamente. Em vez delas, você terá mais possibilidades de receber chamadas de profissionais que pensam: "Nós somos parecidos; ele está na elite da sua profissão. Eu gostaria de trabalhar com ele." Essas pessoas não enxergarão o seu trabalho como uma conveniência, e sim como um valioso serviço especializado. Elas pagarão mais pelo que você tem a oferecer e, por isso, você poderá se afastar de muitos dos serviços mais baratos. A marca certa leva a menos (e mais lucrativos) clientes, menos horas de trabalho, mais dinheiro por hora, e um negócio menos estressante e mais agradável.

Quem seria louco o suficiente para não desejar algo assim?

CIRURGIA DE MARCA
O PACIENTE: A MARCA DA SUA COMPANHIA

- Não crie uma marca para sua empresa que seja separada da sua MP. Você é a sua empresa.

- Se você tiver empregados, passe para eles os valores pessoais que fazem você gostar do que faz. Assim, eles ajudarão a difundir a sua marca em tudo o que fazem. Se eles entenderem as suas paixões, elas irão se refletir no comportamento da maioria deles. Livre-se daqueles que não são capazes de expressá-las.

- Organize a sua área de trabalho para que ela reflita a sua MP. Isso não significa exatamente reformar o seu prédio (sejamos realistas), mas pode ser tão simples quanto fazer pequenas mudanças na decoração ou na mobília.

- Seja específico ao comunicar os benefícios da sua marca e a maneira como eles se refletem na sua empresa. Todos oferecem "um ótimo atendimento ao cliente" ou "os preços mais baratos". Use a sua marca para comunicar as coisas originais que você faz e que têm valor, desde a criatividade e a experiência especializada até as cadeiras confortáveis do seu escritório.

- Não permita que a sua marca dependa sempre do seu envolvimento direto. Se o fizer, será um escravo do seu negócio, pois tudo dependerá da sua participação ativa. Parte do seu papel como gestor de uma marca pessoal está na criação de sistemas que continuam funcionando enquanto você está de férias.

ESTUDO DE CASO DE UMA MARCA

A marca: David Bach

Especialização: Informações financeiras de bom senso para pessoas que querem "ficar ricas"

Local: Nova York

Veículos: Livros, seminários, Internet, rádio, televisão, seminários motivacionais e palestras

Destaques: *Best-sellers* como *O Milionário Automático; Casais Inteligentes Ficam Ricos;* e *Fique Rico, Mesmo Começando Tarde* – mais de seis milhões de cópias publicadas em 15 línguas e distribuídas em mais de 40 países.

On-line: www.davidbach.com, www.finishrich.com, e www.greengreen.com

História: David Bach era vice-presidente sênior da Morgan Stanley e sócio do Bach Group, que durante a sua gestão administrou mais de meio bilhão de dólares para investidores individuais. O grupo ainda opera, dirigido pela sua irmã. Percebendo a demanda, Bach começou a oferecer uma série de seminários com o tema *Fique Rico*, e depois escreveu seu primeiro livro, *Smart Women Finish Rich* (*Mulheres Inteligentes Ficam Ricas*). A partir de então, sua filosofia – valores em primeiro lugar, dinheiro em segundo – tornou-se um movimento que está revolucionando a maneira como as pessoas economizam para o futuro e usam o seu dinheiro para criar o estilo de vida que desejam. Hoje, Bach já publicou nove *best-sellers* consecutivos, incluindo *Fique Rico, Mesmo Começando Tarde; The Automatic Millionaire Homeowner;* e *The Automatic Millionaire Workbook*, ainda não traduzidos para o português. O seu último sucesso fala sobre o meio ambiente e se chama *Go Green, Live Rich*.

Como tudo começou: Bach entrou no seu ramo com entusiasmo e propósito definido. Sua primeira série de seminários, sobre dinheiro e investimento para mulheres, foi um grande sucesso; 200 mulheres compareceram em vez das 20 ou 30 que ele esperava. Ele percebeu que havia uma grande demanda para o que ele podia oferecer. "Fui criado por uma avó que aprendeu sozinha a investir", ele diz. "Eu achava que todas as mulheres administravam o dinheiro, mas descobri que muitas não faziam isso. Então comecei a me reunir com viúvas cujos maridos costumavam administrar as finanças. Eu dei a primeira aula para que os nossos próprios clientes tivessem um bom nível de conhecimento."

Como muitas vezes ocorre, o título do seminário ajudou a impulsionar a sua popularidade. "*Mulheres Inteligentes Ficam Ricas* tem um impacto emocional nas pessoas, e isso as leva aos seminários", diz Bach. "O título foi uma decisão muito importante. Quando escrevi o livro baseado no seminário, baseado no material que eu havia ensinado por cinco anos, usei o mesmo título. Apliquei o conhecimento que havia ensinado por vários anos e o divulguei para milhões. Muitas pessoas pensam que o conhecimento é apresentado assim para ganhar dinheiro. A verdade é que fiz isso para ajudar mais pessoas. No entanto, quanto mais pessoas você ajuda com sucesso, mais sucesso você tem. É um maravilhoso ciclo de vida, onde você vive e termina rico. Depois do sucesso inicial dos primeiros seminários, eu percebi que havia uma necessidade nacional para esse tipo de informação, e no final das contas uma demanda global."

O que esta marca representa:

- *Uma maneira simples e simpática de explicar o confuso mundo das finanças.* De alguma forma, Bach consegue fazer com que assuntos como fundos mútuos negociados em bolsas sejam entendidos, e o seu conselho é sempre expresso em linguagem coloquial, sem menosprezar o leitor.

- *O Efeito Cafezinho.* Bach inventou esse rótulo para os gastos diários que não percebemos, mas que acabam se tornando muito significativos ao longo do tempo. Esse rótulo tornou-se conhecido nacionalmente nos EUA e é uma fonte de reconhecimento instantâneo da sua marca pessoal."

- *Longevidade.* "Eu passei pela prova do tempo", diz Bach. "Já se referiram a mim como o John Grisham das finanças pessoais. Não escrevi sequer um livro que foi esquecido; já escrevi nove livros em nove anos. Fiz um circuito com Trump e Tony Robbins, o que é uma pista de que minha **marca** atingiu um novo nível – ter compartilhado o palco com esses dois é um sinal de que minha marca alcançou um estágio novo. Mais de um milhão de pessoas marcaram presença nos meus seminários em toda a América do Norte. Agora estou usando a minha posição de confiança com os consumidores e com a mídia para falar sobre a necessidade de agirmos contra o problema do aquecimento global. O lançamento do meu livro causou um impacto sobre mais de cem milhões de pessoas, e é a campanha mais gratificante da minha vida."

- *Dedicação.* Bach é verdadeiramente apaixonado pelo o que faz e está disposto a lutar para levar suas paixões aos leitores. Ele conta a história de como *Go Green, Live Rich* surgiu:

*Eu me separei, me mudei com o meu filho para um prédio ecologicamente sustentável, e a asma e as alergias dele melhoraram de um dia para o outro. Eu percebi como é importante viver num ambiente limpo e saudável. Muitas das mudanças que estava fazendo na minha vida não só estavam melhorando a nossa saúde como também custavam menos. Algumas pessoas presumem que isso foi uma jogada de marketing, mas na realidade minha editora não queria publicar o livro, pois achava que o mercado não era amplo o suficiente para um livro sobre o meio ambiente. Demorou três meses para convencê-los a publicar Go Green. Escrevi o livro sem pagamento antecipado e disse, "Isto é importante para mim; por favor, me apoiem", e eles o fizeram. Foi o livro mais difícil que já escrevi. Tive que aprender sobre o assunto, mas é uma coisa de que gosto muito. Acho que o que está acontecendo com a minha marca é que eu realmente me tornei um defensor dos consumidores. Meu próximo livro deverá se chamar **Fight For Your Money** (Lute Pelo Seu Dinheiro), sobre todas as maneiras como as pessoas estão sendo exploradas financeiramente e como lutar pelo seu dinheiro.*

Fator-chave: Uma mulher chamada Oprah. Em janeiro de 2004, Bach lançou *O Milionário Automático* no *The Oprah Winfrey Show*, e o resultado foi eletrizante: o livro não só chegou ao primeiro lugar da lista dos mais vendidos em apenas duas semanas, mas também fez com que os outros livros de Bach entrassem na lista. Bach ficou agradecido: "Demorei quase cinco anos para vender um milhão de livros, mas na Oprah alcancei dezenas de milhões de leitores numa semana, e vendemos mais um milhão de livros nos seis meses seguintes", ele conta. "Eles tiveram um retorno tão positivo que imediatamente me agendaram para outro programa, um programa de casais. Todos os meus livros entraram na lista dos mais vendidos. Em 2005, tive seis livros na lista durante o ano todo, um recorde na indústria editorial."

> **Insights:** "Muitas pessoas olham para mim e pensam que tem sido tudo uma estratégia, que eu tenho um plano-mestre. E eu realmente tenho um plano, mas a ideia principal é manter as coisas simples. Eu escutei os meus leitores. Quando eu era um consultor financeiro, as pessoas diziam: 'Você é excelente no que faz, mas eu preciso de algo mais simples.'
>
> "Eu não resolvi criar uma marca para mim mesmo. Nenhum dos meus livros tem minha foto na capa. Eles são sobre o meu público, não sobre mim. Mas quando você vai a programas de televisão e pisa em palcos na frente de 10 mil pessoas, sua marca se eleva. Eu não saio por aí tentando ser famoso. Mantenho-me focado na minha missão de comunicar uma mensagem que mude a vida das pessoas. A principal característica da minha marca é fazer a diferença; é a isso que eu tenho dedicado a minha vida."

TUDO É DESENVOLVIMENTO DE MARCA

Nos capítulos 2 e 3, entraremos em mais detalhes sobre o desenvolvimento de MPs e sobre os resultados finais que elas podem oferecer ao seu negócio. Mas antes de seguirmos em frente, tenho que salientar algo muito importante sobre a criação de uma marca e o significado disso para o seu futuro:

A partir do momento que você cria uma marca pessoal, não há como voltar atrás.

Soa impiedoso, não é? Bem, os negócios podem mesmo ser impiedosos. O fato é que, a partir do momento em que você estabelece e lança a sua marca, você está comprometido. Tudo o que você faz na sua vida profissional – e mesmo algumas das coisas que você faz publicamente na sua vida pessoal – afeta a sua MP. Toda marca é um pouco como um barco com as velas içadas, constantemente em equilíbrio com a força do vento que o move e que ao mesmo tempo deseja arrancar-lhe os mastros e afundá-lo. Tome uma decisão equivocada no leme ou interprete mal o tempo, e você logo estará enviando um SOS e abrindo os botes salva-vidas.

Uma MP sobrevive num delicado equilíbrio entre a promessa que você faz ao seu mercado e as suas ações diárias. A partir do momento em que você estabelece sua marca, tudo o que você faz confirma ou quebra a sua promessa. Se a sua marca compromete-se a oferecer uma incrível experiência de atendimento ao cliente, você tem que proporcionar essa experiência pelo menos 90% das vezes. Toda vez que você falha, sua marca é ligeiramente danificada. Se houver fracassos o suficiente – muitas incoerências em relação à sua promessa – você arruinará sua marca. As pessoas começarão a pensar que a sua promessa é uma mentira e que você é um impostor. Aí você naufraga. SOS.

É por isso que, a partir do momento que você cria a sua MP, tudo o que você faz está relacionado a ela. O que eu quero dizer com tudo? Vejamos esta lista:

- O veículo que você dirige.
- As roupas que você veste.
- Onde você janta.
- As instituições beneficentes que você ajuda.
- Aonde você vai à igreja.
- O quão limpo é o exterior do seu prédio.
- Como sua casa é decorada.
- Como você dá um aperto de mão.

Eu poderia continuar por um bom tempo. Parece ridículo, não é? O que sua escolha de restaurante tem a ver com sua imagem pública como advogado? Bem, o que aconteceria se você tivesse se apresentado como um defensor da comunidade latina, mas nunca tivesse comido num autêntico restaurante mexicano do seu bairro? Os vizinhos não achariam que sua conversa de defensor dos latinos é invenção sua? Não é racional, mas os clientes não são racionais. Nós baseamos nossas compras nas emoções tanto quanto no intelecto.

Quando você se compromete a criar uma MP, você está realmente comprometido. Por isso é tão fundamental que sua marca reflita quem você realmente é – as coisas com que você se preocupa, as coisas de que você gosta, e como você vive. Se você não for autêntico, não conseguirá levar sua marca adiante a longo prazo.

> **COISAS QUE VOCÊ PODE FAZER EM UM MÊS**
>
> 1. Começar a procurar redatores de publicidade, *designers*, e desenvolvedores *Web* para ajudá-lo a criar suas ferramentas de marca.
> 2. Começar a frequentar eventos profissionais e criar contatos para indicações.
> 3. Redefinir sua aparência – seu escritório, seus trajes, e sua aparência física – para combinar com a sua marca. Por exemplo, se você se apresenta como um dentista que é também um marinheiro, você precisa se parecer com um.
> 4. Fazer um orçamento de um ano para o desenvolvimento da marca. Falaremos disso em mais detalhes mais tarde.
> 5. Implementar sugestões dos seus funcionários sobre como reforçar a sua MP a cada interação com os clientes.
> 6. Decidir quais características definirão a sua MP.

VERDADES SOBRE AS MARCAS PESSOAIS (MPS)

Estamos quase prontos para seguir adiante e examinar os elementos que fazem uma MP obter resultados no mercado, mas antes disso, quero compartilhar algumas verdades nuas e cruas que você deve saber. Existem muitas ideias erradas sobre MPs, e se você quiser se tornar um especialista nelas, precisará dos fatos. Então, sem mais cerimônias:

1. **Criar uma marca leva tempo.** Uma pessoa inteligente pode organizar os elementos de uma grande marca, mas a marca vai crescer no seu próprio ritmo. Não se pode manufaturá-la. Oprah Winfrey é um exemplo perfeito do desenvolvimento de uma marca ao longo do tempo com sinceridade, boa exposição ao público e objetivos realizados. Antes de se tornar famosa mundialmente como uma magnata dos meios de comunicação, ela passou anos atuando, fazendo seu programa de entrevistas e trabalhando para ajudar outras mulheres. Até as melhores campanhas demoram de seis meses a um ano para apresentar resultados mensuráveis. É importante ajustar as suas expectativas, pois se você espera uma chuva de novos clientes numa semana, você se sentirá desencorajado e desistirá muito cedo.

2. **Marcas crescem organicamente.** As melhores MPs se desenvolvem no nível mais fundamental, na comunidade, baseadas nos relacionamentos e na coerência da mensagem e da pessoa por trás da marca. Com a ajuda de relações públicas sensatas e de uma consistente exposição ao público, as pessoas começam a perceber que você é alguém de confiança com quem elas podem se identificar. Você não pode enfiar sua MP goela abaixo nesses tempos céticos; as pessoas a cuspirão de volta na sua cara. Você tem que plantar a sua marca e deixá-la crescer.
3. **Marcas não são racionais.** Imagine a reunião em que a agência publicitária Wieden+Kennedy expôs o slogan *Just do it* para a Nike. A frase nada tem a ver com calçados, mas se tornou clássica. Por quê? Porque as marcas lidam com as **emoções**. As pessoas não escolherão trabalhar com você porque você frequentou a melhor faculdade de odontologia ou porque oferece a maior variedade de serviços de consultoria. Elas escolherão o que "sentem" ser correto. Você deve levar a natureza irracional das nossas decisões em consideração ao construir a sua marca.
4. **As marcas exigem compromisso absoluto.** David Bach, que você encontrou anteriormente no estudo de caso de uma MP, diz que ele construiu sua marca principalmente por estar na estrada, constantemente promovendo a mensagem "fique rico", e por ter publicado nove livros em nove anos. A maioria das grandes marcas é construída através da pura persistência e repetição. Não existem soluções mágicas, apenas muito trabalho e decisões inteligentes.
5. **Marcas sempre têm efeito.** A gente escuta muito nos dias de hoje que a criação de marcas não funciona. Besteira. Marcas sempre funcionam. O negócio é que elas podem funcionar tanto a seu favor quanto contra. Mas elas sempre funcionam. Uma MP forte e atraente melhorará o seu negócio e aumentará seus lucros; uma marca artificial e com pouco suporte desperdiçará o seu dinheiro e prejudicará o seu negócio. Marcas sempre funcionam. A pergunta é, como elas funcionarão com você?

A ESTA ALTURA VOCÊ DEVE ESTAR...

- Questionando o seu modelo de negócios.
- Procurando saber o que os seus concorrentes mais bem-sucedidos estão fazendo.
- Avaliando sua vida e seus objetivos profissionais.
- Pensando sobre como você é visto.
- Jogando fora qualquer panfleto, *folder*, cartão de visita, ou anúncio barato que você tenha usado.

CAPÍTULO 2

COMO FUNCIONA A CRIAÇÃO DE MARCAS PESSOAIS (MPS)

Uma marca pessoal é uma expectativa positiva, uma promessa ao seu mercado. Ela é a posição preferencial na mente do seu cliente. Uma marca pessoal é dona da participação patrimonial, o mindshare (espaço na mente do cliente) no qual ninguém mais pode competir.

– Joe Heller, presidente, Heller International

Você frequentou a faculdade. Você pode ter um diploma de graduação, ou até de doutorado. Parabéns. Você tem orgulho de possuir um forte intelecto, de ser regido pela razão e pela análise, de ser um pesquisador e uma pessoa que toma decisões a partir de dados. Você não é propenso a ter pensamentos nebulosos ou a dar respostas melodramáticas. Então você vai comprar um carro novo, e o que faz quando chega ao salão de exposições?

Senta-se no banco do motorista e inala o ar. Acomoda-se nos bancos de couro e conta o número de suportes de copo. Presta atenção ao barulho da batida da porta. Um som firme? Deve ser um bom carro. Mas espere, onde estão as suas anotações sobre consumo de combustível, segurança, estatísticas de capotamento, confiabilidade e valor de revenda? Ih, você deve ter esquecido todas elas na sua mesa.

Bryan Eisenberg, um dos fundadores da firma de consultoria de *marketing* Future Now e autor de *Call to Action*, elucida a questão quando escreve: "As pessoas racionalizam suas compras com base nos fatos, mas elas tomam a decisão de comprar com base nas emoções." Isso é verdade, até mesmo para as pessoas mais educadas, metódicas e racionais dentro da sociedade, mesmo que não queiramos admitir tal fato. Somos regidos pelas nossas emoções para comprar as coisas que satisfazem nossa necessidade visceral de ter algo bonito, de possuir poder, de ter um *design* legal em nossas mãos ou de nos sentirmos atraentes. A isso eu dou o nome de fator "eu quero". Nós deixamos o "eu quero" nos guiar até a compra, e então permitimos que o fator "eu devo" entre em operação. Este é o nosso lado que utiliza fatos e números para justificar decisões de compra que já foram tomadas com base na intuição.

Então quando você caminha por uma concessionária, você pode se convencer que está procurando pelo melhor equilíbrio entre dirigibilidade, consumo de combustível, confiabilidade, acessórios e espaço no porta-malas. Mas, na realidade, você provavelmente está procurando um carro que lhe pareça bacana e mais divertido de dirigir. O *Cadillac Escalade*, um monstro de um utilitário esportivo que ressuscitou a moribunda marca Cadillac quando chegou ao mercado em 1999, é um exemplo perfeito desse fenômeno. Em 2006, as vendas norte-americanas do *Escalade* foram aos céus apesar da média do preço da gasolina ter aumentado em até 34%. Então por que as pessoas compravam esse carro enorme e ineficiente quando o combustível estava tão caro? Porque o carro era bacana. Cantores de *rap* o dirigiam. Shaquille O'Neal tinha um. Ele era luxuoso, masculino e vinha com um sistema de som de causar hemorragias cerebrais. O desejo de comprar um *"Slade"*, como o carro era chamado, não tinha nada a ver com a lógica ou com a economia. Tinha tudo a ver com o "eu quero".

COISAS QUE VOCÊ PODE FAZER HOJE

1. Elaborar um questionário para enviar aos seus clientes ou pacientes, perguntando por que eles gostam de trabalhar com você e o que você poderia fazer para melhorar.

2. Entrar em contato com a companhia Constant Contact (www.constantcontact.com) para criar uma *newsletter*.

3. Observar os procedimentos de venda que você utiliza quando tem clientes no seu escritório, identificando os seus pontos altos e baixos.

4. Entrar em contato com os veículos de publicidade locais (jornais, revistas, *outdoors*, canais de TV a cabo) e pedir um *kit de mídia* com os preços de anúncios.

5. Anotar os seus objetivos de estilo de vida para os próximos um, três e cinco anos.

6. Designar um dos seus funcionários como gerente de relacionamento com o cliente.

FAZEMOS NEGÓCIOS COM PESSOAS COM QUEM NOS SENTIMOS CONFORTÁVEIS

O que isso tem a ver com a criação de uma marca pessoal? Tudo! Queira ou não, as pessoas escolherão fazer negócios com você pelos mesmos motivos que as fazem escolher um certo carro. Elas podem racionalizar a decisão, citando sua experiência, localização ou formação – e, de fato, esses podem ser os motivos finais para que elas se tornem seus clientes ou pacientes. Mas aquilo que as traz até sua porta para saber mais sobre você é o que elas sentem sobre você. É a emoção que transforma os interessados em possíveis clientes.

Fazemos negócios com pessoas com quem nos sentimos confortáveis. Uma pessoa não precisa tomar uma cerveja com você para decidir contratá-lo como advogado, mas ela precisa sentir que você a entende, que vocês compartilham alguns valores, que vocês são "iguais" em algum sentido. Basicamente, ela quer que a sua porta, assim como a de um carro, faça um som firme quando bata. No estágio em que os clientes em potencial estão decidindo se querem ou não telefonar para saber mais sobre os seus serviços, as decisões são todas baseadas em pistas irracionais e emocionais. É aqui que a sua MP tem um tremendo poder.

A finalidade de uma MP é transmitir aquela essencial promessa de maneira que ela esteja sincronizada com os valores das pessoas que você quer ter como clientes. Por isso é crucial possuir todo o conhecimento possível sobre o seu mercado-alvo. Se você é um consultor financeiro e sabe que seu cliente ideal (entrarei em mais detalhes sobre esse conceito mais tarde) é um recém-aposentado abastado da indústria do entretenimento, você pode moldar sua MP para comunicar as suas qualidades que têm chances de atrair esse tipo de pessoa: valores progressistas, criatividade, provavelmente algum conhecimento sobre o funcionamento da indústria do entretenimento. Sua marca faz seu cliente potencial dizer, "Nossa! Nós temos muito em comum. Acho que vou ligar para ele."

É por isso que nenhum *folder* ou *kit* de informação do mundo – não importa o quanto ele diz sobre sua formação, certificação e experiência – trará clientes até a sua porta tão efetivamente quanto uma MP que cria um nível de conforto e familiaridade. A verdade nua e crua pode convencer as pessoas a partir do momento em que você já tem uma reunião marcada, mas para ultrapassar a resistência inicial, é preciso satisfazer a necessidade que elas têm de ter alguém de confiança com quem elas possam se identificar.

OS QUATRO NÍVEIS DE RESPOSTA À MARCA

Você pode estar achando tudo isso difícil de aceitar. Afinal, você tem orgulho das suas credenciais, dos seus diplomas, da sua experiência, e você deve mesmo ter. Porém, sob a perspectiva dos negócios, essas coisas são bem insignificantes. Se você for como a maioria dos profissionais que já aconselhei, isso é difícil de engolir. Mas fica mais fácil quando você abre as cortinas e enxerga o processo psicológico pelo qual cada consumidor passa quando ele ou ela entra em contato com a mensagem de uma marca. Lembre-se que esse processo é válido tanto quando estamos falando da procura por um *designer* gráfico, da contratação de alguém para limpar a sua casa ou da compra um sistema de *home theater*. Todos que chegam ao seu escritório passam por estes quatro passos:

1. **Reconhecimento** – É aqui que os seus clientes em potencial entram em contato com a sua marca e a sua mensagem. Até este momento, eles não fazem ideia de que você existe. Não sabem quem você é, nem o que você representa. Por isso, o primeiro papel de qualquer marca e de qualquer campanha é o de atrair a atenção dos seus clientes em potencial e dizer quem você é e o que você faz. As pessoas precisam saber que você está na área e que está em busca de negócios ativamente.

2. **Afinidade** – Se você criou a sua marca corretamente, após serem expostos à sua mensagem e imagem pública repetidamente, os

clientes começarão a ter um sentimento positivo em relação a você, mesmo que não saibam muito sobre o que você faz. É aqui que a marca cria a sensação de que "esta pessoa é parecida comigo". Criar essa afinidade leva tempo, o que explica a necessidade de que você seja persistente no seu *marketing*, mesmo sem enxergar nenhum resultado a curto prazo. Você não sabe onde ou quando a afinidade está aumentando dentro do seu mercado, pois ela é silenciosa, como o bulbo de uma flor crescendo debaixo da terra.

3. **Entendimento** – Em algum momento, a afinidade fará com que as pessoas procurem saber mais sobre você. Quando isso acontece, há duas possibilidades: ou os clientes em potencial já desenvolveram um sentimento suficientemente positivo em relação a você para anular a resistência natural que possuem, ou alguma necessidade urgente forçou-os a tomar uma decisão. Nesse momento, eles começam a pesquisar sobre você – visitando o seu *site*, ligando para receber *folders* ou outros materiais publicitários, ou marcando uma consulta. É nesse estágio que as informações sobre a sua formação e experiência podem ser muito úteis. Agora você está atraindo as pessoas através do intelecto assim como das emoções, dando aos interessados as informações necessárias para saberem se você é o melhor prestador de serviços para as suas necessidades.

4. **Limiar de decisão** – Se tudo der certo, o seu cliente em potencial terá informações relevantes e sentimentos positivos suficientes em relação a você para dar um passo à frente, escolhendo-o como dentista, contador ou consultor de produtividade. Ele terá alcançado o que os psicólogos chamam de *gestalt* – ele terá formado uma opinião e atribuído um conjunto de qualidades permanentes a você. Essa é a parte boa, onde você ganha o cliente.

Mas, antes de mais nada, para que passar por todo esse processo de desenvolvimento de marca? Você não poderia sair por aí, vendendo sua imagem diretamente e trazendo as pessoas à sua porta? **Claro**, contanto que tenha todo o tempo do mundo, o que você não tem. Existe um bom motivo para a criação de marcas ter se tornado o padrão ouro para o desenvolvimento de negócios pessoais e práticas profissionais: ela supera a promoção de vendas e o *marketing* de forma universal.

COISAS QUE VOCÊ PODE FAZER EM UMA SEMANA

1. Anotar tudo o que você sabe sobre as pessoas que fazem parte do seu mercado-alvo: suas necessidades, seus gostos, o que é importante para elas, o quão liberais ou conservadores elas são, e assim por diante. Criar um dossiê detalhado sobre elas, incluindo localização geográfica, idade e outras características do tipo.
2. Começar a identificar suas melhores fontes de recomendações profissionais, como médicos, contadores ou outros profissionais cujas profissões complementam a sua.
3. Consultar seus amigos e contatos quanto a gráficas. Começar pedir amostras de várias delas, pois em breve você precisará de serviços de impressão.
4. Enviar *e-mails* ao seu banco de dados atual para informar a todos sobre sua mudança de nome, sua nova ênfase no atendimento ao cliente e qualquer outra coisa que você considere capaz de criar afinidade.
5. Começar a pensar sobre qual especialização você deseja escolher.
6. Pedir a um *designer* que crie novos cartões de visita e um pacote de identidade (logotipo, papéis timbrados, envelopes, etiquetas postais e cartões de anotações) baseados no seu *slogan* e especialização.

NOSSO PROGRAMA DE OITO PASSOS

Antes que isto se torne muito abstrato, por que não fazemos um desvio por um trajeto mais prático e observamos como tudo isto se desenrola no mundo real dos seus negócios?

1º Passo. Você molda a sua MP, baseando-se em atributos que criam uma sensação de valor para o seu mercado-alvo.

2º Passo. Sua marca determina o *design* do seu cartão de visita, o estilo do seu *site*, os mercados-alvo que você busca – todas as suas decisões sobre o desenvolvimento e a promoção do seu negócio.

3º Passo. Você lança a sua marca, criando novos materiais publicitários, remodelando seu escritório, fazendo a reciclagem profissional dos seus funcionários, publicando artigos no jornal local, enviando malas diretas e colocando *on-line* um *site* novo e interativo.

4º Passo. Você continua o processo ao longo dos meses, gradualmente permitindo que a sua marca se estabeleça de modo orgânico, à medida que as pessoas tomam conhecimento de você. Mesmo se você não fizer novos clientes de imediato, mantenha-se firme.

5º Passo. Você percebe o primeiro benefício da sua MP: clientes de longa data reagem à sua marca positivamente e começam a fazer indicações.

6º Passo. Você percebe o segundo benefício à medida que bons clientes começam a surgir do nada, dizendo que "ouviram falar de você", e marcam consultas ou reuniões.

7º Passo. Você começa a se encontrar com novos e clientes e a fechar negócios com eles. Você percebe que esse processo está mais fácil, pois os clientes chegam atentos a possíveis motivos para **não trabalhar** com você, ao invés de precisarem ser convencidos de que existem motivos para **trabalhar** com você. Você começa a encaminhar clientes que não se encaixam no seu perfil ideal para outros profissionais.

8º Passo. Você começa a cobrar mais e a trabalhar apenas com aqueles clientes que lhe trazem uma combinação de boa renda e gratificação pessoal.

É este o objetivo final: **mais dinheiro e mais diversão.** Você merece aproveitar o seu trabalho e o estilo de vida que ele proporciona, ao invés de gastar todo o seu tempo caçando novos clientes. Você deveria estar atraindo pessoas que compartilham do seu entusiasmo pelo seu trabalho – pessoas que apreciam não somente o fato de você ser um dos melhores profissionais da área, mas também o fato de você amar o que faz. Quando você sente tanto prazer seguindo uma carreira, realmente pode-se dizer que alcançou a riqueza.

COISAS QUE VOCÊ PODE FAZER EM UM MÊS

1. Encomendar novos cartões de visita e um pacote de identidade.
2. Pedir que um dos seus funcionários verifique se a legislação que rege sua profissão permite que você ofereça gratificações a colegas que o indiquem. Em algumas indústrias, isso é proibido.
3. Começar a fazer mudanças físicas no seu escritório.
4. Começar a identificar colegas de profissão que você possa indicar a clientes que não deseja manter, em troca de algum tipo de comissão de agenciamento (novamente, verifique se isso é legal na sua profissão).

5. Começar a criar um manual do cliente que orientará todas as suas interações, desde as primeiras impressões até o controle de crises.

6. Organizar o *feedback* dos clientes, estabelecendo o que eles mais apreciam em você e em quais áreas você mais precisa melhorar.

ESTUDO DE CASO DE UMA MARCA

A marca: Wally Amos

Especialização: Gulodices; biscoitos e bolinhos

Local: Kailua, Havaí

Veículos: Varejo, Internet, palestras, livros

Destaques: Fundou a Famous Amos Cookies, perdeu os direitos legais ao seu nome, lançou a Aunt Della's Cookies e a Uncle Wally's Muffins

On-line: www.wallyamos.com, www.unclewallys.com, e www.chipandcookie.com

História: Wally Amos era um agente da William Morris Agency na cidade de Nova York, representando artistas como Simon & Garfunkel, Marvin Gaye e The Supremes. Então, num jantar em 1975, uma colega sugeriu que eles entrassem no ramo alimentício vendendo *chocolate chip cookies* – biscoitos com gotas de chocolate – que Amos fazia. A companhia, Famous Amos, fazia sucesso numa época em que a concorrente Mrs. Fields ainda nem existia. Amos apareceu no programa de televisão *Taxi*, vendeu biscoitos para celebridades de Hollywood e colocou o logotipo da Famous Amos em todo o lugar. Porém, no final da década de 1980, ele perdeu o controle da sua companhia – inclusive o direito de usar seu nome em qualquer empreendimento comercial. Sem problemas. Sempre um grande amante de guloseimas, assim como possuidor de uma energia irredutível, Amos fundou uma série de novas empresas da sua base no Havaí: Aunt Della's Cookies, Uncle Wally's Muffins e agora Chip & Cookie. Ao longo do caminho, ele escreveu oito livros e se transformou num palestrante motivacional fascinante e exuberante. Hoje, ele vende a massa de biscoito Chip & Cookie para as mais importantes redes varejistas em todo os EUA.

Como tudo começou: "Eu queria abrir uma loja para vender somente biscoitos com gotas de chocolate", diz Amos. "Eu comia esses biscoitos desde os meus 12 anos. Por anos e anos, as pessoas me sugeriram isso. Mas eu sempre dizia que não fazia sentido, que eu não podia ganhar a vida fazendo isso." Mas em 1974, em um jantar com B. J. Gilmore, a secretária pessoal do empresário musical Quincy Jones, isso mudou. "Estávamos comendo biscoitos que eu tinha feito, conversando sobre como minha vida não era gratificante, e ela disse que nós deveríamos abrir um negócio para vender biscoitos. Ela disse que tinha uma amiga que poderia investir o capital. Eu entrei no escritório dela na manhã seguinte, pronto para aceitar a proposta, e disse: "Vamos lá!"' Amos começou com o pé direito ao escolher o nome Famous Amos: pesquisas mostram que nomes e *slogans* com rimas ou aliterações são lembrados mais facilmente.

O que esta marca representa:

- **Carisma.** Amos é um dos caras mais positivos e entusiasmados que você pode encontrar. Ele é conhecido por usar uma cartola com estampa de melancia e exibir sempre seu largo sorriso. Ele é um promotor de eventos incansável, um senhor vivaz que, com seu jeito cândido, adora contar histórias. Ele é capaz de rir de tudo... principalmente dele mesmo!

- **Foco.** Para qualquer um que conhece Amos, isto pode soar quase ridículo, mas a verdade é que nos últimos anos ele tem deixado de lado algumas das suas muitas atividades – palestras, arrecadamento de fundos e outras linhas de negócios, como a Uncle Noname's Cookie Company – e se concentrado naquilo que tem lhe dado mais satisfação e prosperidade. "Dois anos atrás, eu lancei os bonecos Chip & Cookie, feitos por minha esposa Christine com biscoito com gotas de chocolate. Temos uma loja em Kailua e, em breve, abriremos uma segunda loja em Waikiki. Espero que isso me impulsione para outra área: a de franquias. Tudo isso me mantém ocupado. Estou muito mais focado agora do que em 2003. Meus focos principais são a Uncle Wally e a Chip & Cookie. Não tenho tempo de fazer mais nada além disso. As pessoas me convidam para endossar os seus produtos, mas eu não posso. Tive que renunciar a minha posição nas comissões em que participava. Isso consome todo o meu tempo."

- **Caridade.** Há vários anos, Amos tem sido um ativista dedicado à alfabetização e a programas para manter as crianças na escola. "Minha esposa e eu inauguramos a Read it LOUD! Foundation (Fundação Leia ALTO!). Nós temos uma campanha acontecendo na cidade de Savannah; também nos juntamos à Biblioteca do Congresso para lançar uma campanha nacional para conscientizar as pessoas da importância da leitura em voz alta para as crianças. A ideia é a de criar um movimento publicitário nos EUA que promova os valores, benefícios e recompensas dos pais lerem em voz alta para os seus filhos, desde o nascimento até os seis anos de idade, por pelo menos dez minutos por dia. Para mais informações: www.readitloudfoundation.org".

- **Autenticidade.** Um dos motivos da grande demanda por Amos como arrecadador de fundos, porta-voz e escritor é que ele é uma pessoa muito acessível. O "rei do biscoito" é um cara comum que adora fazer biscoitos, adora dá-los para os outros e adora conversar com todos.

Fator-chave: Recusa-se a ir embora e tenta fazer o bem. Poucos donos de negócios destituídos são tão queridos como Amos; sua marca pessoal é construída na base do amor e da assistência. Ele continua a ser o **Famous Amos** – Amos Famoso – por estar sempre cheio de alegria e energia positiva, sempre buscando

> ajudar os outros. "Ter me mantido aqui por todo esse tempo apenas me tornou mais famoso", ele diz. "Algumas pessoas já disseram que eu sou um ícone, mas se alguém acreditar, tudo bem. Meu objetivo era só o de abrir uma loja e fazer dela um sucesso. Nunca quis ser famoso. Só escolhi o nome *Famous* por rimar com Amos. Trinta e três anos depois, ainda sou famoso justamente porque não tentei ficar famoso. Sou apenas o Wally."
>
> **Insights:** "A aposentadoria é uma conceito defeituoso. Aposentar e fazer o que? Isso é um atalho para o túmulo. Acho que quando as pessoas se aposentam das suas carreiras, elas devem se voltar para uma vida de assistência, pois se elas não usarem seus corpos e mentes, elas desaparecerão. Um amigo meu, que era vice-presidente de recursos humanos de uma grande empresa, disse que eles enviavam cheques de aposentadorias por uma média de 15 meses. Outro amigo passou dois anos na estrada com a esposa depois da aposentadoria. Quando voltou para casa, ele se perguntou: 'O que fazemos agora?'
>
> Você tem que fazer algo que beneficia a sociedade como um todo e que lhe dá satisfação. Tudo o que eu fiz foi importante na construção da Famous Amos, da Uncle Wally e da Chip & Cookie. É uma combinação de muitos ingredientes, e você deve misturá-los bem, assim como misturamos uma massa de biscoito. Não existe um ingrediente mais importante do que o outro se você quer que os biscoitos saiam exatamente da maneira que você deseja. São todos importantes. A vida é assim: todos os ingredientes devem ser aplicados diligentemente todos os dias. Não desista. Sempre dê tudo de si em tudo o que faz. Acima de tudo, pense positivo, não importa o que aconteça!"

OS SEGREDOS PARA UMA MARCA VENCEDORA

Nem todas as MPs nascem iguais. Certamente existem prestadores de serviços e profissionais por aí (provavelmente na sua comunidade) que criaram marcas, mas que não se saíram bem. Isso é pior do que não criar marca alguma, porque você estaria gastando dinheiro e passando a mensagem errada. Você evitará esse destino ao entender os elementos essenciais de qualquer marca vencedora.

1. **Clareza.** A sua marca deve, no mínimo, dizer ao seu público quem você é e o que você faz. É bom apresentar essa informação com belas fotos, *folders* com papel de alta qualidade e um fantástico *site*. Mas isso é só o embrulho; mantenha a mensagem simples e clara. Não se enrole tentando comunicar todos os motivos para que as pessoas o escolham. As pessoas expostas à sua marca devem sair sabendo quem você é (seu nome, os valores que você representa) e

o que você faz (o serviço específico que você oferece, e para quem). Isso é tudo.

2. **Especialização.** O segundo segredo é puro bom senso: você tem que ser diferente da sua concorrência para ser percebido. Apesar de muitos profissionais afirmarem saber disso, fico estarrecido com a maneira como tão poucos põe a ideia em prática. Quantas vezes você já consultou a lista telefônica para procurar corretores de seguros e encontrou, página após página, anúncios idênticos com as mesmas promessas? Você poderia pregar as páginas na parede e lançar um dardo para fazer a escolha. Não faria a menor diferença. Eu não tentaria atrair novos clientes dessa maneira.

   Especialização significa que você deve encontrar um lugar muito preciso no mercado que o diferencie dos seus concorrentes. Por exemplo, se você é um corretor de imóveis e o seu principal concorrente diz que é especializado em condomínios, a pior coisa que você pode fazer é se posicionar da mesma maneira. Ao invés disso, escolha ser um vendedor de casas no litoral. A questão é: seja diferente e você se destacará. O capítulo 4 é completamente dedicado à importância da especialização.

3. **Consistência interna.** Há muitas coisas competindo pela atenção das pessoas. Tipicamente, elas só começam a notar e apreciar sua marca depois de serem expostas a ela várias vezes. Isso significa que é essencial que você coloque sua MP na frente das pessoas repetidamente ao longo do tempo. Mantenha a mensagem básica a mesma e continue a divulgá-la. Você nunca sabe quando está à beira de uma enxurrada de novos negócios, portanto é essencial que se mantenha consistente.

CIRURGIA DE MARCA
O PACIENTE: SEU ORÇAMENTO

- Não gaste muito com publicidade em grandes publicações que atraem um mercado-alvo muito amplo. Você obterá mais retorno com publicações menores e mais específicas.

- Tenha cuidado ao comprar listas de clientes em potencial. Elas são frequentemente cheias de erros e endereços inválidos.

- Invista em trajes profissionais a não ser que esteja numa profissão em que a aparência não conta. Isso significa se vestir mais profissionalmente do que seus clientes. Se eles costumam usar *jeans*, vista calças sociais. Se eles vestem calças sociais, use um terno informal.
- Não contrate o primo do amigo do seu irmão para desenvolver o seu *site*.
- Não deixe que lhe convençam a imprimir os seus papéis timbrados em quatro cores. Não é sempre necessário, e o *designer* certo pode fazer duas cores ficarem espetaculares.
- Resista à tentação de agir precipitadamente, evitando enviar malas diretas ou fazer anúncios "só para fazer alguma coisa". Você desperdiçará dinheiro para obter poucos resultados, e poderá manchar a sua marca. Lembre-se sempre de que uma marca ruim é pior que marca nenhuma.
- Resista à tentação de comprar produtos ou pacotes de *marketing* por causa de uma promoção. Só porque você pode conseguir um bom preço não significa que deva fazer uma propaganda de um quarto de página no jornal de negócios local. Essa pode não ser a ferramenta certa para construir a sua marca.
- Dedique-se o tanto quanto puder às relações públicas: escreva artigos para publicações locais, seja entrevistado como especialista, patrocine eventos públicos e assim por diante. É barato e eficaz.

SABEMOS POR QUE ELA É UMA GRANDE ESTRELA

A cantora de *jazz* Norah Jones é um exemplo perfeito de uma estrela com uma MP que fez tudo corretamente. Norah estourou na cena musical em 2002 com o seu álbum *Come Away with Me*. Desde então, ela tem permanecido no topo das paradas, desafiando a onda *pop* de cantoras quase sem roupa dançando *hip-hop*. Sua música é quieta, nebulosa e muito pessoal. Norah é tímida, discreta e realista em relação ao seu extraordinário sucesso. Mas como ela o alcançou?

A melhor explicação é que Norah permaneceu fiel a si mesma, e por isso também à sua MP. Ela compõe músicas que, acima de tudo, agradam a ela mesma. Sua paixão pelo *jazz*, *country* e *folk* conquista as emoções dos fãs. Ela tem mantido as coisas simples e claras: canções harmoniosas, suaves e belas que desafiam as barulhentas batidas de *beat-box* que lotam as paradas de sucessos. E ela tem se mostrado especializada e consistente, mantendo o seu estilo suave e introspectivo a despeito dos detratores que a chamam de Snorah Jonas – algo como Roncah Jones. Ela nunca foi nada além de si mesma; e esse fato, combinado com seu talento espetacular e seu charme natural, explica por que ela é uma estrela com múltiplos discos de platina e também, segundo a opinião geral, uma jovem mulher muito normal e bem-ajustada que as pessoas adoram.

Norah Jones tornou-se mestra no elemento crucial das Marcas Pessoais vencedoras: a **autenticidade**. Você tem que ser verdadeiro. Com tanta propaganda circulando a todos os instantes, todos nós detectamos papo furado com muita facilidade. Detestamos pessoas falsas. Presumimos que qualquer pessoa que não seja abertamente verdadeira esteja tentando nos manipular, e ninguém quer se sentir manipulado. Seja você mesmo. Não tente ser todas as coisas para todas as pessoas. Não tente agradar, fingindo ser algo que você não é. Esse é o caminho para o fracasso.

VOCÊ NÃO GOSTARÁ DE OUVIR ISTO

Finalmente, uma pequena verdade sobre a criação de marcas que todo profissional com quem trabalho odeia. Mas é verdade e é importante que você a entenda, então aqui vai:

Sua visibilidade é mais importante que sua habilidade.

Eu disse que você iria odiar. Todo mundo odeia, porque nós todos temos orgulho dos nossos talentos e habilidades. Se você não tivesse, não trabalharia na área em que você trabalha. Apesar disso, se você não for visto da maneira certa pelas pessoas certas repetidamente, perderá clientes para concorrentes de menor qualidade e mais visibilidade. Quando você está em busca de clientes, o primeiro passo é procurar ser levado em conta por eles. Você deve fazer parte do conjunto de possíveis escolhas. Você não faz parte desse conjunto porque é excelente no que faz; os interessados não têm como saber disso. Isto parece desafiar a lógica, mas a visibilidade aumenta a sua credibilidade.

Quando as pessoas veem seu nome ou rosto sistematicamente, elas presumem que você é mais bem-sucedido – e por isso melhor – que os prestadores de serviços que elas nunca veem. Elas dirão: "Se eu nunca ouvi falar dele, ele não deve ser muito bom." Sua visibilidade afeta a percepção que as pessoas têm da sua competência. Os negócios de alta visibilidade receberão ligações de novos clientes. A visibilidade transforma-se numa profecia que cria as condições para a própria realização.

Sua MP é sua arma na batalha pela visibilidade. Ela o mantém visível aos clientes em potencial e os lembra de quem você é e do que você faz. Por isso é tão importante divulgar sua marca constantemente. Se você não mantiver sua marca exposta aos membros do seu mercado-alvo, eles pensarão que sua empresa fechou. É espantosa a rapidez com que as pessoas se esquecem das coisas!

A habilidade é importante, é claro. Quando você conquista clientes, seu desempenho ajuda a mantê-los, trazendo também mais deles através de indicações. A visibilidade traz os interessados até a sua porta. A habilidade faz com que eles permaneçam com você por muitos anos. Assim como o amor e o casamento, você não pode ter uma sem a outra.

A ESTA ALTURA VOCÊ DEVE ESTAR...

- Conversando com *designers* gráficos e redatores.
- Telefonando para jornais e revistas locais para saber o preço de anúncios.
- Decidindo em quais qualidades pessoais você baseará sua MP.
- Conversando com seus funcionários e com seu cônjuge sobre as Marcas Pessoais e o que elas significam para eles.
- Pensando sobre o tipo de cliente com o qual você mais gostaria de trabalhar.
- Pensando sobre como você pode se especializar.

CAPÍTULO

3

CONQUISTANDO E MANTENDO A NATA DOS NEGÓCIOS

Habilidades comunicativas separam aqueles com marcas pessoais milionárias dos seus colegas que hoje vagam pelos corredores corporativos.

– Meredith Fischer, vice-presidente de Comunicações de Marketing da Pitney Bowes Inc.

Sejamos honestos. Você está no seu ramo para ajudar as pessoas e ser estimulado intelectualmente e emocionalmente, mas você também deseja ganhar bem. Se pudesse, você adoraria ficar rico fazendo o que faz, ou pelo mesmo alcançar um estilo de vida confortável que você pudesse aproveitar sem passar 80 horas semanais no escritório.

A última parte do DNA de uma marca pessoal (MP) é o entendimento de que a criação de uma marca para a sua pessoa se traduz em benefícios financeiros. Por que você gastaria tempo e dinheiro lançando e mantendo uma marca se não fosse ganhar mais dinheiro em menos tempo? Em mais de 10 anos trabalhando com milhares de consultores financeiros e outros profissionais, a pergunta que ouço mais frequentemente é: "O que posso fazer neste momento para ganhar mais e crescer na minha profissão?" Resumindo, que tipo de benefícios tangíveis pode uma MP proporcionar aos seus negócios nos próximos 12 meses?

> **COISAS QUE VOCÊ PODE FAZER HOJE**
>
> 1. Compor uma carta-modelo que você enviará aos clientes quando se desligar deles ou lhes indicar outros profissionais.
> 2. Começar a compilar todos os *e-mails* dos seus clientes num único banco de dados.
> 3. Procurar os editores de jornais e revistas da sua região para saber se estão dispostos a publicar artigos que você venha a escrever.
> 4. Agendar um horário para tirar fotos suas e da sua empresa.
> 5. Calcular as porcentagens da sua renda provenientes de clientes A, B e C.
> 6. Ligar para faculdades locais para encontrar um estudante de jornalismo que possa escrever artigos em seu nome.

VOCÊ QUER DOBRAR A SUA RENDA?

Com base nos meus mais de dez anos ajudando profissionais a construir e manter suas MPs, eu diria que uma marca bem-construída, bem-sustentada e bem-mantida vale no mínimo 100% do valor do seu negócio no decorrer de cinco anos. Isto é, se você seguir corretamente o conselho que receberá mais adiante de maneira consistente, você deverá dobrar a sua receita em cinco anos. Mas eu já vi clientes que fizeram muito mais, como dobrar a receita em menos de um ano. Tudo depende de quatro fatores:

1º) O quão disposto você está em aceitar que moldar percepções é a chave para atrair os melhores clientes.
2º) O quão rigoroso você é ao integrar a sua MP a todos os aspectos dos negócios e da vida.
3º) O quão consistente você é ao continuar os seus esforços iniciais com comunicação, *marketing* e envolvimento.
4º) O quão eficaz você é ao cumprir a promessa da sua marca com desempenho e atendimento ao cliente excelentes.

Se fizer essas quatro coisas, você ganhará mais dinheiro e aproveitará mais o seu trabalho. Você poderia fazer muito mais e ser como Ron Carson, consultor financeiro em Omaha, no Estado americano de Nebraska.

Ele desenvolveu um excelente programa de atendimento ao cliente e ocupa hoje o primeiro lugar no *ranking* de consultores financeiros independentes da revista *Registered Rep*. Ron produz mais de 10 milhões de dólares em comissões e taxas por ano e administra mais de 1 bilhão de dólares em ativos... e ele sai de férias por três meses a cada ano para viajar com a família! Qual foi a última vez que você fez isso? Você já fez isso sequer uma vez? Eu não. Mas Ron já, e ele ganha dinheiro enquanto passeia pelo parque nacional de Yosemite. Essa é uma marca de verdadeiro sucesso.

OS CLIENTES SÃO TUDO

Porém, para seguir os renomados passos de Ron Carson, você deve fazer com que a conquista e a manutenção dos melhores clientes sejam o corpo e a alma do seu negócio. É esta a equação de sucesso que estamos discutindo:

Uma marca melhor = melhores clientes = um negócio melhor e mais lucrativo

Para transformar uma marca em um grande sucesso, atrair os melhores clientes é tudo. Para tornar isso uma realidade, eu concentro-me no conceito de "cliente ideal". Todo profissional e prestador de serviços tem um cliente ideal, e o cliente ideal é diferente para cada indivíduo. Para algumas pessoas, o cliente ideal é simplesmente o mais abastado de todos, alguém que possa gastar um valor exorbitante. Para outras, é a pessoa que combina um alto patrimônio líquido com gosto apurado, senso de humor, disposição a correr riscos e um forte senso de lealdade. Seu cliente ideal não é o mesmo que o de ninguém, mas neste momento você precisa descobrir quem ele é. Só assim você poderá construir o seu negócio com base na conquista e manutenção desses clientes.

Você já sabe quem é o seu cliente ideal. O problema é que você atende a todos que vêm até você por medo de espantar clientes. Veja se isto lhe soa familiar: para cada bom cliente ou paciente, você tem pelo menos dois ou três que demandam muito tempo, reclamam dos seus preços e não lhe trazem muita renda. Mas você não se desliga deles porque fica inseguro de substituir a escassa fonte de renda que eles representam. Você está cometendo o erro mais comum e devastador entre empreendedores e profissionais:

Você está tentado ser todas as coisas para todas as pessoas.

Nas palavras da minha mãe, **para com esse troço!** Os especialistas são as pessoas que ganham dinheiro neste mundo. Se você é um dentista generalista, pode até ganhar bem, mas o dinheiro está mesmo na ortodontia infantil. Especialistas que se concentram num mercado com necessidades mais específicas podem cobrar mais caro pelos seus serviços, manter menos clientes e passar menos tempo os atendendo. Podem trabalhar por menos horas enquanto aumentam seu salário por hora de trabalho. Assim, se você quer se tornar mais bem-sucedido, eu tenho um conselho assustadoramente simples:

Corte seu número de clientes pela metade.

Você fará isso primeiro determinando quem é o seu **cliente ideal**; depois, ao longo do ano, descascando lentamente as camadas de clientes não-ideais enquanto ganha mais clientes ideais através da sua MP.

CIRURGIA DE MARCA
O PACIENTE: PROMOÇÃO DE VENDAS E *MARKETING*

- Não comece sua busca por novos clientes tentando vender. Se as pessoas não o conhecem, por que comprariam de você?

- Não gaste muito tempo com *telemarketing*. Deixe a sua marca atrair clientes até você. É um uso mais eficiente do seu tempo.

- Ensine o seu departamento de vendas sobre a criação de MPs. Todos os seus funcionários devem ter suas próprias MPs para as pessoas com quem entram em contato.

- Certifique-se de que as técnicas de venda adotadas por você e seu pessoal combinem com a sua marca. Sua MP traz os clientes potenciais à sua porta, mas quando eles estão dentro do seu escritório, é hora de vender e fechar negócio.

- Não copie. Se um competidor lançar uma campanha, não a imite. Você não deseja ser um seguidor em uma categoria; você quer liderar a sua própria categoria.

QUEM É O SEU CLIENTE IDEAL?

Para responder essa questão, comece separando os seus clientes em três grupos (eu já dei essa sugestão em um dos quadros de "Coisas Que Você Pode Fazer"): A, B e C.

- **Clientes A** são pessoas com quem é fácil e agradável trabalhar, que podem pagar tarifas especiais e que estão dispostas a recomendá-lo para outros clientes. Eles provavelmente compõem um total de 15% da sua base de clientes, mas geram 50% da sua receita. Esses são os clientes que você deseja manter.
- **Clientes B** não têm condições de gastar tanto dinheiro, têm mais chances de desperdiçar o seu tempo com reclamações e pedidos bestas, e são geralmente mais estressantes. Eles não são ruins, mas você não desejaria basear os seus negócios neles. Eles provavelmente representam em torno de 35% dos seus clientes e geram 40% da sua receita. Você deve descartá-los num período de seis a nove meses.
- **Clientes C** são estressantes e sovinas, e você gasta **metade do seu tempo** tentando mantê-los felizes. Esse grupo é osso duro de roer, e mesmo representando 50% dos seus clientes, tomando até 60% do seu tempo, ele gera talvez 20% (ou menos) da sua renda. Você deve mandá-los para a rua nos próximos três meses. Boa viagem.

Ao identificar as qualidades que fazem dos clientes A os melhores, você poderá moldar sua MP para atrair mais deles. Ao mesmo tempo, ao se desligar dos clientes B e C, indicando-lhes colegas ou simplesmente não os atendendo, você terá mais tempo para servir os seus melhores clientes. Mas como os clientes A geram muito mais receita, você poderá aumentar a sua renda atendendo menos deles. É mais fácil trabalhar com esses clientes, e eles não demandam tanto tempo quanto os outros.

A maioria dos profissionais será capaz de identificar os seus clientes ideais baseando-se nas seguintes características:

- Eles são instruídos e entendem o que você diz a eles, mesmo quando o assunto é complexo.
- Eles apreciam a importância de se trabalhar com profissionais altamente qualificados.

- Eles têm dinheiro para as tarifas mais altas de serviços especiais, e sabem que o que você oferece vale o dinheiro que pagam.
- Eles têm iniciativa e se informam sozinhos. Por isso, não desperdiçam o seu tempo com perguntas bobas e reclamações apavoradas.
- Você tem algo em comum com eles e gosta da sua companhia.
- Eles estão mais que dispostos a indicá-lo para pessoas parecidas com eles.
- Quando você lhes diz que está se tornando mais exclusivo, eles apreciam e entendem o que está tentando fazer.

Identifique os clientes que satisfazem todos esses critérios; eles são os seus **clientes ideais**. Sua missão é clonar essas pessoas e buscar mais delas. Por exemplo, digamos que um médico norte-americano está cansado de lidar com as empresas de seguros, com as faturas do sistema de seguros federal e todas essas coisas. Ele decide iniciar uma prática diferente, na qual um pequeno grupo de clientes afluentes está disposto a pagar 10 mil dólares por ano para ter acesso exclusivo à sua clínica e a um pacote de serviços especiais. Então ele identifica 25 dos seus pacientes que podem arcar com esse preço, começa a encaminhar o resto dos pacientes para outros médicos e lança a sua marca para atrair mais clientes ideais. A transição demora um ano, mas no final desse período, ele tem uma base de **100 pacientes** que gera **1 milhão de dólares** em receita bruta. Ele gasta menos com faturas e burocracia, então sua renda líquida é mais alta, podendo assim passar mais tempo na prática da medicina e com a sua família.

COISAS QUE VOCÊ PODE FAZER EM UMA SEMANA

1. Começar a agendar reuniões com colegas que possam ser indicados a clientes que você não deseja manter.
2. Enviar cartões de visita e cartas com a sua nova marca para seus clientes A e B.
3. Pedir a um de seus funcionários que entre em contato com escolas, equipes e ligas de esportes locais para saber sobre oportunidades de patrocínio.
4. Se você não tiver uma equipe de funcionários ou um assistente, pense em contratar um assistente virtual em www.ivaa.org.

5. Trabalhar com o seu desenvolvedor *Web* para criar uma nova estrutura e um mapa de conteúdo para a sua nova presença *on-line*.

6. Se você tiver perfis em *sites* de rede social como o LinkedIn, deletá-los e substituí-los por novos perfis que reflitam a sua MP.

ESTUDO DE CASO DE UMA MARCA

A marca: Wyland

Especialização: O principal proponente da *environmental art* (arte ambiental) do mundo.

Local: Laguna Beach, na Califórnia (EUA).

Veículos: Arte, música, *Whaling Walls*, ativismo marinho, educação

Destaques: Pintou quase 100 murais de vida marinha em todo o mundo, fundou sua própria gravadora, tornou-se o artista ambiental mais vendido no mundo.

On-line: www.wyland.com, www.wylandfoundation.org

História: Wyland é o *mais proeminente artista ambiental* marinho do mundo. Do seu espetacular apartamento com vista de 180° para o oceano Pacífico, esse nativo do meio-oeste norte-americano construiu uma das mais influentes franquias e marcas pessoais do mundo da arte, com suas evocativas pinturas e esculturas de baleias, leões marinhos e outros tipos de vida marinha. Mas Wyland, um indivíduo amigável e despreocupado, representa muito mais do que suas pinturas e seu famoso logotipo: ele construiu uma marca baseada na boa vontade, consciência ecológica global, educação e sua mais recente paixão, sua própria gravadora de *jazz*. Em 2008, com o trigésimo aniversário do Wyland Studio e o décimo quinto da Wyland Foundation, o artista tem muito o que celebrar.

Como tudo começou: "A primeira coisa que fiz quando cheguei aqui foi passar fome", diz Wyland do seu terraço à beira-mar, adjacente ao estacionamento de um hotel onde ele pintou seu primeiro mural de baleias. "Como descobri depois, eu estava no lugar certo na hora certa, pois o Greenpreace e Jacques Cousteau estavam aparecendo. Foi então que comecei a buscar o meu objetivo de ser um artista da vida marinha."

Como se constatou mais tarde, Wyland aproveitou-se, acidentalmente, de um dos princípios fundamentais da criação de marcas: a *vantagem do pioneiro*. "A arte que era feita antes era arte marinha, mas o que eu faço é arte da vida marinha, uma celebração da vida no mar, e não da sua conquista pelo homem", ele diz. "Assim, era realmente uma nova forma de arte que estava evoluindo naquela época." Ser o pioneiro desse novo tipo de arte marinha deu-lhe uma marca com uma identidade exclusiva na sua área, incentivando a percepção pública de que Wyland era "o" artista marinho.

Sem qualquer interesse em transformar-se numa franquia, Wyland percebeu que para promover a sua arte, ele precisaria promover o amor que tinha pelo mar e seus habitantes. Ele mostrou possuir esse dom. "Não tinha ninguém para ser meu mentor, mas sendo sempre amigável com as pessoas e usando a minha personalidade, eu me tornei conhecido", ele afirma. "Muitos artistas são introvertidos, mas eu não. Eu adoro as pessoas. Eu adoro a reação delas à minha arte. Sempre fui muito participativo, e minha marca começou a evoluir bem devagar a partir disso".

O que esta marca representa:

- **Um estilo de vida.** Com o seu apartamento bacana, suas viagens e seus costumes aquáticos, Wyland criou uma marca que lembra a de Jimmy Buffett, músico que cantava sobre a boa vida nos trópicos. "Minha marca está mais relacionada a um estilo de vida, a compartilhar minha arte e meus pontos de vista, a criar entusiasmo nas pessoas e fazer com que elas participem", ele diz. "É uma coisa tipo Jimmy Buffett; meio contagiante para as pessoas. As pessoas querem estar envolvidas neste tipo de coisa: fazer coisas boas e dar um retorno para a comunidade. Tivemos quase um milhão de colecionadores ao longo dos últimos 30 anos. Mas isso é somente a ponta do *iceberg*, comparado com a maneira como as coisas ainda podem ser. Nosso trabalho é reconhecido mundialmente agora. Mas ainda é algo do povo – uma pessoa pode fazer a diferença".

- **Paixão.** Wyland diz a qualquer pessoa que quiser escutar que, neste momento da sua carreira, depois de ter vendido milhões de pinturas, esculturas e outros trabalhos, tudo está relacionado às coisas que realmente importam para ele: educar crianças sobre a preservação dos ecossistemas marinhos e disseminar a boa vontade internacional através dos seus muitos *whaling walls* (enormes murais aquáticos que são parte criação de arte pública, parte badalação para a mídia). Se Wyland não gosta de algo, simplesmente não o faz. "Você quer sempre estar entusiasmado quando é um artista", ele diz. "É bom poder ser capaz de fazer as coisas da sua própria maneira, porque seu tempo é limitado. Isso coloca a coisa toda num patamar diferente. Todos têm que fazer o que é preciso para sobreviver, mas no momento em que você vai além disso, acontece uma transformação incrível".

- **Evolução constante.** Arte, ativismo e preservação não são suficientes. O cara também gosta de música. "Abri uma gravadora, a Wyland Records, e acabamos de produzir o nosso primeiro CD de jazz, *Rhythms of the Sea*", ele destaca. "A arte e a música são tão poderosas, que eu queria expressar muita mensagem através delas.

A indústria fonográfica era tão anômala que eu decidi começar a minha própria gravadora, para que não houvesse nenhum obstáculo para a criação de um novo paradigma de distribuição. Eu também precisava de música para os filmes que venho criando para minha companhia de filme e vídeo. O tema era o oceano, a arte e a mensagem que quero comunicar. Já estamos trabalhando no segundo disco, que vai ser de *blues*. Eu reúno os melhores músicos do planeta, escrevo as melodias e as letras, e organizo tudo. O próximo vai contar a história da água através do *blues*: o Mississippi Delta, Memphis soul, esses estilos todos", explica Wyland.

- **Filantropia:** A Wyland Foundation e outros projetos beneficentes promovem e financiam programas de educação ambiental. Ensinam as crianças a proteger e apreciar os ecossistemas marinhos. É um dos motivos que fazem Wyland levantar da cama todas as manhãs: a preservação daquilo que ele ama.

- **Astúcia nos negócios.** Wyland e sua equipe construíram uma sofisticada estratégia de licenciamento e uma rede de distribuição global para a sua arte, que é reproduzida em dezenas de formas diferentes. Eles mantêm um controle rígido sobre a marca pessoal de Wyland, até mesmo da sua característica assinatura e seu nome, que é sempre "Wyland." Nunca seu primeiro nome. A marca é consistente e está sempre ligada às mesmas ideias: o oceano, a vida marinha e a preservação da água limpa.

Fator-chave: Os *whaling walls*. Wyland poderia ter permanecido como uma personalidade bem-sucedida, porém regional, se não fossem os seus *whaling walls*. Esses enormes murais, cada um representando uma cena aquática de grandes baleias e golfinhos, começaram em 1981 com o muro de Laguna Beach. Eles se tornaram sua marca registrada, adornando 95 prédios e muros públicos ao redor do mundo. Agora, com o fim à vista, Wyland tem grandes planos para o nº 100 – e além.

"Pintarei meus últimos quatro muros na Cidade do Cabo, Abu Dhabi, Cingapura e Pequim para as 'Olimpíadas Verdes'", ele destaca (ele foi o artista norte-americano oficial para os Jogos Olímpicos de 2008 na China). "Vai se chamar *Hands Across the Oceans* (*Mãos Através dos Oceanos*), e terá mais de um quilômetro e meio de telas. Mas não pode ser tudo sobre a minha pessoa, então estou convidando crianças de 204 países para pintar comigo em 204 telas. Nós vamos inspirar essas crianças a levar a inspiração para casa. Vamos fazer com que elas se envolvam com a ideia de oceanos e águas limpas – vamos fazer com que essas crianças se tornem líderes na luta para a **preservação** através da **arte**. É muito empolgante fazer isso num palco mundial. Também dedicarei a primeira escultura que fiz às olimpíadas, três golfinhos.

"Essa é uma grande maneira de terminar minha missão de fazer 100 murais aquáticos. E nos próximos 25 anos, eu quero fazer 100 esculturas monumentais em cidades ao redor do mundo." Nossa, só isso?

> *Insights*: "A mensagem central da marca não é, 'compre esse quadro!' É aprender tudo o que pudermos sobre o meio ambiente e usar a arte para instruir e inspirar as pessoas a participarem. No final da contas, é uma marca em prol da preservação. Claro que é pura arte, mas é arte com uma mensagem. A ideia era de que as pessoas veriam a arte e a beleza e enxergariam a mensagem. Eu mergulho, tiro fotos, pinto quadros, esculpo, pinto as laterais de prédios e agora componho músicas, tudo com a mesma mensagem. No fim, os investimentos que a gente faz dão frutos. Sou como Johnny Appleseed, o antigo pioneiro norte-americano conhecido pela sua liderança na preservação", afirma Wyland.

LIVRE-SE DOS PERDEDORES

Não é uma situação ruim, não é mesmo? A maior barreira que o impede de alcançar essa terra prometida é, tristemente, o **medo**: o medo de se desligar de clientes e não conseguir substituir a renda vinda deles. Isso é algo com o qual não posso ajudá-lo. Posso somente apresentar a lógica de ir atrás do seu cliente ideal. Mas não vou negar que dar tchau para três quartos dos seus clientes pode ser muito assustador. Por isso é importante que você se lembre não só de como os seus clientes A são bons, mas de como os seus piores clientes são ruins.

Depois de identificar os seus melhores clientes, encontre outros que satisfazem somente metade dos critérios de um cliente A. Esses são os seus clientes B. Eles não são ruins, mas tomam muito tempo e não trazem uma grande quantidade de dinheiro. Eles podem ser instruídos e até ricos, mas são reclamadores crônicos que dão trabalho aos seus funcionários e deixam todos com raiva. Ou então são muito bonzinhos, mas nunca pagam suas contas em dia. Remova-os lentamente.

Não é divertido trabalhar com clientes C. Eles acham que você cobra muito caro e o inundam com reclamações. Quando você dá uma olhada na quantidade de horas que você gasta com eles, percebe que eles fazem você perder dinheiro. Envie-lhes uma carta dizendo que você está alterando os seus serviços e que não poderá mais tê-los como clientes. Escreva que você aprecia todos os anos em que trabalharam juntos e deseje-lhes sorte. Tente não gargalhar de alegria quando enviar as cartas. É deselegante.

EMBARQUE NO TREM "A"

Então você já tem uma lista de clientes ideais A na sua frente. Ótimo. Agora repita comigo:

Não vou aceitar mais nenhum novo cliente/paciente que não se encaixe nos meus requerimentos ideais.

Talvez você deva pregar isso na parede do seu escritório por mais ou menos seis meses e repetir a frase como um tipo de **mantra**. Novos desocupados ligarão ou virão ao seu escritório, e o seu reflexo será de cadastrá-los e transformá-los em clientes. Mas a não ser que eles sejam de qualidade A, diga **não**. A verdade é que, no início da campanha da sua marca, poucos clientes ideais aparecerão do nada. A maioria chega até você através de indicações dos seus clientes atuais. **Por quê?** Porque sua marca não terá tido tempo de mostrar a todos que você é um prestador de serviços de elite. Demora um pouco. Por isso, você ainda verá algumas pessoas desse tipo por um tempo. Estabeleça um sistema para redirecioná-las a outros profissionais. Entrarei em mais detalhes sobre esse assunto mais tarde.)

Outra coisa que você deve fazer é usar sua lista A como modelo para criar sua marca pessoal, assim como as ferramentas de *marketing* que a comunicam. Você deseja atrair cada vez mais clientes ideais, portanto sente-se e analise esses clientes, anotando as qualidades que eles têm em comum. Essas são as qualidades que sua marca deve atrair. Por exemplo, digamos que você descobre que seus clientes ideais têm seis características em comum:

1. Eles têm uma renda familiar média de mais de 200 mil dólares por ano.
2. Sua média de idade é 53 anos.
3. São donos do próprio negócio.
4. São de direita.
5. Eles vivem todos num raio de 15 km ao redor de vários campos de golfe exclusivos.
6. Não se dão muito bem com a tecnologia.

Sua MP deve pressionar esses seis botões para atrair tanto as pessoas a quem você é recomendado, quanto clientes ideais ainda desconhecidos. Já que o seu cliente ideal é bastante rico e conservador, você deverá criar um *folder* belo e de alta qualidade sobre você, apresentando imagens relacionadas ao golfe e à família. É isso que o seu cliente ideal espera de você. Você ainda manterá um *site* na Internet, mas devido ao fato dos seus clientes não serem gênios da informática, você não enviará *newsletters* por *e-mail* nem conteúdo para celulares. Você continuará usando o correio convencional. E a experiência do cliente no seu escritório será tão elegante quanto num dos hotéis da rede Ritz-Carlton.

A partir do momento em que você souber o que torna seus clientes A lucrativos e agradáveis, assim como as coisas que vocês têm em comum, você poderá moldar sua marca para atrair pessoas com essas qualidades. Em poucas palavras, você estará desenvolvendo a sua marca.

COISAS QUE VOCÊ PODE FAZER EM UM MÊS

1. Contratar um *designer* gráfico para começar a trabalhar no seu material de publicidade.
2. Se você trabalha em casa, começar a procurar um escritório com um preço acessível. Você precisa transmitir uma certa imagem através da sua marca, e é provável que a sua casa não dê conta do recado.
3. Entrar em contato com os correios para saber sobre as opções de correspondência em massa.
4. Comprar o livro *The Lifestyle Market Analyst* (custa mais ou menos $500) ou, se disponível, uma obra similar que trate da sua região. Esse é um enorme e indispensável livro que analisa detalhadamente as informações demográficas de todas as áreas metropolitanas dos EUA. Informações como essas são inestimáveis para o desenvolvimento do seu mercado-alvo.
5. Montar o seu *kit* de imprensa básico.
6. Comparecer aos seus primeiros eventos profissionais com o seu novo cartão de visita em mãos.

BENEFÍCIOS FUNDAMENTAIS

É hora de ir direto ao assunto. Estes serão os benefícios que você obterá ao criar uma marca que estabelece um fluxo contínuo de novos clientes A:

- **Tarifas mais altas.** Ao limitar os seus serviços a um grupo mais seleto de pessoas, você cria o que os economistas chamam de escassez. A demanda pelos seus serviços excede a oferta, e os preços aumentam. A mensagem para os seus clientes: você está limitando os seus serviços a um seleto grupo de clientes e oferecendo um nível de atendimento exclusivo, portanto precisa aumentar os seus preços apropriadamente. Mas esteja preparado para oferecer serviços de alta qualidade, sem fazer promessas da boca para fora.
- **Maior renda.** Não é difícil perceber que tarifas mais altas resultam em mais dinheiro no bolso. Se 20% dos seus clientes geram 50% da sua renda atual, você pode largar os outros clientes, dobrar o número de clientes A e aumentar seus preços em 50%. Assim, sua renda ficará 50% maior. Mas os benefícios não param por aí.
- **Custos menores.** Com menos clientes para atender, seus funcionários gastarão menos tempo lidando com reclamações. Talvez você possa demitir alguns deles, ou mudá-los de funções para que possam atrair mais clientes ou criar uma experiência mais satisfatória para os clientes que você já possui. No geral, ter menos clientes significa também ter menos gastos, o que aumenta sua renda líquida.
- **Menos horas de trabalho.** Menos clientes que não desperdiçam o seu tempo com pedidos ridículos se traduzem em menos horas gastas no escritório. Se você calcular seu salário por hora, você verá que a redução de 75 horas semanais para 50 horas aumenta sua renda por hora drasticamente.
- **Criação de um sistema de recomendações.** Para peneirar os seus clientes ideais, você criará um sistema de indicações que envia seus clientes B para outros profissionais. Esse sistema também encaminhará automaticamente novos clientes B que o procurarem para um prestador de serviços alternativo. Isso não somente cria uma enorme boa vontade em relação a você, mas também pode fazer com que os outros profissionais indiquem você a novos clientes A ocasionalmente.

- Construção de algo que possa ser vendido. Isto é importante. Neste momento, você é provavelmente o único patrimônio de valor do seu negócio. Talvez sua lista de clientes em potencial ou banco de dados de clientes tenha algum valor de revenda, mas não muito. Mas quando você constrói uma MP que atrai clientes de alta qualidade e lhe dá uma reputação de elite na sua comunidade e na indústria da qual faz parte, sua marca transforma-se no seu maior patrimônio. Você pode criar filiais ou vender seu negócio quando se aposentar mais cedo, pois sua marca terá valor. Devido à força da marca, Charles Schwab continuará existindo por muito tempo após o seu fundador se aposentar ou morrer. Uma grande MP permite que você venda o seu negócio ou o passe para um herdeiro.
- Mais prazer. Você quer fazer o que você ama, não é? Frequentemente, esse é um lado dos negócios que é negligenciado, mas não deveria ser. Parte do motivo para você ter estudado e aberto o seu próprio negócio foi o de ter mais controle sobre o seu tempo e poder usufruir a sensação de ser dono de si mesmo. Bem, quando você escolhe com quem quer trabalhar ao invés de ser escolhido, você aproveita mais os seus dias. Você realmente encontra prazer nas suas relações de negócios.
- Um estilo de vida melhor. O objetivo de qualquer carreira é dar suporte a um estilo de vida que traz alegria e sentido à sua vida. É mesmo simples assim. Infelizmente, muitos de nós nos esquecemos disso na correria para construir a nossa empresa. Esquecemos desse objetivo no pânico precipitado de nos manter na frente dos gastos e crescer. Mas pense nisto:

> melhores clientes + mais renda + menos horas de trabalho + mais gratificação dos seus clientes = um estilo de vida melhor

Você terá mais tempo para passar com a família e amigos e fazer outras coisas das quais gosta. Quando você monta um sistema para manter sua MP e suas relações com os clientes mesmo quando está longe (um assunto do qual tratarei em detalhes mais tarde), você fica livre. Você comanda o negócio. Ele não comanda você. Você pode sair de férias, ir ao jogo de futebol dos seus filhos e viver a sua vida.

É claro, tudo isso demanda um investimento financeiro. Mas de que tamanho, e qual é o retorno do investimento? Veremos mais sobre o assunto quando falarmos sobre os veículos de promoção no Capítulo 5. Por enquanto, vamos tratar dos três cérebros da criação de marcas pessoais.

A ESTA ALTURA VOCÊ DEVE ESTAR...

- Decidido sobre o novo nome do seu negócio, o seu nome.
- Vendo rascunhos de *designs* para o seu novo logotipo, cartões de visita e papéis timbrados.
- Planejando o seu novo *site*.
- Conversando com editores e diretores de rádio da sua comunidade para saber o que é preciso fazer para ter espaço nessas mídias.
- Remodelando sua área de trabalho para que ela seja um ambiente mais voltado ao cliente

PARTE II
A MARCA COM TRÊS CÉREBROS

CAPÍTULO 4

ESPECIALIZE-SE OU GASTE

Muito antes da expressão self-branding (autoatribuição de marca) virar jargão nas escolas de negócios, Ellas McDaniel desenvolveu a marca pessoal definitiva: Bo Diddley. Bo Diddley é o seu nome profissional, Bo Diddley é o nome do seu primeiro disco, e a batida Bo Diddley é o termo popular para a força rítmica que energiza sua música.

– Joseph Tortelli, Goldmine Magazine

Uma grande MP é um monstro de três cabeças montado, assim como a criatura de Victor Frankenstein, com partes vindas de origens diferentes. O primeiro e mais indispensável desses componentes é a **especialização**. Por que o nome e o rosto do grande Bo Diddley continuam sendo reconhecidos pelo público, embora a sua música tenha mais de 50 anos? Porque ele era um **especialista**. Ele apoderou-se de uma pequena porém importante parte do imaginário da audiência.

A especialização é a mais importante estratégia de desenvolvimento de MPs do seu arsenal. Você simplesmente não consegue construir uma marca efetiva sem ser um especialista. A especialização tem como base o cliente ideal que você escolheu no capítulo anterior; ela usa essa informação para ajudá-lo a restringir a esfera de ação da mensagem da sua marca. Quando você se especializa, você vai contra o instinto comum nos negócios de fazer mais para mais pessoas. Na especialização, você faz menos para menos pessoas, promovendo-se como um **profissional de elite** com um leque de serviços menor e mais preciso. A especialização permite que você escolha algumas áreas lucrativas e de maior demanda e construa sua marca ao redor delas.

A especialização oferece muitos benefícios importantes para qualquer negócio:

- **Diferenciação.** Ao invés de ser um generalista que tenta ser todas as coisas para todas as pessoas, você se destaca da concorrência por fazer poucas coisas muito bem. Ideias gerais não duram na mente humana; ninguém se lembra daqueles que são pau para toda obra. Nós nos lembramos das pessoas que despertam nosso interesse com um talento preciso, um campo de conhecimento preciso ou um fato preciso. Seres humanos se lembram de **coisas singulares**.
- **Perícia pressuposta.** Quando você diz às pessoas que é especialista em algo, elas naturalmente presumem que você é particularmente qualificado na área. Elas respeitam o que você diz e têm mais chances de pagar mais pelo conhecimento especializado que lhe atribuem.
- **Entendimento mais claro por parte do cliente.** É muito complicado para as pessoas reconhecerem o difícil trabalho que você executa e concordarem em pagar bem por ele se não entenderem o que realmente você faz todos os dias. Por exemplo, a psicologia clínica ou a contabilidade parecem mistérios impenetráveis para os leigos, mas se você se posiciona como "terapeuta de dependentes químicos" ou "especialista em heranças", os clientes serão mais capazes de compreender pelo menos os princípios básicos da sua profissão.
- **Ênfase nos seus pontos fortes.** A especialização deve permitir que você se concentre não só nas áreas mais lucrativas, mas naquelas em que você é melhor. Assim você aproveita mais o trabalho e, de bonus, ainda ganha mais dinheiro.
- **Os clientes se pré-qualificam.** Você já gastou uma hora numa consulta com um cliente, só para descobrir que a sua empresa não oferece os serviços que ele precisa? Que perda de tempo! A especialização previne que isso aconteça ao dizer às pessoas exatamente o que você faz e com quem trabalha, para que elas saibam instantaneamente se você é o profissional certo para elas. Se for, elas ligam.

Se não for, elas passam longe. Lembre-se, você não deseja ter todo mundo como cliente, somente os seus clientes ideais!

Mas, na minha opinião, o melhor motivo de todos para você se especializar é que isso torna o seu negócio mais manejável. Se decidir que vai ser o corretor de seguros da sua cidade toda, você terá um enorme trabalho pela frente. Você terá que divulgar os seus serviços como generalista e oferecer uma enorme gama de produtos. Deverá vender a sua marca para uma grande área geográfica enquanto se defende de dezenas ou centenas de concorrentes. Isso custa muito dinheiro. Você pode até construir um negócio de sucesso como generalista, mas é melhor ter um enorme orçamento de *marketing*.

É por isso que eu digo, "especialize-se ou gaste." A não ser que você tenha milhões para investir na promoção da sua marca, a especialização faz muito mais sentido. Reduzindo a área de alcance do seu negócio, você reduz também seus custos e trabalho. Ao invés de ser o corretor de seguros de todas as pessoas do planeta, pense em se especializar em seguros de acidentes de trabalho para mais ou menos mil pequenos negócios na sua região. Instantaneamente, o trabalho e os custos vão diminuir. Você não terá que lutar com dezenas de concorrentes estabelecidos. Você não terá que enviar malas diretas para 20 mil casas; em vez disso, serão apenas mil empresas. Com um mercado menor, você poderá direcionar seus materiais publicitários, apresentações de venda, placas, letreiros, treinamento de pessoal e *site* na Internet – tudo muito mais eficientemente. A vida ficará mais fácil.

COISAS QUE VOCÊ PODE FAZER HOJE

1. Fazer uma lista de eventos especiais que você possa organizar para alcançar os seus clientes, como festivais de sorvete, aulas grátis ou festas para arrecadação de fundos.
2. Fazer uma lista de pontos de venda na sua região onde seus materiais de publicidade possam ser expostos aos clientes ideais.
3. Procurar *sites* na Internet relacionados ao seu negócio, onde você possa publicar artigos ou anúncios.
4. Pesquisar possíveis locais para seminários públicos, como centros de conferências ou igrejas.

> 5. Verificar com as organizações às quais você pertence – igrejas, grupos políticos, organizações cívicas – sobre a possibilidade de você fazer uma apresentação para os membros.
> 6. Definir a sua nova estrutura de tarifas.

OS RISCOS

É claro, existem riscos na especialização, principalmente se você não a fizer corretamente. Para ser franco, a maioria desses riscos só existe na mente de profissionais nervosos, mas isso não os torna menos capazes de inibir a criação de uma marca de sucesso. A maioria dos homens de negócios – especialmente aqueles que não estão no mercado há muito tempo – tem muito medo de espantar clientes, mesmo que estes sejam poucos e de difícil trato. Este é o maior risco psicológico da especialização: "E se eu não conseguir encontrar novos clientes para substituir aqueles que rejeitei?"

Eu considero essa situação equivalente à de uma garota que continua com o namorado abusivo porque tem medo de não encontrar outro namorado. É uma bobagem que tem base apenas no medo. Se você é bom no que faz e é capaz de comunicar as características humanas que fazem com que as pessoas queiram trabalhar com você, sempre encontrará mais clientes. Deixemos o medo de lado e observemos os riscos reais da especialização:

- Você pode rejeitar um seguimento do seu mercado que não é lucrativo agora, mas que se tornará lucrativo no futuro. Mas a não ser que você seja um vidente, não há como prever que isso ocorrerá. Então para que se preocupar?
- Você pode alienar os clientes atuais que são enviados a outros profissionais ou que são simplesmente rejeitados. Isso realmente acontece, e pode manchar um pouco a sua imagem se os clientes saem ressentidos. Por isso é importante "redirecionar" os clientes com classe e sutileza, dando-lhes a impressão de que é para o próprio benefício deles. Convém dizer: "Estou reorientando a minha atividade profissional, e por isso acredito não ser possível continuar a oferecer os serviços que você precisa de forma adequada" ou algo do gênero.

- Limitar-se muito e reduzir a sua renda. Por isso é tão importante pesquisar o seu mercado-alvo com cuidado e ter certeza de que existe espaço o suficiente. É preciso haver mercado na sua especialização para que você consiga todos os clientes necessários para alcançar os seus objetivos de renda – e depois mais. É sempre bom ter um espaço de manobra para cometer erros e ainda assim ganhar o quanto precisa. É possível ser especializado demais e, portanto, limitado demais no tamanho que o seu negócio pode alcançar.

É isso. Como você pode ver, os benefícios da especialização superam em muito os riscos. A maioria desses riscos pode ser administrada com planejamento inteligente e boa comunicação. Por isso, como as desvantagens da especialização são tão pequenas e as vantagens tão grandes, vejamos como você pode se tornar um especialista.

OS TRÊS PASSOS DA ESPECIALIZAÇÃO

Deve estar claro agora que o desenvolvimento de MPs gira em torno dos seus clientes. Sem eles, você não tem nada. Por isso, você tem que descobrir tudo o que puder sobre eles, e então moldar o seu negócio para que eles literalmente se apaixonem por você. Vamos seguir adiante e dar uma olhada nos três passos envolvidos nesse processo. Você está pronto para se tornar um criador de MPs.

1º Passo: Identifique seu mercado-alvo

Espere, já não fizemos isso? Não! Já identificamos o seu cliente ideal, mas o seu cliente ideal e seu mercado-alvo não são a mesma coisa. Aqui está a diferença:

- O seu cliente ideal é o perfil da pessoa perfeita para o desenvolvimento do seu negócio.
- Seu mercado-alvo é o reservatório real de clientes para quem você direcionará as suas iniciativas de *marketing*. É desse reservatório que você atrairá os clientes ideais para uma consulta ou reunião.

Seu cliente ideal é apenas isto: um ideal. Mas você tem que encontrar essas pessoas e se comunicar com elas, e isso significa escolher o mercado-alvo que receberá as suas correspondências, verá as suas propagandas, lerá seus artigos e o encontrará em eventos profissionais. Um mercado-alvo é um grupo de pessoas que pode ser definido por uma ampla variedade de características possíveis, incluindo localização geográfica, estilo de vida, *hobbies*, renda, sexo, idade, ocupação, crença religiosa ou afiliação étnica. Você pode até mesmo ter um mercado-alvo só de pessoas que trabalham numa mesma empresa ou que frequentam a mesma megaigreja. De qualquer modo, seu trabalho é descobrir qual mercado-alvo, definido por quais características, dará a você as melhores possibilidades de atrair o maior número de clientes ideais.

Isso tudo pode parecer intimidador, mas você provavelmente já sabe muito sobre o seu mercado-alvo perfeito. Afinal, você já identificou seu cliente ideal. Bem, que grupo demográfico tem mais chances de englobar o maior número desses clientes ideais? A melhor maneira de começar o processo de descoberta de mercados-alvo é anotar o perfil do seu cliente ideal, e então pensar nos possíveis grupos demográficos. Ao fazer isso, mantenha estas quatro questões em mente:

1. Este mercado-alvo é grande o suficiente para que eu alcance meus objetivos de renda?
2. Já existe concorrência estabelecida?
3. Gosto de trabalhar com este tipo de pessoa nesta área dos meus negócios?
4. Existe alguma necessidade não suprida que eu possa atender?

Por exemplo, imagine um arquiteto residencial da baía de São Francisco, na Califórnia. Ele tem experiência e gosta de trabalhar com arquitetura ecologicamente sustentável. Ele decidiu que o seu cliente ideal é um proprietário de imóveis de alto padrão, politicamente e socialmente liberal, que quer construir uma casa ecologicamente sustentável e estar envolvido em cada estágio da construção. Onde ele teria mais possibilidades de encontrar essas pessoas? Usando o seu bom senso e experiência, assim como recursos como o livro *The Lifestyle Market Analyst* e *sites* como www.freedemographics.com[1] e www.marketresearch.com, ele chega às seguintes conclusões:

---
[1] Uma opção similar no Brasil é o site do Instituto Brasileiro de Geografia e Estatística – IBGE (www.ibge.gov.br)

- Se quiser que as pessoas participem do processo de *design*, ele precisa de um público com curso superior.
- As áreas mais conservadoras da baía leste não são as ideais para ele. A cidade de Berkeley, também na baía leste, oferece um público liberal, culto e ciente dos problemas ambientais, mas a comunidade universitária não possui a renda necessária para os projetos residenciais desejados.
- Já o vale do Silício possui a renda necessária. Mesmo não sendo um manancial de liberalismo como Berkeley, é um lugar jovem e progressista, cheio de gênios da alta tecnologia que se veem como parte da vanguarda tecnológica e social.
- Ele reconhece que as pessoas que desejam casas ecológicas são geralmente mais jovens, portanto decide ter como alvo o grupo demográfico abaixo dos 40 anos de idade.

No final das contas, ele decide que o seu mercado-alvo será composto por "executivos e altos funcionários de até 40 anos de empresas de tecnologia no vale do Silício com renda total de mais de 200 mil dólares por ano". Mais investigações revelam que existem entre 3 e 4 mil clientes ideais nesse grupo. Agora ele faz quatro perguntas para si mesmo:

1. Esse mercado é grande o suficiente para que eu alcance meus objetivos de renda? Sim, se ele presume poder atrair 1% ou 2% dessas pessoas como clientes, já é mais do que o suficiente.
2. Já existe algum concorrente estabelecido? Alguns, mas nenhum deles domina o mercado.
3. Gosto de trabalhar com esse tipo de pessoa nessa área dos meus negócios? Sim, ele se sente confortável com novas tecnologias e gosta de pessoas criativas e inteligentes.
4. Existe alguma necessidade não atendida que eu possa suprir? Sim, uma vida mais ecológica.

Parece que esse mercado é perfeito! E é esse o mesmo processo que você seguirá quando começar a desenvolver a sua especialização. Quando você conhece o seu mercado-alvo, pode criar sua especialização e projetar o seu negócio inteiro para atrair esse mercado.

ESTUDO DE CASO DE UMA MARCA

A marca: Dra. Laura Schlessinger.

Especialização: Entrevistadora de um programa de rádio pé-no-chão que põe os valores familiares em primeiro lugar.

Local: Los Angeles, na Califórnia (EUA).

Veículos: Rádio, Internet, livros, *shows* solo, eventos de viagem.

Destaques: Seu último livro, *Stop Whining, Start Living* (*Pare de Reclamar, Comece a Viver*), estreou em segundo lugar na lista de *best-sellers* do jornal *The New York Times*.

On-line: www.drlaura.com

História: Dra. Laura tem Ph.D. (*philosophiae doctor*) em fisiologia, mas é mais conhecida pela sua experiência como **terapeuta de casais, crianças e famílias**, o que a leva a dar conselhos sobre valores familiares tradicionais, além de levar os críticos à loucura com as suas inflexíveis afirmações. Seu estilo franco e direto trouxe-lhe mais de 15 milhões de ouvintes assíduos em mais de 300 rádios nos EUA, diversos livros nas listas de mais vendidos e algo que a maioria das personalidades da mídia mataria para ter: uma MP que não deixa ninguém indiferente.

Como tudo começou: Schlessinger mudou-se para a Califórnia para lecionar na University of Southern California (USC) e logo descobriu a maneira de se fazer rádio da costa oeste norte-americana. "O rádio na Califórnia era muito diferente do rádio em Nova York", ela diz. "Os radialistas estavam mesmo no ar, recebendo ligações. Era engraçado, divertido e cativante." Ela ligou para um desses programas na rádio KABC-AM para responder a pergunta do dia, deu um nome falso e foi "descoberta". Mais tarde, quando apareceu como convidada na rádio KWIZ da cidade de Santa Ana, o apresentador foi agressivo e sem educação. Ela foi embora. "As pessoas ligaram para o programa enquanto eu dirigia para casa, atormentando aquele cara porque ele foi tão grosseiro comigo", ela conta. "**Ele foi demitido. Na semana seguinte, advinha quem estava no ar com o seu próprio programa?**"

O que esta marca representa:

- **Integridade.** Para Schlessinger, a integridade é seu bem mais precioso. Isso significa defender os valores familiares tradicionais e conservadores contra o cinismo, o relativismo e a cultura do politicamente correto da modernidade. Também significa candura. Ela é renomada (e em alguns círculos, difamada) por dar, sua opinião direta sobre assuntos como feminismo, criação de filhos, sexo e pornografia. Não concorda com ela? Não escute. Milhões de outras pessoas concordam. Sua integridade e seus valores morais também a levaram a apoiar instituições que ajudam crianças negligenciadas e violentadas e famílias de militares mortos.

- **A coragem de perseverar até o fim.** Schlessinger diz que um dos segredos do seu sucesso é sua longevidade: ela está no mundo do rádio com uma missão sincera há 30 anos, e tem seus programas transmitidos por emissoras de todo o país desde 1994. Nesse tempo todo, ela nunca foi subjugada pelos tempos atuais; ao invés disso, ela intensificou sua missão de proteger crianças e preservar famílias. Mesmo com um escândalo em 1998, quando um antigo namorado publicou fotos nuas de Schlessinger na Internet, ela não desistiu. Ela entrou na justiça para evitar a divulgação das fotos e explicou que suas ações tinham sido causadas pela mentalidade feminista da sua juventude... da qual ela já tinha se "recuperado".

- **Consistência.** Ela descreve-se como: "Uma guerreira destemida e incansável em prol das crianças, famílias, responsabilidade pessoal e comportamento ético. Minha mensagem é consistente, e eu me concentro em divulgá-la através do meu *site*, meu programa de rádio e meus livros. A coerência e o foco da mensagem formam a minha marca."

- **Versatilidade.** Atualmente, ela vai bem além do rádio. Além dos seus livros, a boa doutora tem uma enorme "família" *on-line* (mais de 170 mil membros), um programa apropriadamente chamado de *In My Never Humble Opinion* (*Na Minha Nunca Humilde Opinião*), e uma série de cruzeiros temáticos. Ela sabe como desenvolver uma marca.

Fator-chave: Sua frase introdutória: "Sou a mãe dos meus filhos." A frase surgiu espontaneamente quando seu programa foi transferido para o período diurno, e Schlessinger apresentou-se mencionando aquilo que tem de mais importante. Mas essa frase tornou-se sua marca registrada, assim como alvo das pessoas que adoram criticá-la. Foi um divisor de águas para a sua marca. Uma mulher de estatura nacional havia saído do armário feminista e afirmado que sua família – e não sua carreira – era a coisa mais importante da sua vida. Isso fez de Schlessinger um ícone.

Insights: Mesmo com todo seu sucesso, Schlessinger não se considera uma marca. Na verdade, ela odeia que seja chamada de uma, pois isso daria a impressão de que ela é uma personagem criada por um conselho de *marketing* corporativo. Mas ela sabe do poder da sua MP e sempre coloca o respeito à audiência em primeiro lugar. "Seu eu tivesse tentado criar uma personagem chamada dra. Laura para poder vender camisetas, as pessoas teriam rejeitado a ideia imediatamente", ela diz. "Quando você tenta inventar uma MP artificialmente para vender um produto, acaba falhando, porque não há confiança. As pessoas veem que eu sou sincera naquilo que digo e faço.

"Eu acho que represento a integridade, a honestidade, a ética, a moral [...] a responsabilidade pessoal, e a coragem de seguir o meu caminho apesar dos desafios internos e externos. É exatamente meu estilo direto e honesto, que rejeita as inverdades politicamente corretas, que atrai as pessoas. Elas buscam apoio para aquela sensação interna de moralidade que tem sido sitiada e atacada pela cultura do 'faça o que der na telha'. Essa postura me rendeu meu décimo *best-seller* na lista do *The New York Times*."

Quão Grande Deve Ser o Seu Mercado-Alvo?
Isso depende de três fatores: **seu objetivo de renda, quanto você ganha com cada cliente ideal e qual a porcentagem de clientes em potencial você pode esperar transformar em clientes.** Você já deve ter um objetivo de renda. Vamos voltar ao nosso arquiteto e dizer que o seu objetivo é 200 mil dólares brutos no primeiro ano após o lançamento da sua MP. Em seguida, ele verifica sua lista de clientes A, o tipo de cliente ideal que ele deseja atrair. No último ano fiscal, ele trabalhou com 20 clientes A que produziram 100 mil dólares de renda bruta; isso significa que cada cliente A rendeu-lhe 5 mil dólares. Assim, ele precisa de 40 clientes A para alcançar o seu objetivo, correto?

Não necessariamente. Ele também quer aumentar os seus preços em 25%. Se fizer isso, ele precisará de apenas 36 clientes A para alcançar o seu objetivo de 200 mil dólares. Não parece ser uma grande diferença, mas se cada cliente representa 50 horas de trabalho, 4 clientes a menos representam 200 horas de folga. Equivale a uma viagem de férias de uma semana, mais algum tempo para descansar. Assim, o objetivo é de 36 clientes. Agora um terceiro fator: **penetração de mercado.** Qual porcentagem dos clientes em potencial acabará se transformando em clientes de verdade? A resposta é diferente para cada profissão (as pessoas precisam de médicos e contadores regularmente, mas arquitetos ou fotógrafos podem ser necessários apenas uma vez a cada dois, três ou cinco anos), mas a regra geral é que de todas as pessoas que entram em contato com a sua MP, 1% a 4% se transformam em clientes.

Isso inclui as pessoas a quem você é recomendado (apesar da taxa de conversão de recomendações ser normalmente bem alta) e aquelas que veem seus anúncios, *folders*, malas diretas e *site* na Internet. Também inclui as pessoas que você encontra através de qualquer atividade com a comunidade ou relações públicas. Então nosso arquiteto dá uma olhada no seu *marketing* anterior e faz sua melhor estimativa: ele tem convertido por volta de 2% dos clientes ideais. Isso significa que para conseguir 36 clientes ideais por ano, ele precisará alcançar um total de 1.800 clientes em potencial com a sua MP. Isso é possível, já que seu *marketing* será direcionado a empresas do vale do Silício que empregam mais de 250 mil pessoas. Agora ele tem um mercado-alvo:

1.800 executivos de empresas do vale do Silício com renda familiar anual superior a 200 mil dólares e uma necessidade não-atendida de orientação na construção de casas ecologicamente sustentáveis.

Siga o mesmo processo e você também encontrará um mercado-alvo. A única dúvida que resta é se você conseguirá servir o número de clientes necessário para alcançar seu objetivo de renda sem aumentar seus preços absurdamente. Minha resposta é: **provavelmente**, a partir do momento que você se livrar da perda de tempo que os clientes B e C representam.

COISAS QUE VOCÊ PODE FAZER EM UMA SEMANA

1. Acabar de reinventar o espaço físico do seu escritório.
2. Criar um programa de "primeiras impressões" projetado para deixar novos clientes deslumbrados.
3. Começar a desenvolver um currículo para seminários – tarefas, livro didático e assim por diante.
4. Entrar em contato com as empresas da sua região sobre seminários particulares.
5. Começar o seu próprio *blog* (se você tiver tempo de atualizá-lo pelo menos quatro vezes por semana) nos *sites* blogger.com, typepad.com ou wordpress.com.
6. Vasculhar a Internet para remover qualquer tipo de material que possa ser potencialmente constrangedor. Por exemplo, fotos no *Orkut* da sua viagem à praia, comentários inflamados no blog de alguém e outros materiais desse tipo.

2º Passo: Planejar seus serviços para o cliente ideal

Uma vez que saiba quais clientes você quer, você estará pronto para criar sua MP. O primeiro passo desse processo é replanejar seus serviços para que você possa se reposicionar como especialista. Você deve fornecer produtos e serviços que satisfazem as necessidades dos clientes em potencial.

Seus serviços não podem ser genéricos; você tem que ser altamente especializado e levar a natureza do seu mercado-alvo em consideração. Se você é uma advogada de patentes que vem divulgando seu trabalho como "serviços legais para pequenos negócios", pare agora. Não vai funcionar. Você precisa especificar seus serviços para o mercado-alvo. Desse modo, talvez você deva oferecer "proteção de propriedade intelectual para pequenos e médios negócios inovadores". Dá para entender a ideia. Seja preciso e antecipe o que seu mercado precisa.

Ao replanejar sua oferta de serviços, pense não só nos serviços personalizados que você pode oferecer, mas também naqueles que pode jogar fora. Se a burocracia relacionada à fundação de novas empresas representa apenas uma pequena fatia da sua renda, abandone esse tipo de serviço. Quanto mais especializado você for, melhor. **Há valor na especialização!**

Passo 3: Reinvente seu modelo de negócios

Alcançar os seus objetivos depende inteiramente da maneira como você se liga a esse grupo de pessoas para transformá-lo em clientes ideais. Por isso, todos os aspectos do seu negócio devem reforçar a sua MP e criar a percepção de que você é alguém com quem eles gostarão de trabalhar e que suprirá suas necessidades.

Analise todos os aspectos do seu negócio:

- Como você se comunica com os clientes.
- Seu escritório e sua aparência.
- Sua estrutura de pagamento.
- Seus serviços de atendimento ao cliente e seus protocolos de manutenção do relacionamento com o cliente.
- Como lidar com reclamações e problemas.
- Como a tecnologia afeta sua eficiência e comunicação.
- Seus horários e disponibilidade.

Nada está fora de consideração aqui. Você deve acabar deixando alguns aspectos do seu modelo atual como estão, ao mesmo tempo em que muda outros radicalmente. Tudo depende daquilo que dá ao seu mercado-alvo a impressão de que você o entende e oferece o que ele precisa. Nosso arquiteto irá atrás de *nerds* do Vale do Silício, portanto ele sabe que seu negócio precisa usar recursos de alta tecnologia. Ele planeja investir em computadores portáteis para todos seus funcionários, um *laptop* de última geração para mostrar modelos em 3D e um esplêndido *site* onde os clientes podem acompanhar o progresso dos projetos instantaneamente, 24h por dia.

Algumas perguntas importantes a serem feitas aqui:

- Preciso de produtos ou serviços adicionais?
- Os meus preços são adequados ao mercado?
- Como devo construir meu negócio para proporcionar aos clientes uma forma mais fácil, rápida e conveniente de trabalhar comigo?

CIRURGIA DE MARCA
O PACIENTE: SEUS RELACIONAMENTOS PROFISSIONAIS

- Se você disser que vai fazer algo, faça. Sem desculpas, mesmo que seja algo pequeno. Os clientes formarão opiniões sobre sua confiabilidade baseando-se nos menores fatores.

- Seja bem claro sobre o que você faz e o que não faz no seu material publicitário, e repita tudo ao se encontrar com os clientes. Deixe claro que se algum serviço estiver fora da sua área de especialização, os clientes deverão procurar outro profissional. Tenha uma lista de possíveis profissionais para lhes oferecer.

- Seja honesto com os seus clientes sobre suas peculiaridades. Isso espantará alguns deles, mas também atrairá outros. Estes serão indivíduos com quem você poderá forjar alianças de longo prazo.

- Nunca acredite naquela velha artimanha: "Se você fizer isso para nós mais barato, vamos mandar muito mais serviços para você no futuro." Isso é tão velho quanto as pirâmides, apenas uma tática para economizar dinheiro. Um cliente de qualidade pagará o quanto você vale, em vez de tentar atraí-lo com mais trabalho.

MANTENHA A SIMPLICIDADE

Agora você está pronto para escrever a sua **declaração de especialização**. Essa declaração demarca o mercado com o qual você quer trabalhar, da mesma maneira que um antigo minerador de ouro demarcava sua terra. Sua declaração de especialização deve dizer às pessoas:

1. Quem você é.
2. O que você faz.
3. Para quem você o faz.

Após ter seguido os três passos da especialização, você já deve saber disso tudo. Você deve ter em mente uma descrição mais precisa de quem você é como profissional, assim como uma oferta de serviços afiada e uma ideia clara de quem é seu mercado-alvo. Combine esses três pontos e você terá sua declaração de especialização. Alguns exemplos perfeitos:

- Consultor financeiro graduado em Yale oferece planejamento de sucessão para donos de negócios em Sarasota, Flórida.
- Gerontologista certificado oferece estratégias de longevidade para mulheres acima dos 55 anos.
- O advogado "Socorro, fui pego dirigindo alcoolizado!" da cidade de Boise.

Cada uma dessas curtas declarações diz aos clientes ou pacientes em potencial quem o prestador de serviços é, o que ele ou ela faz, e para quem ele ou ela trabalha. O gerontologista só trabalha com mulheres, o consultor financeiro apela para o esnobismo da sua universidade e o advogado só lida com casos de direção embriagada. Pratique escrever a sua declaração de especialização. Tente torná-la tão exata e concisa quanto os exemplos dados acima. Pense em seus clientes ideais e escreva para eles e para mais ninguém.

Dê tratos à bola e se divirta. Esse processo deve ser divertido, não um fardo nas suas costas. Mas também se lembre de que sua declaração de especialização não é um documento público. Ela serve para que você e seus funcionários mantenham seus esforços focados. Você pode adaptar sua declaração mais tarde para criar seu *slogan*, mas a declaração em si deve ser apenas de uso interno.

OS GRANDES ERROS

Você pode ver provas disso tudo na cultura *pop*. As maiores MPs hoje são especialistas. Rachel Ray, que se tornou uma indústria em si mesma com seus diversos programas de televisão, livros e sua revista *Every Day*, construiu sua estrondosa marca com uma ideia simples: **refeições de 30 minutos**. Sim, ela tem a imagem de uma moça comum e tudo mais, mas tudo parte da ideia de cozinhar um prato saboroso em meia hora. Em vez de tentar ser uma fera da culinária, ela demarcou um território para si mesma que atrai mulheres atarefadas de toda a parte.

James "O Incrível" Randi era um ilusionista de sucesso, mas virou um ícone cultural ao se tornar o mais notável guerreiro contra a paranormalidade, o curandeirismo e a pseudociência. Já acima dos 80 anos, rabugento, franco e intolerante com qualquer tipo de baboseira, Randi é uma figura polarizadora. Ele é visto como herói por milhões de céticos que lutam contra coisas como o ensino do *design* inteligente ao lado da seleção natural nas escolas; ao mesmo tempo, é um verdadeiro vilão para aqueles que acreditam na homeopatia e nas habilidades paranormais. Se Randi tivesse continuado trabalhando como mágico, ele provavelmente teria sido esquecido, mas como "arquicético", ele construiu um legado duradouro.

Jim Cramer, apresentador do popular programa de TV a cabo *Mad Money*, tem também construído uma próspera MP com base na especialização, mas a sua especialização é mais relacionada ao estilo do que ao conteúdo. Cramer é o **"cara doido e espasmódico da bolsa"**. Não há falta de especialistas na bolsa de valores para aconselhar as pessoas sobre os melhores investimentos, mas somente um deles mastiga o cenário, grita e pula contra as paredes, enquanto dá conselhos bem sólidos sobre os negócios em Wall Street. Sua especialização é a sua personalidade, não as informações que ele comunica.

As MPs que sumiram do mapa são provavelmente aquelas que cometeram erros de especialização. Você é suscetível a esses erros também, portanto não se torne complacente.

Primeiro erro comum – A diversificação

Alguns donos de negócios se especializam, mas então sentem a tentação. Se posso servir um mercado-alvo tão bem, eles pensam, então por que não poderia escolher mais uns dois ou três? **Essa lógica é falha.** Você está se dando tão bem porque está focado e seus esforços não são diluídos por tentativas de ser o dentista ou o corretor de todo mundo. Não se diversifique.

A diversificação cria confusão. Ela planta sementes de dúvida na mente dos clientes. Quando você lê um anúncio ou um *folder* de um profissional com uma enorme lista de serviços, é natural que pense consigo mesmo: "Se ele faz tantas coisas diferentes, ele não deve ser muito bom em nenhuma delas."

COISAS QUE VOCÊ PODE FAZER EM UM MÊS

1. Abrir uma licitação para empresas de mala direta interessadas em vender listas de endereços do seu mercado-alvo.
2. Contratar e treinar o seu pessoal de *telemarketing*.
3. Enviar uma carta para os seus clientes C, explicando que você está reestruturando a sua empresa e que não poderá mais servi-los, mas que ficaria feliz em recomendar-lhes outros profissionais.
4. Conversar com estações de rádio locais sobre a possibilidade de ter o seu próprio programa de rádio ou de ser um convidado regular no programa de outra pessoa.
5. Desenvolver seu sistema de gestão de tempo: calendários eletrônicos, avisos de *e-mail* para reuniões ou eventos, um sistema *on-line* de comunicação com os seus clientes, e o que quer que seja útil a você.
6. Trabalhar com um editor para criar seu primeiro conjunto de mensagens de mala direta.

Segundo erro comum – A Diluição

Diluição quer dizer que você deixou de ser exclusivo e passou a atender clientes diferentes do seu cliente ideal. Quando você faz isso, você não está mais criando escassez. Você está reduzindo a percepção de que você é um profissional de elite. Você está se tornando comum.

Um bom exemplo do dano causado pela diluição é Calvin Klein. Por décadas, sua marca de trajes elegantes e de traços limpos estabeleceu os padrões da indústria. Mas então ele cometeu um erro: decidiu que se já era um especialista entre os grandes varejistas, poderia ter lucros ainda maiores em lojas de descontos. Por isso as roupas Calvin Klein apareceram em grandes redes norte-americanas como a Costco. Claro, agora ele vende mais dos seus produtos populares. Mas a longo prazo, ele danificou sua MP, privando-a de qualquer noção de exclusividade.

Mantenha-se com o seu círculo de clientes exclusivos. Se você quiser aumentar a sua renda, ofereça serviços novos mais caros ou encontre um parceiro. Se você precisar de mais clientes, mantenha-se fiel ao seu ideal.

DICAS PARA UMA MELHOR ESPECIALIZAÇÃO

1. **Esteja consciente das necessidades emocionais.** Às vezes os integrantes de um mercado-alvo não precisam de um serviço para suprir uma necessidade. Eles precisam de um vendedor com senso de humor, ou alguém renomado por sempre respeitar os prazos. Você pode se especializar nessas áreas. Um exemplo disso é o autor Robert Bly, que nos anos 1980 enxergou uma necessidade não suprida: homens procurando um caminho de volta aos valores tradicionais masculinos depois de uma década de "sensibilidade". Seu livro, *João de Ferro*, preencheu esse vazio e transformou Bly em um fenômeno.

2. **Crie algo novo.** Se não houver um vazio a ser preenchido, desenvolva uma MP que ofereça um produto, serviço ou benefício original. Isso pode ser arriscado se não houver demanda para o que você criar. Mas se funcionar, você terá a **vantagem do pioneiro**. Se for difícil pensar em algo novo, observe o que a concorrência anda fazendo e faça o contrário.

3. **Mantenha o foco e se torne menor.** Ao invés de constantemente fazer mais, faça menos. Se o desenvolvimento da sua marca não está funcionando tão bem quanto você desejaria, torne-se ainda mais especializado. O truque: saiba exatamente o que os clientes em potencial gostariam de encontrar num prestador de serviços, ofereça esse único serviço especial e tenha parceiros estratégicos que possam oferecer os outros serviços aos clientes sem explorá-los.

4. **Encontre parceiros.** Como acabei de dizer, encontre parceiros especialistas que complementem o que você faz. Se você é um corretor de imóveis, os parceiros podem ser empresas de hipoteca, avaliadores, inspetores e empreiteiros. Torne-se um provedor de recursos, não apenas um prestador de serviços.

5. **Mude de acordo com as suas necessidades.** Talvez você não tenha filhos agora. Mas em cinco anos, você pode ter, e se tiver, suas ne-

cessidades mudarão. Você pode ter que cortar as suas horas de trabalho, ganhar mais dinheiro ou trabalhar mais perto de casa. Esteja pronto para mudar sua especialização e seu modelo de negócios para ajudar sua vida, não atrapalhar.

A ESTA ALTURA VOCÊ DEVE ESTAR...

- Decidindo que tipo de especialista você quer ser.
- Revisando rascunhos de *folders*, *designs* de *site* e textos.
- Rascunhando um manual de atendimento ao cliente.
- Comparecendo a eventos profissionais para ver quais são as possibilidades de conseguir recomendações profissionais.
- Fazendo a triagem da sua lista de clientes para decidir quais deles você quer manter.
- Contando os seus planos aos clientes que você deseja manter e pedindo recomendações.

CAPÍTULO 5

VEÍCULOS DE PROMOÇÃO

Para cultivar marcas pessoais, os seguintes conselhos precisam ser seguidos: prepare mensagens; concentre-se nas percepções, não na realidade; conheça a si mesmo; explique suas capacidades; em discussões, pergunte sempre quem, o que, onde, quando e porquê; evite clichês; faça perguntas; cause impacto.

– Australasian Business Intelligence

Você já anunciou nas páginas amarelas? Enviou cartões postais por mala direta aos clientes? Fez *telemarketing*? Parabéns, você já fez uso de veículos de promoção de marcas. Esses veículos são o segundo cérebro de uma marca pessoal (MP). Eles são os caminhos que levam você até seus clientes; eles são os vários métodos e ferramentas de comunicação que você utiliza para transmitir a sua MP, transformando as pessoas em clientes ideais.

Existem duas categorias de veículos: **inclusivos** e **exclusivos**.

- **Veículos inclusivos** – Com os veículos inclusivos, você não tem muito controle sobre quem vê a mensagem, portanto você provavelmente obterá uma resposta maior em detrimento da qualidade dos clientes. Isso funciona para consolidar o público de seminários e aumentar sua lista de clientes em potencial.

- Veículos exclusivos – Com esses veículos, você pode controlar quem vê a mensagem, mas menos pessoas são alcançadas. São ideais para *marketing* direcionado, assim como para aqueles momentos em que é preciso dar foco à sua mensagem e conquistar um grupo menor de clientes ideais.

Identificaremos cada um dos 21 veículos de promoção como inclusivos ou exclusivos. Idealmente, sua estratégia de desenvolvimento deve incluir uma combinação dos dois tipos de veículos.

VEÍCULO 1: *BUZZ MARKETING*

- Inclusivo.
- Vantagens – Cresce organicamente e sem ajuda quando captura a imaginação das pessoas; custo muito baixo.
- Desvantagens – Muito difícil de controlar; complicado de prever o sucesso; pode ter consequências imprevisíveis.

Buzz marketing é o termo utilizado para a geração de uma percepção positiva e generalizada sobre você. Para isso, é preciso criar um boca a boca dentro da comunidade. Isso é feito, por exemplo, apoiando uma causa política ou fazendo doações a instituições beneficentes publicamente. Qualquer coisa que faça as pessoas falarem de você é legítima no *buzz marketing*, mas eu não recomendo esse veículo devido ao fato dele ser incontrolável. Sua capacidade de moldar a percepção das pessoas é bem limitada, pois o *buzz marketing* é algo espontâneo que tende a criar vida própria.

VEÍCULO 2: VISITAS

- Exclusivo.
- Vantagens – Proporciona contato pessoal com os clientes em potencial; oferece a chance de troca de ideias e perguntas diretas.
- Desvantagens – Demanda muito, muito tempo; não é apropriado para certas profissões.

Esse veículo significa, basicamente, ir batendo de porta em porta. É algo que corretores de imóveis comumente fazem nos EUA, mas que pode ser feito também por outras profissões. Há algo bem atraente em poder encontrar um prestador de serviços pessoalmente. Você pode fazer perguntas e ter uma ideia dos seus modos, roupas e outras características pessoais, e só então decidir se você se sente confortável com aquela pessoa. Mas as visitas obviamente levam muito tempo, portanto elas só são recomendadas para profissionais cujos negócios são tão dependentes do contato pessoal que elas são a única maneira de se criar uma marca: corretores de imóveis, vendedores de cosméticos, paisagistas, empreiteiros e assim por diante.

Além disso, quanto mais uma profissão é percebida como sendo elitizada ou culta, menos apropriadas são as visitas. Nunca recomendaríamos essa prática aos médicos, advogados ou terapeutas, pois ser visto como "comum" causaria um grande estrago às suas marcas. Tendo dito isso, se você decidir fazer visitas, tenha certeza de que você possui estas três coisas: **tempo**, uma **excelente peça de propaganda** para deixar com o cliente e uma **fala breve e informal** para iniciar a conversa. E esteja preparado para ter muitas portas batidas na sua cara!

VEÍCULO 3: RECOMENDAÇÕES DE CLIENTES

- Exclusivo.
- Vantagens – Não há nada melhor para dar confiança a um novo cliente do que uma recomendação de alguém que ele ou ela conhece há anos. Também é barato!
- Desvantagens – Você não tem controle sobre as pessoas a quem você será recomendado, nem sobre o que falarão sobre você. Há às vezes uma expectativa de que você tratará o cliente como o imperador do Japão, o que pode levar a um verdadeiro pesadelo no atendimento.

Nenhum anúncio ou *folder* é tão eficiente quanto uma **recomendação**. A aprovação de alguém acostumado com você e que tem experiência com o seu trabalho é todo o apoio que você precisa para conseguir clientes. Se você já tem um grupo de clientes satisfeitos, é sensato aproveitar esse fato e transformá-los em fontes de recomendações.

Nada fortalece sua MP como uma grande história vinda de alguém que gosta e confia em você, alguém que quer ajudar os outros a chegarem até você. Alguns profissionais fazem todos os seus negócios através de recomendações. Esse é o poder desse veículo. Você transforma clientes satisfeitos num exército de publicitários não pagos. Por isso é tão importante trabalhar apenas com clientes ideais. Eles desejarão ajudá-lo porque conseguem apreciar plenamente o valor daquilo que você oferece. Conheço profissionais que atraem de 75% a 80% dos seus novos clientes através de recomendações e que praticamente não fazem outros tipos de propaganda.

O ponto fraco das recomendações é a falta de controle que você tem sobre elas, mas isso não é motivo para não utilizá-las. Existem tantas vantagens – penetração em mercados que você pode não conhecer, publicidade barata, afinidade instantânea – que elas são um dos meus veículos preferidos e mais recomendados. Há três segredos para fazer com que as recomendações de clientes funcionem:

1. Peça para que o recomendem! Muitos profissionais não o fazem, e isso me deixa louco. Os clientes não saberão que você precisa de recomendações a não ser que você diga a eles. Portanto faça o pedido, e eles provavelmente ficarão contentes em poder ajudar.
2. Crie um programa de recomendações. Você precisa de um sistema para pedir recomendações regularmente, dar aos seus clientes materiais que eles possam distribuir para amigos e familiares, e também um programa de premiações para agradecer os clientes pelas grandes recomendações.
3. Desenvolva um programa especial de atendimento ao cliente para ter certeza de que os clientes que você recebe através de recomendações sejam tratados como se valessem mais que ouro.

Falaremos mais sobre esses três componentes no capítulo 11, *Networking e Recomendações*.

> **COISAS QUE VOCÊ PODE FAZER HOJE**
>
> 1. Escolher os cinco melhores veículos para você.
> 2. Mostrar sua declaração de especialização aos seus funcionários e clientes para saber suas opiniões e sugestões.
> 3. Começar a escrever um manual que dita a maneira como os clientes provenientes de recomendações devem ser tratados (**dica**: como reis e rainhas).
> 4. Acabar de remodelar a aparência da sua área de trabalho com toques finais de decoração, livros, locais para crianças brincarem e outros escolhas apropriadas.
> 5. Escrever um *release* sobre o relançamento do seu negócio.
> 6. Pedir orçamentos para impressão de materiais publicitários, como seu *folder* pessoal (portfólio de suas atividades) e cartões postais.

VEÍCULO 4: MALA DIRETA

- Exclusivo.
- Vantagens – Dá a você uma ferramenta para criar um fluxo regular de publicidade e informações para seu mercado-alvo inteiro.
- Desvantagens – Pode ser caro, e é frequentemente usada de forma inadequada. Por isso, você ouvirá várias pessoas alegando que malas diretas não funcionam.

A mala direta pode ser o veículo estratégico mais importante para o desenvolvimento da sua marca. Também pode ser um grande desperdício de dinheiro. Tudo depende de como você a usa. A mala direta permite que você personalize sua mensagem e direcione um fluxo regular de informações para sua lista de clientes em potencial. Você pode usar cartas, *folders*, cartões postais, caixas e outros objetos com mais de duas dimensões, boletins informativos e outros itens do gênero. Para aqueles que desejam utilizar as malas diretas, recomendamos que baseiem a campanha em postais pessoais de *design* elegante com um espaço para mensagens personalizadas. Deve ser utilizado também um *folder* pessoal igualmente belo, que será o carro-chefe dos seus materiais publicitários. Entrarei em mais detalhes sobre esses materiais mais tarde.

A mala direta pode funcionar para profissionais de qualquer área, mas existem alguns segredos para se conseguir uma boa relação custo-benefício:

- **Ela tem que ser interessante** – Cartas promocionais entendiam as pessoas ao extremo. Se você planeja enviar uma correspondência por mês para a sua lista, as mensagens devem ser pessoais, variadas e interessantes. Faça as pessoas pensarem e esqueça qualquer tipo de publicidade insistente.
- **Ela tem que ser apropriada à sua profissão** – Cartões postais com propriedades "Já Vendidas!" podem ser perfeitos para um corretor de imóveis, mas cartões com os "Casos Que Venci Recentemente" seriam desastrosos para um advogado. Faz mais sentido enviar um breve boletim informativo mensal com conselhos legais que possam ser lidos rapidamente.
- **Ela tem que ser consistente** – Aqueles que alegam que a mala direta não funciona são normalmente os mesmos que a utilizam uma vez, não recebem resposta alguma e desistem. A mala direta demanda repetição e tempo. Os clientes típicos precisam ser expostos à sua mensagem de 8 a 10 vezes antes de o enxergarem como um profissional com quem desejam entrar em contato.
- **Ela deve ser de alta qualidade** – É melhor desistir de enviar malas diretas do que utilizar *folders* baratos impressos em papel amarelo. Se você quiser utilizar a mala direta no desenvolvimento da sua MP, gaste algum dinheiro com ela. Imprima cartões postais e *folders* em papel brilhante de alta qualidade. Envie cartas escritas em papel timbrado caro. Contrate um profissional para fazer o *design* dos seus boletins informativos. A aparência daquilo que você envia causa uma impressão tão forte quanto o que você diz.
- **Ela tem que ser bem direcionada e mantida** – Tenha certeza de que a empresa que fornece sua lista de clientes em potencial pratica a "higiene de lista". Isto é, tenha certeza de que ela retira os nomes das pessoas que se mudaram ou morreram. Dessa maneira, você não gasta dinheiro criando ressentimentos ao enviar coisas para as pessoas erradas.

VEÍCULO 5: PUBLICIDADE INTERNA

- Inclusivo.
- Vantagens – Pode dar alguma visibilidade pública para você.
- Desvantagens – É caro e difícil de direcionar.

A publicidade interna inclui placas em aeroportos, publicidade em cinemas e propagandas em marquises. Não sou um grande fã desse veículo por causa do baixo custo-benefício. Basicamente, ele é bom para uma coisa: fazer com que seu nome e seu rosto se tornem mais familiares junto ao público. Mas é como a publicidade da Budweiser no *Super Bowl*, o mais importante jogo do futebol norte-americano: muito dinheiro para estar na mente das pessoas por cinco segundos.

Se você conseguir uma grande oferta e já possuir outros veículos de promoção mais direcionados, a publicidade interna pode valer a pena. Mas, assim como no setor imobiliário, a localização é de fundamental importância.

VEÍCULO 6: A INTERNET

- Inclusivo.
- Vantagens – Alcança a todos, 24h por dia; dá a você uma maneira constante de passar informações aos seus clientes e de se comunicar com outros interessados de forma barata; pode ajudar a dar uma aparência tecnológica e inovadora à sua marca.
- Desvantagens – Desenvolver um *site* com grandes pretensões pode ficar caro.

Você precisa ter um grande *site*. Ponto final. Simplesmente não é opcional. Se você não tem uma presença forte na Internet, você está limitando seu negócio absurdamente. Um *site* de fácil utilização com muitas informações úteis dá à sua marca um centro de informações que os clientes e interessados podem acessar a qualquer momento. É algo muito poderoso. Você pode controlar a experiência do usuário no *site*, publicar artigos, compartilhar recursos úteis, captar informações de contato, distribuir informações particulares em áreas protegidas por senhas e inculcar a sua MP com gráficos e textos. Construído corretamente, o seu *site* pode ser uma ferramenta poderosa na divulgação da sua marca junto aos clientes, à mídia e às pessoas influentes na sua profissão.

Mas há mais além dos *sites*. Estratégias fortes e bem-pensadas (e uma empresa de *marketing on-line* como parceira estratégica) podem também incluir o envio regular de *e-mails* para sua lista de clientes em potencial, a atualização do seu *blog* (por você ou um *ghost-writer*), o envio semanal ou mensal de *newsletters* cheias de fatos úteis, o envio de lembretes de consultas aos aparelhos *wireless* dos clientes, e até a criação dos seus próprios *podcasts*[1], seu programa de rádio pessoal. O potencial da Internet é virtualmente ilimitado; ela pode ser uma ferramenta incrível para a expansão da sua empresa.

O único aspecto negativo da Internet é que qualquer um pode entrar em contato com você e perguntar sobre seus serviços. Mas você pode tomar várias medidas relacionadas ao *design* e ao texto do seu *site* para desencorajar clientes B e C, trazendo somente aqueles que você deseja. Algumas dicas para fazer a Internet dar certo para você:

- Invista nela. A Internet deve representar uma das maiores fatias do orçamento para o desenvolvimento da sua MP. No mínimo, você é **obrigado** a ter um bom *site*.

- Contrate um *Web designer* e um programador profissional, ou uma firma de publicidade na Internet, para ajudá-lo com sua estratégia, programação, *software*, design, manutenção, visibilidade nos mecanismos de busca, *e-mails* e todo o resto. Não contrate seu primo ou o filho universitário do seu melhor amigo para criar o seu *site*.

- Promova o seu *site* em todas as suas propagandas, desde os anúncios impressos até seus *folders* e cartões de visita. O endereço do seu *site* deve estar em todo lugar.

- Mantenha as informações do seu *site* atualizadas. Novos artigos, postagens novas no seu *blog*, *links* para notícias relevantes e endossamentos de clientes são todas boas maneiras para manter um *site* interessante.

- Tenha certeza de que sua política de privacidade esteja disponível, para que os usuários se sintam mais confortáveis ao enviar informações de contato.

- Não se empolgue com ferramentas de *design* como *Flash* ou vídeos *QuickTime*. Elas podem ser divertidas e úteis, mas um *design* sólido, textos de qualidade e facilidade de utilização são mais importantes.

---

1 Forma de publicação de arquivos digitais de áudio ou vídeo pela Internet que permite o acompanhamento de suas atualizações

VEÍCULO 7: *NETWORKING*

- Exclusivo.
- Vantagens – Permite que você crie novas relações com pessoas influentes com eficiência, em eventos beneficentes ou grupos de *networking*. Muito pessoal, uma grande oportunidade de distribuir materiais e explicar o que o torna diferente.
- Devantagens – Demorado. Pode ser difícil para pessoas tímidas ou para aqueles que gostam de vender ativamente. Normalmente demora para produzir resultados.

Você já fez *networking*? Se você já foi a alguma conferência profissional, um leilão beneficente ou um simpósio onde seus colegas estavam presentes, você praticou *networking*. O *networking* envolve o estabelecimento de contatos com colegas e pessoas influentes na sua profissão, geralmente em reuniões públicas e em encontros informais, como reuniões em câmaras de comércio. O objetivo é fazer com que as pessoas se familiarizem com você. Você deve construir a base de relações produtivas e distribuir materiais para as pessoas, normalmente o seu *folder* pessoal.

O *networking* acontece mais frequentemente em dois tipos de local: ambientes formais como conferências, convenções, grupos de *networking* e reuniões beneficentes; e ambientes informais como festas, eventos esportivos e eventos artísticos. O objetivo do *networking* é fazer com que as pessoas saibam que você está no mercado, que aprendam qual é o seu nome e o que você faz, e que passem a gostar e a confiar em você. Como sabemos, as pessoas fazem negócios com pessoas com quem têm afinidade, portanto o *networking* pode ser uma mina de ouro. Você constrói relações que vagarosamente se transformam em geradoras de negócios. O *networking* é uma ferramenta poderosa para seu crescimento a longo prazo porque é exclusivo, permitindo que você estabeleça relações somente com aquelas pessoas que podem ajudá-lo a vencer.

Porém, fazer *networking* com o propósito de conseguir trabalho rapidamente é quase sempre um **fracasso deprimente**. As pessoas não querem ser tratadas como fontes de negócios. O melhor tipo de *networking*, e consequentemente os melhores relacionamentos profissionais, envolvem benefícios mútuos e a criação de confiança. É demorado!

A habilidade de fazer *networking* é algo que nem todos têm. Se você não se sente seguro improvisando conversas, ou é simplesmente tímido, talvez seja melhor evitar pelo menos os eventos mais formais. Porém, você pode aprender a se sentir mais confortável com o *networking*, e existem alguns passos que você pode seguir para torná-lo mais eficiente:

- Associe-se a organizações profissionais onde encontrará pessoas de todos os tipos.
- Compareça regularmente para que as pessoas passem a contar com a sua presença.
- Sempre tenha materiais informativos de primeira linha para distribuir (que não sejam cartões de visita). Recomendo que use um *folder* pessoal.
- Pegue sempre um cartão ou outro material de cada pessoa que encontrar, e insira as informações no seu banco de dados ou caderneta de endereços em 24 horas.
- Evite negociar. Encare esses eventos como ocasiões sociais: uma chance de fazer amigos e iniciar conversas. Todos sabem que os negócios estão nas entrelinhas; não há necessidade de forçar a barra.
- Tenha um plano de acompanhamento para entrar em contato com as pessoas que possam ser bons clientes ou fontes de recomendações. No mínimo, tenha um bom *site* que elas possam visitar.
- Aproveite. Os encontros devem ser divertidos, não situações de grande pressão.

VEÍCULO 8: PUBLICIDADE EXTERNA

- Inclusivo.
- Vantagens – Dá mais visibilidade para o seu rosto, nome e marca do que quase qualquer outra ferramenta.
- Desvantagens – Caro e difícil de direcionar. É difícil motivar as pessoas expostas à propaganda a entrarem em contato com você.

A publicidade externa pode ser feita através *outdoors*, letreiros, anúncios nos bancos ou traseiras dos ônibus, adesivos nas janelas ou para-choques dos carros, panfletos e faixas. Assim como a publicidade interna, recomendo a publicidade externa apenas para profissionais que já utilizam vários veículos mais direcionados para a promoção das suas marcas. A publicidade externa não fará com que o seu telefone toque; ela fará com que as pessoas sejam mais receptivas quando receberem seu cartão postal ou folder pelo correio. Nunca a use como a sua única ferramenta de promoção.

Uma dica: sempre negocie os preços. A maioria das empresas que comercializam *outdoors* está ávida para fechar negócios, portanto você normalmente pode pechinchar, principalmente se estiver disposto a anunciar em vários locais. Nunca pague o preço de tabela.

COISAS QUE VOCÊ PODE FAZER EM UMA SEMANA

1. Revisar a primeira versão do seu novo *site* e comunicar ao seu desenvolvedor *Web* qualquer tipo de revisão ou redirecionamento necessário.
2. Compilar uma lista final de editores da mídia impressa local e de diretores de programas de rádio e TV.
3. Refinar seu primeiro release e enviá-lo para a lista acima como parte de um *kit* de imprensa.
4. Entrar em contato com uma gráfica para fazer cartões personalizados para fichários tipo Rolodex. Assim, você poderá enviá-los aos editores com o objetivo de ser incluído na lista de fontes para entrevistas.
5. Se você quiser participar de programas de rádio ou TV, fazer uma busca no Google por *media training* (treinamento de mídia). Conversar com as empresas sobre a possibilidade de aprender a se portar ao microfone ou frente às câmeras.
6. Enviar o seu primeiro pronunciamento por *e-mail* aos clientes que você deseja manter, falando da nova direção dos seus serviços – e pedindo recomendações.

VEÍCULO 9: PUBLICIDADE EM PONTOS DE VENDA

- Inclusivo.
- Vantagens – Pode colocar os seus materiais nas mãos dos interessados com muito pouco esforço.
- Desvantagens – Impossível de controlar quem irá pegar o seu *folder* e telefonar. Exige que você leve os materiais aos pontos regularmente.

Esse tipo de publicidade é composto pelos *folders*, panfletos ou CD-ROMs demonstrativos que frequentemente encontramos em lojas, balcões de hotéis, câmaras de comércio ou associações de classe. Quando você entra num hotel, é bem comum encontrar uma grande estante de folhetos sobre atrações locais como restaurantes e parques temáticos. Pode-se também encontrar panfletos de corretores de imóveis, empresas de mudanças e coisas do gênero. Essa é uma boa oportunidade para você, se você tiver o perfil profissional adequado.

A publicidade em pontos de venda não funciona para qualquer um. Novamente, o *status* da sua profissão é um fator importante. Eu não recomendaria que um médico, advogado, arquiteto ou psicólogo usasse esse tipo de propaganda, pois isso acabaria depreciando a profissão. Mas dependendo do local, o uso desse veículo é ideal para algumas profissões. Corretores de imóveis e hipotecários são perfeitamente adequados para associações comerciais e centros de visitantes. Paisagistas e empreiteiros fazem sentido numa loja de reformas. Dá para entender a ideia.

O aspecto mais importante para tornar esse veículo eficiente (sem contar a escolha dos locais certos) é a qualidade daquilo que você distribui. Deve sempre ser um *folder* pessoal de primeira linha que conta a sua história sem se preocupar em vender produtos (entrarei em mais detalhes sobre isso mais tarde). Mais uma dica: alguns locais podem cobrar uma taxa para expor os seus materiais. Pese cada caso individualmente; alguns lugares podem valer a pena, especialmente se somente alguns ou nenhum dos seus concorrentes estiverem lá.

VEÍCULO 10: PUBLICIDADE IMPRESSA

- Inclusivo.
- Vantagens – Uma boa maneira de ser visto por muitas pessoas; mais direcionado que a publicidade externa, devido fato de se poder escolher a publicação e a seção desejada; pode fazer o telefone tocar.
- Desvantagens – Pode ser caro, e se a publicação for ruim e barata, seu anúncio passará uma má impressão, não importa a sua qualidade.

Publicidade impressa é aquela publicada em jornais, revistas, classificados, páginas amarelas e encartes inseridos em periódicos. É ótima para alcançar um grande número de pessoas sem nenhum esforço seu. Você simplesmente coloca o anúncio, paga a taxa e espera. Pode colocar seu rosto, nome, *slogan*, lista de serviços e informações de contato na frente de 100 mil pessoas em poucas horas.

Porém, assim como todas as outras formas de propaganda, a impressa é **fraca** quando a questão é direcionamento. Você não tem muito controle sobre quem vê seu anúncio ou entra em contato com você. Além disso, não é fácil criar anúncios que "prendem" as pessoas. Nossas vidas são saturadas com a publicidade, e é preciso fazer algo realmente extraordinário para chamar a atenção das pessoas. Eu sei que nunca leio as pilhas de anúncios que estão no meu jornal de domingo. E você?

As páginas amarelas têm a tendência de atrair clientes preocupados com preços, que precisam dos seus serviços uma única vez. Não recomendo que a maioria dos prestadores de serviços de maior status anuncie nelas, apesar de você provavelmente achar que é uma boa ideia porque todos os seus concorrentes estão lá.

Dicas para uma boa publicidade impressa:

- Tenha certeza de que cada anúncio instigue o leitor a agir, pedindo para que ele faça algo: telefonar para receber um *folder*, visitar o seu *site* ou fazer alguma outra coisa.
- Inclua o endereço do seu *site*, telefone, logotipo e *slogan* em todos os anúncios.
- Renove seus anúncios periodicamente – não menos que uma vez por ano para anúncios contínuos, como nas páginas amarelas. Novas chamadas e *layouts* chamam a atenção.
- Os anúncios devem enfocar os benefícios oferecidos – eles devem ser sobre o cliente, não sobre você e o quão maravilhoso você é.
- Inclua ofertas e incentivos para encorajar as pessoas a entrarem em contato com você.
- Publique seus anúncios por pelo menos um ano antes de medir a sua efetividade. Assim como no caso da mala direta, a repetição é fundamental.

VEÍCULO 11: RECOMENDAÇÕES PROFISSIONAIS

- Exclusivo.
- Vantagens – Uma maneira fantástica de criar um fluxo regular de clientes pré-selecionados.
- Desvantagens – Nenhuma, exceto por exigir um investimento de tempo.

Recomendação profissional, como amo você, deixe-me contar as maneiras. Não há nada melhor para gerar mais negócios do que uma recomendação. É grátis, é pessoal, e tem toda a credibilidade da pessoa por trás dela. Junto com um *site* e um *folder* pessoal, criar um canal de recomendações profissionais é algo que recomendo a todos.

Recomendações profissionais ocorrem quando um colega – ou alguém de uma área relacionada à sua – indica seus serviços aos clientes dele. Por exemplo, se você é um corretor de imóveis, as possíveis fontes de recomendações profissionais não são apenas outros corretores, mas também "profissionais adjacentes". Corretores de hipotecas, avaliadores, empreiteiros, advogados imobiliários e agentes de garantia são alvos ideais para o seu *networking*.

Essas pessoas já têm um alto grau de credibilidade perante aos clientes; por isso é quase certo que você receberá um telefonema quando elas o recomendarem. Faça os cálculos: como cada um dos seus contatos profissionais tem dezenas ou centenas de clientes, algumas boas fontes de recomendações podem ser o portão de entrada para todos os clientes que você tem a capacidade de atender. Seu objetivo é construir uma rede de profissionais que constantemente redirecionam clientes pré-selecionados para você, e para quem você redireciona os seus próprios clientes. Se tudo for feito corretamente, você e seus parceiros podem se apresentar como uma poderosa fonte de valor agregado para seus clientes.

Então por que mais profissionais não se aproveitam desse veículo? Eles acham que as recomendações ocorrem espontaneamente. Errado. Você deve cultivar uma base de recomendações para que isso ocorra. Peça recomendações, dê opções aos seus parceiros para que eles possam indicá-lo com mais facilidade, recompense aqueles que o recomendam.

Aqui está o processo que eu recomendo aos meus clientes:

1. **Gerar oportunidades de negócios** – Isso pode significar comparecer a eventos de associações profissionais, entrar em contato com profissionais locais através de telefonemas não solicitados, e mesmo contatar outros profissionais que prestam serviços aos seus clientes atuais.
2. **Avaliação** – Observe o tempo de profissão das pessoas na sua lista. Especialistas são aqueles que já estão no ramo há mais de 10 anos. Profissionais são aqueles que estão no mercado de 5 a 10 anos. Novatos têm menos de 5 anos de experiência. Minha sugestão é a de procurar só os especialistas.
3. **Faça uma reunião** – Você entrará em contato com cada profissional da sua lista e tentará marcar uma reunião. A essa reunião, você levará uma cronograma impresso, um currículo detalhado, os detalhes do seu modelo de negócios, os serviços que oferece, etc. – e uma proposta. O objetivo é estabelecer sua credibilidade, e então demonstrar as vantagens que você pode proporcionar aos clientes desse profissional. Você deve explicar também os benefícios dessa parceria.
4. **Redigir e assinar um acordo** – Se tudo der certo, você criará um documento formal que estabelecerá os termos da relação de recomendação mútua. Esse documento deve cobrir três principais áreas de interesse:
    a. **Atendimento ao cliente** – Como os clientes devem ser atendidos? Como será feita a cobrança dos clientes? Como vocês lidarão com clientes insatisfeitos? Que informações sobre os clientes devem ser compartilhadas?
    b. **Publicidade** – Que tipo de publicidade comum você e seu parceiro farão? Seminários? Eventos de clientes, como confraternizações? Recomendações em malas diretas? Audioconferências? *Links* na Internet? Apresentações de *Powerpoint* enviadas aos clientes? Explicite exatamente o que será feito e quem será o responsável pelos custos de cada parte.
    c. **Sistema** – Qual será o sistema de triagem e encaminhamento de possíveis clientes de um para o outro? Qual será o sistema de entrada de novos clientes? Como vocês lidarão com as primeiras impressões dos clientes? Vocês darão um ao outro incentivos ou gratificações?

Todo esse material, uma vez combinado e assinado, deve ser compartilhado com o seu pessoal de publicidade e administração.

5. **Acompanhamento** – Estabeleça um sistema para manter contato e monitorar como o acordo está funcionando para ambas as partes. Pode ser um telefonema mensal, *e-mail* ou reunião regular. Vocês devem também estabelecer e seguir um sistema de gratificação pelos novos clientes e pelas oportunidades de negócios que dão um ao outro. Pode ser qualquer coisa, desde um cartão de agradecimento ou um vale-presente até um sistema de pontos que podem ser trocados por algo no final do ano. **Dica** – Se alguém indica você a clientes que lhe trazem US$ 100.000 em um ano, dê-lhe um presente que o deixe estupefato.

Outras dicas:

- Certifique-se de que seus parceiros tenham cópias do seu *folder* pessoal ou de outros materiais que possam distribuir.
- Tenha certeza de que os clientes que você recebe através de recomendações estejam sendo tratados como reis e rainhas. Dê mais atenção a eles do que aos seus outros clientes, pois essa é a única maneira de continuar a receber indicações.
- Seja tão seletivo ao escolher seus parceiros quanto você é ao escolher seus clientes.

ESTUDO DE CASO DE UMA MARCA

A marca: Mike Parker, Mike Parker Landscape

Especialização: Paisagismo artístico em bairros residenciais de alto padrão

Local: Santa Ana, na Califórnia (EUA)

Veículos: Seus inconfundíveis caminhões, placas em premiados projetos paisagísticos, boca a boca, contatos com construtores.

Destaques: Projetou vários jardins para o Philharmonic Houses of Design (Casas Filarmônicas de Design), um programa patrocinado pela Sociedade Filarmônica de Orange County e pela Sociedade Americana de *Designers* de Interiores

On-line: www.mikeparkerlandscape.com

História: É impossível não ver os caminhões adornados com "Mike Parker Landscape" nas laterais. Eles trafegam por alguns dos bairros mais idílicos e caros do sul da Califórnia, como Laguna Beach, Newport Beach e Newport Coast. Siga-os pelas colinas e você provavelmente acabará estacionado na frente de uma casa saída da *Architectural Digest*, a prestigiosa revista americana de arquitetura, com gramados, terraços ou jardins xerófitos sensacionais. É esse o trabalho que fez Mike Parker o paisagista mais proeminente de um local tão obcecado por status.

Desde 1976, Parker tem presidido um império baseado no *design*, construção e manutenção de paisagens – e numa forte marca pessoal. Com sua companhia atualmente sediada no centro de Orange County (OC) (uma mudança feita devido à conveniência e ao custo), o empreendedor tem contratado arquitetos e paisagistas premiados para trabalhar sob um só nome: Mike Parker Landscape. Assim, ele tem mantido uma poderosa marca através da consistência e qualidade. Hoje ele possui um quadro de funcionários composto por mais ou menos 90 profissionais, e gera mais de 7 milhões de dólares brutos por ano.

Como tudo começou: Em 1976, a Mike Parker Landscape era composta apenas por um caminhão, um homem e o sonho de fazer arte e ganhar um pouco de dinheiro. A empresa surgiu mais ou menos como um negócio de manutenção de paisagens, apenas um entre centenas de outros nos subúrbios do sul da Califórnia. Mas Parker trouxe um toque artístico ao seu trabalho, e essa arte tornou-se o atributo mais proeminente da sua MP.

"Sempre fui interessado e participativo em diversos projetos artísticos: cerâmica, desenho e pintura", ele diz. "Meus clientes reconheceram que eu estava fazendo mais do que simples jardinagem, e começaram a pedir que eu renovasse os seus espaços verdes. Isso me deu um meio de expressão artística, além de uma maneira de pagar as contas." Parker usou suas habilidades artísticas para alterar as percepções do seu público-alvo e se posicionar não como um jardineiro glorificado, mas como um Picasso dos paralelepípedos e cercas vivas. Hoje, ele se especializa exclusivamente em casas de compradores afluentes nas áreas de mais prestígio de Orange County. "Pessoas ricas sempre têm dinheiro", ele diz.

O que esta marca representa:

- **Exclusividade** – Parker recusou projetos mais modestos deliberadamente enquanto sua marca gravitava na direção do paisagismo de elite. "Nós nos tornamos ainda mais especializados ao recusar trabalhos de associações de moradores", ele destaca. "Os serviços vindos das associações não davam suporte à nossa atividade. As associações tinham expectativas infundadas, e nós gastávamos uma quantidade desproporcional do nosso tempo por um retorno muito pequeno. Acabávamos gastando tanto quanto ganhávamos." Ao manter o seu cliente ideal em mente, Parker expandiu o seu negócio com menos inconveniências.

- **Qualidade** – Num lugar tão preocupado com o *status* quanto OC, ninguém quer que a sua casa aparente ser de segunda categoria. A companhia de Parker tem prosperado por um motivo acima de todos: as pessoas sabem que quando a sua equipe chega ao canteiro de obras, o resultado vai ser um trabalho paisagístico estonteante.
- **Fidelidade** – "Ainda temos 80% dos empregados que tínhamos cinco anos atrás", diz Parker. Ele trata bem o seu pessoal, então eles também o tratam bem.

Fator-chave: A Mike Parker Landscape é uma empresa de grande visibilidade. Ela projetou algumas das paisagens residenciais mais pitorescas da região, jardins que receberam destaque em artigos de jornais e revistas. Parker permaneceu na vanguarda ao recrutar os melhores profissionais do mercado – buscando paisagistas e arquitetos que construíram suas reputações em torno de um certo talento ou estilo. "Isso ajuda a manter a vitalidade do nosso produto, e tem resultado em parcerias de talentos e projetos", afirma Parker.

Insights: "Nunca pensei em **não** colocar meu nome nas coisas que faço", ele afirma. "Empreiteiros em geral encontram o desafio de superar as experiências ruins que as pessoas já tiveram com outros empreiteiros. Colocar seu nome em seus trabalhos, em conjunto com uma boa reputação, torna esse desafio muito mais fácil de vencer".

VEÍCULO 12: RELAÇÕES PÚBLICAS (RPs)

- Inclusivo.
- Vantagens – Uma maneira predominantemente sem custo e de alta credibilidade para se posicionar diante dos clientes em potencial. As relações públicas podem se tornar "virais" e se espalhar extensivamente, graças especialmente à Internet.
- Desvantagens – Todo mundo tenta fazer com que os mesmos jornais e estações de rádio tenham interesse nas suas matérias, por isso é difícil fazer os extenuados editores perceberem você. Além disso, não há garantia de que as pessoas verão você da maneira que você deseja.

RPs envolvem um trabalho com a mídia para gerar cobertura para você, seu negócio e suas outras atividades, como trabalhos beneficentes e patrocínios. Jornais e revistas locais, estações de rádio, canais de TV a cabo, afiliadas locais de redes nacionais, veículos da mídia *on-line* e até publicações de negócios de circulação nacional – todos são alvos viáveis para suas iniciativas de RPs.

A dinâmica básica das RPs é simples: você deve convencer editores ou diretores de que você tem algo a dizer que seja interessante e original para os leitores, ouvintes ou telespectadores. Só isso. As RPs têm que ser concentradas no público, não em você. Se você não conseguir instigar a imaginação de um editor e fazer com que ele acredite que você possa instigar também a imaginação do público, terá falhado.

Na maioria dos casos, fazer RPs significa enviar *releases* profissionais e fazer um acompanhamento posterior consistente, formando relações de benefício mútuo com aqueles que tomam as decisões na mídia. Eles são profissionais ocupados, muito preocupados com os prazos, que recebem centenas de *kits* de imprensa e *releases* a cada semana; você tem que chamar a atenção deles e fazer com que eles se importem com você. Conheça os editores e repórteres que você tem como alvo, aprenda mais sobre o público deles, e encontre maneiras criativas de se apresentar e falar com esse público.

As RPs são fantásticas para a sua credibilidade. Os leitores e ouvintes presumem que se você aparece em um meio imparcial como a imprensa (não ria), você deve ser bom. O ponto fraco é que você não tem garantias da cobertura que irá receber a cada mês. Por isso, esse é um veículo de promoção complementar para a maioria das pessoas, não um dos principais.

A exceção acontece quando você encontra um trabalho regular em um veículo de comunicação popular, produzindo conteúdo para ser publicado. Estou falando da sua própria coluna semanal no jornal diário local, ou do seu programa de rádio nos sábados de manhã. Essas são grandes oportunidades, e você pode fazer delas o coração da sua MP. Muitos profissionais não têm tempo, talento ou conhecimento para fazer essas coisas acontecerem, mas se você puder se tornar uma personalidade conhecida na mídia, colherá imensos benefícios.

Aqui estão algumas boas dicas para RPs:

- Respeite o tempo dos editores. Envie-lhes materiais e não os bombardeie com telefonemas. Consideração e profissionalismo ajudam muito numa indústria onde todos têm seus interessesm individuais.
- Envie um cartão de fichário tipo Rolodex e uma carta de apresentação para os editores, apresentando-se como uma "fonte especializada" na sua área e oferecendo entrevistas a qualquer momento.

- Aprenda e utilize o formato padrão para *releases*. Você pode encontrar um excelente guia em www.prwebdirect.com.
- Envie um *release* toda vez que tiver notícias, mesmo quando for algo simples como uma nova contratação. Exposições múltiplas fazem com que os editores se lembrem de você.
- Faça as notícias acontecerem. Organize eventos; publique um livro; faça-se digno de notícias.
- Encontre um bom *ghost-writer* (profissional que presta serviço de redação de textos).

VEÍCULO 13: PUBLICAÇÕES

- Inclusivo.
- Vantagens – Publicar algo, particularmente um livro, traz muito prestígio.
- Desvantagens – Custo, custo, custo.

Eu desencorajo a maioria dos meus clientes de publicar livros ou até mesmo boletins informativos pagos. A razão para não se publicar um livro é simples: é **muito caro**. Quando você pensa no preço de produzir um livro de capa dura de 200 páginas – pagando pela composição, edição, *design*, impressão, frete, distribuição, *marketing* – o empreendimento todo pode custar de 30 a 40 mil dólares, ou até mais. Isso está além do alcance da maioria dos profissionais. Até os livros disponíveis somente através de serviços *print-on-demand* (os livros não são impressos até que alguém os encomende) como Lulu.com ou CreateSpace.com podem custar algumas dezenas de milhares de dólares.

Boletins informativos pagos custam menos, mas dão mais trabalho. Digamos que um empresário tenha 200 pessoas que pagariam 200 dólares por ano para receber um boletim informativo mensal. Isso equivale a 40 mil dólares por ano, um grande negócio, certo? Bem, você tem que produzir um boletim a cada 30 dias, e isso dá muito trabalho. Eu publiquei uma revista trimestral alguns anos atrás e o **trabalho quase me matou**.

As publicações podem funcionar para uma subclasse de profissionais: aqueles que já estão no mercado há 20 anos, são muito bem-sucedidos e querem elevar os seus negócios a um patamar ainda mais alto para depois vendê-los, ou que gostariam de diminuir suas horas de trabalho e ganhar mais dinheiro como palestrantes. Livros são grandes veículos de prestígio; há algo num livro que o torna instantaneamente atraente à mídia, agências de palestras e assim por diante. Por isso, se o prestígio é crucial para os seus planos de carreira, você pode levar esse veículo em consideração. Caso contrário, eu o evitaria. Vender um livro para recuperar o seu investimento pode se tornar uma atividade de período integral, e você já possui um emprego desses.

VEÍCULO 14: PUBLICIDADE NO RÁDIO

- Inclusivo.
- Vantagens – As mesmas de alguns outros tipos de publicidade – coloca-o no campo de visão de muitas pessoas de uma vez só, cria consciência de marca e dá mais credibilidade a ela.
- Desvantagens – Custos e mais custos. Além do mais, é difícil de direcionar, e já que muitas pessoas ouvem rádio no carro, elas não anotam as suas informações de contato.

Tudo o que já falei sobre as outras formas de publicidade aplica-se aos anúncios de rádio. Use-os com cuidado, e somente como uma maneira de acentuar suas propagandas mais direcionadas. Não baseie sua MP no rádio. A única exceção está no caso de você conseguir um programa de rádio só seu.

VEÍCULO 15: SEMINÁRIOS PRIVADOS

- Exclusivo.
- Vantagens – Você aborda um grupo pré-selecionado de clientes em potencial que, de forma geral, gostaria de ouvir o que você tem a dizer. Você pode visar os seus melhores clientes em potencial e lhes dar informações precisas.
- Desvantagens – A preparação pode ser custosa, e você deve estar seguro e preparado para fazer uma apresentação para um grande número de pessoas. Transformar tais eventos em fontes de negócios também requer um acompanhamento posterior bastante ativo.

Seminários requerem tempo, planejamento e a habilidade de falar em público com tranquilidade. Consequentemente, não é algo adequado a todos. Além disso, sua profissão pode não ser apropriada para apresentações no estilo de seminários. Porém, 80% dos donos de negócios com quem já conversei trabalham numa área em que seminários podem trazer benefícios. Então é provável que, quando você estiver preparado, um seminário possa ajudá-lo a crescer.

Num seminário privado, você faz uma apresentação para um público convidado exclusivo, geralmente o pessoal de uma companhia ou organização, como uma associação profissional, igreja ou grupo cívico. A ideia é passar a mensagem da sua MP pessoalmente para um grande grupo de pessoas; depois, você deve encontrar tantos membros do grupo quanto for possível para se aproximar deles. Seminários também representam a oportunidade perfeita para a distribuição de materiais e informação. Às vezes você pode até cobrar uma taxa para fazer seu discurso de vendas, ou pelo menos ter todas as suas despesas pagas.

No entanto, os seminários têm vários aspectos negativos. Em primeiro lugar, eles demandam uma enorme preparação, além de geralmente serem caros. Você precisa possuir, no mínimo, materiais como *folders* pessoais e folhetos sobre a apresentação. Talvez precise de uma apresentação do *Powerpoint* e possivelmente de transporte e acomodação. O tempo de preparação pode ser igualmente intimidante: é necessário escrever sua apresentação, refinar seu discurso, pedir aos funcionários que embalem os *kits* dos participantes e assim por diante. Portanto, você não pode fazer pouco caso dos seminários privados.

Porém, os seminários privados podem ser uma excelente ferramenta se você puder:

- Identificar empresas e organizações cujos membros têm mais chances de precisar dos seus serviços, além de se encaixarem no perfil do seu cliente ideal.
- Falar em público com segurança.
- Fazer uma apresentação com o objetivo de beneficiar o público.
- Distribuir materiais impressos de qualidade.
- Estabelecer um sistema para continuar o relacionamento com cada cliente em potencial e com a organização como um todo.

Algumas dicas que aprendi através da experiência pessoal:

- Pratique sua apresentação até poder recitá-la dormindo, e não tenha medo de alterá-la.
- Mantenha-a na faixa de 60 a 90 minutos, não mais. A maioria das pessoas não quer passar o dia todo num campo de treinamento.
- Em um seminário, promova os seus outros seminários.
- Ofereça seus serviços! Certifique-se de que os participantes saibam como agendar uma reunião particular com você.
- Certifique-se de que todas as pessoas saiam com algum material impresso.

VEÍCULO 16: SEMINÁRIOS PÚBLICOS

- Inclusivo.
- Vantagens – Você aborda um grupo de clientes em potencial que, de forma general, gostaria de ouvir o que você tem a dizer.
- Desvantagens – A preparação pode ser custosa, e você deve estar seguro e preparado para fazer uma apresentação para um grande número de pessoas. Devido ao fato dos seminários serem abertos ao público, e de geralmente serem gratuitos, você atrairá todo tipo de pessoa que você não quer ter como cliente.

Os mesmos conselhos que dei sobre os seminários privados valem também para os públicos, com algumas mudanças. Antes de tudo, um seminário público é aberto a qualquer um que deseje comparecer, e cabe a você reservar o local do evento. Você pode conseguir o espaço de graça, mas a qualidade tem seu preço. Se você quiser recursos audiovisuais e coisas do gênero, você terá que pagar por um salão de conferências.

A outra grande diferença dos seminários públicos é que você não pode selecionar quem comparece. Se você é um consultor previdenciário, você pode anunciar o seu seminário somente em comunidades de pessoas com mais de 55 anos, mas ainda assim não é possível saber quem vai aparecer. Você pode gastar milhares de dólares em anúncios de jornal ou malas diretas e só conseguir 3 ou 4 clientes ideais num grupo de 100. Esse é o risco que você corre.

Porém, seminários públicos podem ser uma excelente oportunidade para educar o público sobre o que você faz e o valor dos seus serviços. Mesmo que os membros do público não sejam úteis aos seus objetivos, eles podem se tornar fontes de recomendações. De qualquer maneira, siga os mesmos conselhos dados sobre seminários privados: distribua materiais de alta qualidade, tenha uma apresentação bem-preparada, ofereça os seus serviços, faça um discurso que possa beneficiar o público e estabeleça um sistema para continuar a relação com os interessados.

Em geral, eu recomendo os seminários privados ao invés dos públicos.

COISAS QUE VOCÊ PODE FAZER EM UM MÊS

1. Terminar seu *folder* pessoal e enviar cinco cópias para seus clientes A, junto com uma carta explicando a sua nova marca e pedindo a eles que passem quatro cópias para amigos ou parentes.

2. Colocar o seu *telemarketing* para funcionar – gravar uma mensagem de espera, pedir aos funcionários que comecem a convidar os clientes atuais para reuniões particulares e assim por diante.

3. Negociar e assinar o acordo com seus novos parceiros de recomendações profissionais. Procure um advogado se for necessário (a não ser que você seja um).

4. Conversar com escolas locais, organizações de caridade e igrejas sobre eventos beneficentes e outras atividades comunitárias nas quais você possa participar.

5. Pesquisar sobre sistemas de gestão de relacionamento com o cliente, como o Siebel e o Salesforce.com. Entrarei em mais detalhes sobre o assunto mais tarde.

6. Terminar os textos do seu *site*.

VEÍCULO 17: EVENTOS ESPECIAIS

- Exclusivo.
- Vantagens – Você cria uma ligação pessoal com os seus clientes em potencial num ambiente divertido e casual.
- Desvantagens – Pode ser caro, e as pessoas podem não gostar se você transformar um evento social em uma oportunidade para fazer negócios, portanto tenha cuidado. Pode demorar a gerar novos negócios.

Um evento especial pode ser quase qualquer situação em que você reúne clientes atuais e potenciais num ambiente social para se divertirem: festas, "Noites de Agradecimento ao Cliente", noites de pôquer, degustações de vinhos, eventos beneficentes, eventos esportivos, visitações abertas e assim por diante. É sempre um bom momento para se realizar um evento especial, e gestores inteligentes de MPs são conhecidos por terem transformado os seus eventos regulares em grandes atrações no calendário social das suas comunidades.

A coisa mais importante que devemos ter em mente sobre os eventos especiais é que eles são áreas livres de vendas. Ponto final. Sem vendas e sem distribuição de *folders*, a não ser que alguém peça. Você está organizando o evento por um motivo: **criar boa vontade**. O seu objetivo é que as pessoas gostem de você e da sua empresa.

Certifique-se de que você esteja lidando com os eventos especiais como se eles fossem um jantar particular: envie convites e peça confirmações de presença. Ofereça brindes na entrada e organize atividades. E seja criativo. O objetivo é fazer com que todos se divirtam e associem esses bons momentos a você. Esse é um veículo muito efetivo, e eu o recomendo à maioria dos meus clientes. Eles também se divertem.

VEÍCULO 18: PATROCÍNIOS

- Inclusivo.
- Vantagens – Atenção positiva da comunidade e uma marca mais positiva. Você associa-se a coisas que todos respeitam ou gostam, como esportes infantis ou caridade.
- Desvantagens – Como todo tipo de propaganda, o custo e a falta de direcionamento.

É bem simples: você compra um anúncio na programação de uma peça de teatro escolar, uma placa nas laterais do campo nos jogos de um pequeno time local, ou coloca seu nome no cartaz de um *show* beneficente. Patrocínios têm dois efeitos: fazem as pessoas ter consciência da sua marca e a associam com sua generosidade e participação na comunidade.

Se você decidir que os patrocínios são apropriados para você, lembre-se de verificar todas as possibilidades na sua região. Algumas organizações promovem seus patrocinadores com empenho, enquanto outras esperam que você fique agradecido por ter pago US$2.000 (ou mais) para ter seu nome impresso na parte inferior de um *folder*. Tenha certeza de que você esteja recebendo exposição suficiente para justificar o gasto, e não se esqueça de transformar o seu patrocínio num *release*.

VEÍCULO 19: *TELEMARKETING*

- Exclusivo.
- Vantagens – Oferece diversas maneiras de direcionar sua propaganda.
- Desvantagens – A gente odeia *telemarketing*!

Não recomendo ligações não solicitadas, as chamadas ligações "frias", mesmo porque a prática já é estritamente regulada em alguns países. Estou falando aqui de chamadas "quentes": o uso da tecnologia de telecomunicações para nos comunicarmos com clientes com quem já temos algum tipo de relacionamento. Existem vários tipos de *telemarketing*: ligações pessoais, mensagens gravadas, audioconferências, teleseminários em que você faz sua apresentação ao público estritamente através do telefone, e propagandas através do *fax* com permissão dos destinatários.

Ligações desse tipo permitem que você crie um relacionamento e solicite uma reunião. Mensagens de espera são decisivas para qualquer profissional, dando a você uma maneira de comunicar benefícios, novos serviços, eventos especiais e mais. Audioconferências e seminários são simples hoje em dia, graças a serviços como GreatTeleseminars.com e InfiniteConferencing.com. Eu definitivamente recomendo as mensagens de espera; o resto do *telemarketing* depende da sua profissão e da sua disponibilidade.

VEÍCULO 20: PUBLICIDADE TELEVISIVA

- Inclusivo.
- Vantagens – Um enorme aumento na sua credibilidade.
- Desvantagens – Um enorme custo.

Eu desencorajo a maioria dos meus clientes de fazer propaganda na televisão simplesmente porque o custo-benefício é baixo. Quando você soma o preço de produção com o da transmissão, mesmo num canal a cabo local, o gasto pode ser grande. E para muitas profissões, a publicidade televisiva simplesmente não é apropriada. O que pensamos quando vemos um advogado fazendo propaganda na televisão? Advogado de porta de cadeia. O que pensamos quando vemos a de um médico? Charlatão que provavelmente receita sua própria marca de vitaminas aos pacientes.

Para a maioria das pessoas, os pontos fracos da televisão excedem os pontos fortes. Mas se você deseja utilizá-la, a TV a cabo local é sua melhor opção. Ela oferece uma combinação de tarifas razoáveis, cobertura direcionada e geralmente serviços de produção. Converse com a companhia de TV a cabo local e veja os tipos de pacote disponíveis.

Uma dica: por favor, invista numa boa produção. Nada danifica sua marca de forma pior do que um comercial barato que parece ter saído de uma garagem de carros usados.

VEÍCULO 21: FEIRAS DE NEGÓCIOS

- Inclusivo.
- Vantagens – Uma fantástica oportunidade de *networking* e também de diversão.
- Desvantagens – Com os custos de transporte, acomodação, exibições e materiais, uma feira de negócios pode lhe custar mais caro do que qualquer outro veículo de promoção, com a exceção de um livro.

Você não deve nem cogitar participar de uma feira de negócios até ter desenvolvido sua MP ativamente por pelo menos um ano. Isso porque a sua marca e a sua mensagem de *marketing* ainda estarão sendo refinadas, sem preparo para o caos e a dificuldade de atrair a atenção das pessoas por mais de alguns segundos. Além disso, como você terá que pagar pelo espaço, estande, transporte, passagens de avião, acomodações, utilidades, materiais para distribuição, brindes e pessoal, o empreendimento todo pode custar uma fortuna. Eu recomendo que fique longe das feiras de negócios até que você tenha recursos para estar presente todos os anos; você deve também poder sustentar financeiramente uma exibição que não lhe traz clientes.

Assim que estiver pronto, uma feira de negócios ou conferência pode ser uma oportunidade fantástica para você montar um estande e comunicar o seu propósito pessoalmente. As pessoas numa feira estão lá tanto para fazer contatos quanto para tomar decisões de compra. Sua coleção de cartões de visita após um grande evento valerá seu peso em ouro. Uma feira é também uma maneira eficaz de sair do seu nicho regional e receber uma exposição mais ampla. Se conseguir insinuar-se num painel de discussões, você poderá aumentar sua visibilidade e reputação ainda mais.

Uma das melhores táticas de que já ouvi falar para tornar as feiras de negócios mais acessíveis financeiramente é a de se associar com alguns colegas e dividir todos os custos. Isso pode ir desde a criação de uma parceria completamente informal e o compartilhamento de clientes até a formação de uma companhia de responsabilidade limitada só para o evento. Mas suponha que você e mais três corretores de seguros dividam todos os custos de uma grande exibição. Abaixar o investimento de US$ 20.000 para US$5.000 pode tornar o **impossível possível**.

Algumas sugestões para se tirar melhor proveito das feiras de negócios:

- Procure utilizar estandes e outras instalações de segunda mão. Existem empresas que se especializam nisso.
- Compareça apenas àqueles eventos com enfoque exclusivo no seu mercado-alvo.
- Compareça a eventos menores. As grandes feiras podem ter mais brilho, mas você ficará perdido na multidão.
- Distribua um brinde memorável na sua exibição.
- Se apropriado, tenha uma demonstração em vídeo ou DVD de alguns dos seus produtos ou serviços para atrair a atenção das pessoas.
- Planeje uma maneira de coletar cartões de visitas ou de escanear os crachás dos participantes para aumentar o seu banco de dados. É a única maneira de se conseguir o retorno do seu investimento.
- Transforme a sua exibição em um evento de mídia, enviando *releases* aos veículos de notícias locais e patrocinando um grande concurso a que os jornalistas possam comparecer.

- Tenha *laptops* com conexão à Internet na sua exibição para que as pessoas possam visitar o seu *site* e enviar informações de contato na hora.

A REGRA DE CINCO

Ufa! Foi muito assunto para expor. Mas existe outro ponto estratégico de importância vital que tenho que compartilhar com você antes de prosseguirmos. É este:

Tenha cinco maneiras de alcançar o seu mercado-alvo.

Para construir e manter uma MP bem-sucedida, você deve possuir pelo menos **cinco veículos de promoção** para alcançar o seu mercado-alvo com a sua mensagem. Gestores de marcas experientes usam veículos múltiplos, coordenados para funcionarem em plena sincronia. É como atacar o mesmo alvo de pontos diferentes; suas possibilidades de acertar aumentam. Assim, você poderia utilizar os três veículos essenciais – um *folder* pessoal, um *site* e recomendações profissionais – e adicionar eventos especiais, teleseminários e publicidade externa. Já são seis veículos, o que é fantástico.

SINERGIA É A IDEIA

Para tirar o maior benefício do dinheiro que você gasta, faça com que os seus veículos de promoção alimentem uns aos outros. Você tem que gerar **sinergia**. Isso significa que os seus veículos têm que oferecer suporte mútuo. É assim que o maquinário da sua marca entra em funcionamento para valer.

Aqui vai um exemplo: você organiza um seminário público para promover os seus serviços legais. No seminário, distribui cópias do seu *folder* pessoal e explica sua mensagem. O *folder* convida as pessoas a acessarem seu *site* para baixar um pacote de informações legais relevantes; em troca do *download*, elas fornecem endereços de *e-mail* para a sua *newsletter*. Depois do seminário, você envia lembretes por *e-mail* às pessoas que compareceram. Através de mala direta, entra em contato com as pessoas da sua lista de clientes em potencial que não estavam presentes, informando-as sobre os pontos principais do seminário. Finalmente, você filma o seminário, prepara um DVD que possa ser distribuído como peça promocional ou vendido, e coloca o vídeo no seu *site*, onde as pessoas poderão assisti-lo se fornecerem seus *e-mails*. Você pode também enviar o seu DVD para todas as redes de televisão locais, convidando-as para cobrir o seu próximo seminário.

Seja criativo e surpreenda as pessoas. Siga o exemplo de um cliente meu, um consultor financeiro que costumava organizar seminários direcionados a viúvas com mais de 65 anos. Devido ao fato das viúvas geralmente preferirem ter consultores de confiança, ao invés de tentar entender um monte de dados financeiros complicados, os seminários eram um fracasso. Então meu cliente mudou de tática: passou a patrocinar jogos de bingo mensais no centro comunitário local, passando até mesmo a sortear os números pessoalmente. As cartelas tinham até o seu logotipo e telefone! O negócio decolou por causa do uso criativo de um veículo de promoção e da sua experiência com o mercado. Bingo.

A ESTA ALTURA VOCÊ DEVE ESTAR...

- Decidindo quais veículos de promoção você quer usar.
- Pedindo orçamentos de impressão para seus materiais publicitários.
- Começando a desenvolver seu *site*.
- Fazendo reuniões com possíveis parceiros profissionais.
- Montando o seu *kit* de imprensa.
- Tomando decisões sobre o seu novo modelo de negócios voltado ao cliente e sua nova estrutura de preços.

CAPÍTULO 6

DANDO SATISFAÇÃO AO CLIENTE

Por muito tempo, os pais disseram às crianças que não ligassem para o que as outras pessoas pensassem delas. Eles não percebiam o quão imediatista e tolo aquilo era. Nós precisamos que as pessoas pensem bem de nós.

– Mark Leary, professor de psicologia social
da Duke University

Na indústria de TV a cabo norte-americana, a conexão que liga o cabo principal vindo da rua à televisão do usuário é chamada de "última milha". Os serviços de atendimento ao cliente são a "última milha" da sua marca pessoal (MP). A experiência que você proporciona aos seus clientes irá cumprir ou contradizer as promessas que você faz na campanha da sua marca. O seu desempenho altera sua MP, transformando meras palavras em realidade; da mesma maneira, o fracasso pode alienar os seus clientes para sempre.

O terceiro cérebro de uma grande MP não é o atendimento ao cliente. É a **satisfação** do cliente. Lembre-se que a sua MP é um relacionamento que carrega uma promessa implícita: que uma boa experiência será dada aos clientes e que eles se sentirão bem com ela. Após conseguir mexer com as emoções das pessoas e fazer com que elas venham até você, o próximo passo é cumprir e superar sua promessa – **repetidamente**. Quando seu desempenho é realmente o que foi anunciado, você cunha a mais valiosa de todas as moedas: confiança. Cria também fãs entusiasmados que farão de tudo para recomendá-lo a novos clientes ideais. Então como você pode dar satisfação aos clientes e lhes proporcionar uma experiência que será assunto de conversa por vários dias?

COISAS QUE VOCÊ PODE FAZER HOJE

1. Enviar um *e-mail* aos seus melhores clientes e pedir um pequeno depoimento sobre as experiências deles com você.
2. Entrar em contato com outros clientes perguntado se podem ser parte do seu comitê consultivo de clientes.
3. Pagar um dos seus filhos ou um vizinho para visitar regularmente *blogs* e fóruns de consumidores na Internet para saber o que estão falando sobre você.
4. Fechar o negócio da lista de clientes em potencial.
5. Revisar tudo o que escreveu.
6. Procurar a National Speakers Association (Associação Nacional de Palestrantes) para se tornar um membro.

O QUE FAZER

Há três segredos para dar satisfação ao cliente:

1. Possua um sistema.
2. Saiba o que os clientes desejam.
3. Prometa menos e faça mais.

Possua um Sistema

Donos de negócios e profissionais inteligentes não deixam a sorte tomar conta da satisfação dos clientes. Os melhores deles desenvolvem um programa proativo que opera num cronograma pré-definido, sem o envolvimento do chefe, para ir ao encontro dos clientes e fazer com que eles se sintam apreciados, atendidos e ouvidos o tempo todo. É muito trabalho, mas os benefícios são imensos:

- Clientes satisfeitos e de fácil relacionamento.
- Uma equipe de vendas não-paga que lhe dá recomendações preciosas espontaneamente.
- Clientes fieis, que trazem uma renda mais consistente.
- Maior tolerância a mudanças, como aumento de preços.
- Menos transtornos quando um problema de serviço acontece.

A melhor abordagem que já vi é a de apontar um indivíduo como diretor de experiências do cliente. Também já vi empresas criarem o cargo de "diretor de primeiras impressões", que é uma ideia fantástica. De qualquer modo, a única responsabilidade dessa pessoa é a de ter certeza de que todos os clientes, a partir do momento em que ele ou ela telefona para marcar a primeira visita, se sintam atendidos, ouvidos e apreciados. O diretor de experiências do cliente certifica-se de que cartões de agradecimento e aniversário sejam enviados na hora certa, envia vale-presentes para agradecer clientes por recomendações, pesquisa e responde perguntas difíceis em 24h, e basicamente verifica se todos são atendidos e mantidos informados o tempo todo – para que você não precise se preocupar com isso.

A outra coisa que você deve fazer para proporcionar satisfação aos clientes é criar um plano que explicita todo o processo de atendimento, passo a passo:

- *Políticas básicas* – Crie um manual que dita tudo o que for relacionado à comunicação com os clientes: quando as cartas são enviadas, em que estágios do relacionamento os clientes recebem um telefonema, a preferência de contato de cada cliente, as opções de compra quando você estiver enviando presentes – tudo. Nenhum detalhe é pequeno demais. Não deixe nada para a sorte.
- *Fornecedores de presentes* – Identifique empresas que oferecem presentes de preço acessível e de alta qualidade, como cartões, itens promocionais, vinhos, vale-presentes, etc.
- *Como lidar com clientes irritados* – Determine o que dizer quando um cliente faz uma reclamação: formulários para relatórios completo, políticas internas, e mais.
- *Pistas* – Identifique os sinais que podem dizer quando um cliente

não está satisfeito, pois você pode usá-los para sanar reclamações antes mesmo que elas ocorram.
- *Pesquisas* – Prepare formulários que os seus funcionários possam distribuir no final de uma visita ou projeto para descobrir como você pode melhorar.
- *Notas e preferências* – Tome notas individuais sobre cada cliente, desde como o cliente gosta dos ovos em almoços de negócios até sua data de aniversário e coisas do gênero.

Acima de tudo, seu plano deve explicitar, passo a passo, o que acontece no primeiro telefonema do cliente, na primeira reunião, depois da primeira reunião, no aniversário de um ano como cliente, depois de uma recomendação produtiva, e assim por diante. Cada interação deve ser preparada; cada contato deve ser planejado. A espontaneidade é ótima, mas o que você e seus clientes querem é previsibilidade. Lembre-se, vivemos num mundo onde poucas pessoas cumprem aquilo que prometem. Como escreveu Shakespeare: "Consistência, tu és uma joia."

Certifique-se de que seu pessoal tenha uma cópia encadernada do manual de atendimento ao cliente, e coloque-o na área privada do seu *site*. Você deve também sentar-se com o seu pessoal a cada seis meses para discutir qualquer reclamação e/ou elogio que receberam. Analise as causas das reclamações e procure soluções para que a empresa inteira possa melhorar o atendimento ao cliente. O objetivo é o aprimoramento constante; nessas sessões de *feedback*, você deve se esforçar para alcançar os seguintes objetivos ao longo do tempo:

- Menos reclamações de clientes como um todo.
- Mais reclamações resolvidas.
- Mais recomendações no mesmo espaço de tempo.
- Mais pesquisas de opinião com resultado positivo.

COISAS QUE VOCÊ PODE FAZER EM UMA SEMANA

1. Conduzir demonstrações e fazer *download* de amostras grátis de programas de gestão de relacionamento com o cliente.

2. Escrever sua primeira coluna teste para o jornal local.
3. Treinar seu pessoal para atender telefones e transferir chamadas adequadamente
4. Escrever uma pilha de mensagens de mala direta para o Natal, Ano Novo, aniversários e outras ocasiões do gênero.
5. Fazer um *test-drive* do seu *software* de calendário e agenda, e de aparelhos portáteis (como o *iPhone* ou o *BlackBerry*) que você e seus principais funcionários possam usar para se manterem organizados e em contato.
6. Começar a lidar com as recomendações dos clientes antigos com base na carta em que você os informou sobre o seu novo projeto de marca – e testar o seu sistema de recomendações.

Saiba o que os clientes desejam

Você provavelmente sabe que as melhores recomendações são espontâneas; quando os clientes gostam tanto do que você oferece que o indicam sem que você peça, a demanda pelos seus serviços cresce assustadoramente. A questão é: como você pode oferecer um serviço tão bom e proporcionar experiências incríveis ao cliente?

Você pode fazer isso descobrindo o que os seus clientes desejam. Você já sabe bastante sobre eles em termos demográficos (onde vivem, aonde vão à igreja, quais são os seus *hobbies*), pois a obtenção dessas informações fez parte do processo de escolha do seu mercado-alvo. Mas quais são os objetivos de vida dessas pessoas? Como é o relacionamento delas com os seus pais ou filhos? Quais são suas paixões? Pesquisar – conversar com os clientes e passar a conhecê-los melhor – é a chave para você se tornar um prestador de serviços que realmente melhora as suas vidas.

Com meus clientes, eu recomendo duas maneiras de se fazer esse tipo de pesquisa:

1. *Pesquisa formal de mercado* – Uma maneira de saber mais é pedir que os clientes preencham formulários de pesquisa. Crie um formulário que você possa imprimir ou colocar *on-line* e enviar por *e-mail* (eu recomendo a forma *on-line* porque é mais barata, mais simples para as pessoas que já têm muita papelada em casa, e não corta árvores). Uma vez por ano, peça para que eles preencham o formulário. Faça perguntas como:

- O que faz com que você continue fazendo negócios comigo?
- O que eu poderia fazer para que trabalhar comigo seja mais fácil para você?
- Como os meus serviços o decepcionaram no passado?
- Quais serviços e comodidades você gostaria que eu oferecesse?

Esse método pode parecer um pouco impessoal, mas se os seus clientes estiverem dispostos a dar opiniões honestas, isso pode lhe economizar muito tempo. Eu recomendo que você tente fazer uma pesquisa só para ver qual é a resposta. Se não funcionar, ou se você quiser fazer mais, eu recomendo muito as seguintes práticas.

2. Crie um comitê consultivo de clientes – Se tiver tempo (e honestamente, se você não tiver tempo para fomentar um relacionamento com seus clientes, por que abriu um negócio?), essa é uma opção fantástica. Ela envolve pedir de 5 a 10 clientes para que formem um comitê consultivo para ajudá-lo a atender todos os seus clientes ou pacientes de uma maneira melhor. A maioria das pessoas se sentirá lisonjeada, então não se preocupe com a possibilidade de estar tirando vantagem delas. Elas adorarão o fato de você ter feito o pedido a elas.

É um arranjo bem simples e direto: você escolhe um local (sua casa, um restaurante), horário (café da manhã, almoço ou jantar), seu grupo consultivo ideal (provavelmente clientes ideais, mas você pode também incluir parceiros profissionais), e a frequência das reuniões (acho que uma vez a cada três meses é o intervalo ideal). Então você cria um cronograma dos assuntos que serão discutidos em cada reunião. Pode ser seu modelo de negócios, seus serviços de maneira geral, a qualidade dos seus materiais de comunicação e *marketing*, ou qualquer outra coisa que afete seus negócios. Então os membros do seu comitê consultivo compareçam e, com base no cronograma, lhe dão suas opiniões. Você pode fazer perguntas como as da sua pesquisa escrita ou inventar novas delas.

O objetivo, é claro, é criar um meio aberto e regular de comunicação através do qual você receberá opiniões valiosas sobre como corrigir seus problemas e melhorar seus serviços. Quando sua reunião acabar, guarde todas as informações que recolher para análise posterior. Se você conseguir permissão, grave o evento inteiro. O que você aprender deve lhe dizer tudo, desde a opinião dos clientes sobre o papel de parede do seu escritório até os seus planos de aposentadoria. Isso, por sua vez, pode ajudá-lo a moldar seus serviços para criar a melhor experiência possível para os clientes. Você também provavelmente criará grandes relacionamentos que poderão durar por muitos anos.

**CIRURGIA DE MARCA
O PACIENTE: EQUILIBRANDO O
PESSOAL E O PROFISSIONAL**

- Não compartilhe informações demais. Algumas pessoas acham que negócios devem ser só negócios.
- Evite assuntos controversos, a não ser que o seu mercado-alvo viva deles.
- Não invente um estilo de vida só para penetrar num mercado lucrativo. Suas mentiras serão descobertas e acabarão com você.
- Seja criativo na construção de um ambiente que reflita sua personalidade, mas evite um espaço muito atravancado ou de mau gosto.
- Não envergonhe ou irrite sua família e amigos contando casos pessoais.
- Não faça anúncios com o objetivo de dizer às pessoas o quão bom você é. **Não diga, mostre!**
- Certifique-se de que sua ânsia de compartilhar informações pessoais não deixe as pessoas sem saber o que fazer.

Prometa menos e faça mais

Todo cliente ou interessado que vier até você possuirá um conjunto de expectativas; algumas delas serão razoáveis, outras não. A maneira como você atende essas expectativas está intimamente ligada à satisfação do cliente. Por isso, você deve **gerir as expectativas dos clientes**, e uma das melhores maneiras de se fazer isso é dizer que algo levará duas semanas, e então fazê-lo em uma. Ou prometer uma certa quantidade de trabalho por um determinado preço, e então fazer 50% a mais pelo mesmo preço.

É isso o que quero dizer quando digo, "prometa menos e faça mais." Se você promete um nível razoável de serviço, há uma expectativa de que cumprirá a promessa. Quando você apresenta um resultado de nível muito mais alto, surpreende o cliente e o leva a um estado de satisfação. Mas se você promete a lua – como fazem alguns consultores financeiros que conheço, prometendo 25% de retornos anuais nos portfólios dos clientes –está se preparando para um desastre. Os clientes esperam um nível extraordinário de serviço, e quando você apresenta um resultado ordinário, eles ficam irritados e ressentidos. É puro manejo psicológico. Prometa menos do que você sabe que pode cumprir, e faça mais do que o prometido. Funciona todas as vezes. Você sempre soube que é capaz de trabalhar mais rápido ou obter melhores resultados, mas os seus clientes não!

Os parques temáticos da Disney são um belo exemplo desse princípio. Quando você entra na fila de uma atração, há uma placa dizendo que a espera é de 45 minutos. Mas quando chega a sua vez e você olha para o seu relógio, percebe sempre que se passaram mais ou menos 30 minutos, e você vai satisfeito. Eles conseguem que você fique satisfeito por esperar por meia hora na fila.

ESTUDO DE CASO DE UMA MARCA

A marca: Daniel Will-Harris, *Web designer*, ator, autor.

Especialização: De tudo um pouco.

Local: Marin County, na Califórnia (EUA).

Veículos: Internet, um livro publicado por ele mesmo, sua carreira de ator.

Destaques: Conseguiu que o Museu de Arte Moderna em Nova York vendesse os relógios que ele criou.

***On-line*:** www.danielwillharris.com, www.will-harris.com

História: Daniel Will-Harris é um cara engraçado. Pergunte a ele. Qualquer cara que escreve e publica um livro chamado *My Wife and Times* (*Minha Esposa e Época*, trocadilho com a expressão *My Life and Times*, ou *Minha Vida e Época*) e produz um sarcástico boletim informativo, enviado bimestralmente por *e-mail*, chamado *SchmoozeLetter* ("Boletim Manipulativo"), não pode ser considerado demasiadamente sério. Seu humor tem sido responsável por grande parte do sucesso do seu negócio de *Web design*, e agora também por parte da sua bem-sucedida experiência como ator.

Como tudo começou: Will-Harris foi uma das primeiras pessoas a adotar a Internet, tendo colocado no ar, em 1995, um dos primeiros 5 mil *sites* criados na rede. Ele já vinha fazendo sua própria editoração e *design*, e achou que o novo veículo era perfeito para promover seu trabalho.

"O meu *site* fez com que as pessoas soubessem que eu existia e vissem meu trabalho, o que fez com que eu conseguisse um trabalho escrevendo para a CNet", Will-Harris diz. "Isso acabou me levando a trabalhar para a NetObjects, que por sua vez me levou a criar a eFuse.com. Não dá para saber onde as coisas vão parar." A Efuse.com tornou-se um popular destino na Internet, um lugar amigável onde as pessoas podem aprender os fundamentos da construção de *sites*.

Will-Harris edificou o seu negócio de *design* de uma maneira que só poderia ser chamada de orgânica. "Eu me mudei para Point Reyes, mas lá não havia Internet", ele lembra. "Eu visitava as lojas e restaurantes locais e dizia, 'sabe, seu cardápio poderia ser mais bonito'. Os restaurantes têm um orçamento bastante apertado, então eu fazia *designs* de graça para ver se eles se interessavam, ou trabalhava por comida. No primeiro ano que vivi aqui, nunca tive que pagar para comer naquele restaurante. É algo empolgante para mim".

O seu envolvimento como ator não foi tão natural no início. "Eu fiz 50 anos e decidi que estava cansado de passar o tempo todo sozinho no computador", ele diz. "Eu queria trabalhar com as pessoas de novo. Não achava que era uma coisa realista. Não é uma carreira realista. Mas um amigo me encorajou e disse, 'Por que você não tenta e vê o que acontece?' Então eu me matriculei num curso. Bem, antigamente você precisava ter um agente para encontrar testes de elenco. Agora, com a Internet, eu posso encontrar meus próprios testes, e venho conseguindo papéis".

O que esta marca representa:

- **Conhecimento da Internet** – Não há dúvidas de que o *site* Will-Harris é a base do seu sucesso. O *site* é engenhoso e irreverente, com senso de humor autodepreciativo, possuindo seções como *EsperFonto* e *MyDailyYoga*. É também o portal para a *newsletter* SchmoozeLetter.com, que é incrivelmente popular na Internet com o seu discurso desconexo sobre a vida, desastres familiares e ocasionalmente o mundo do *design*.

"A Internet é fantástica porque você pode fazer as coisas você mesmo, pode demonstrar suas habilidades globalmente", ele diz. "Já fiz trabalhos em quase todos os continentes, que são vistos por pessoas que não saberiam que eu existo se não fosse pela Internet."

"Na minha opinião, o meu *site* se destaca porque ele é muito pessoal. As empresas têm medo de fazer isso; elas acham que precisam ser frias e corporativas. Eu acho que o fato de você ser um indivíduo, sentado no escritório da sua casa, é uma vantagem. Quando você é independente, você vende os seus talentos, habilidades e personalidade. Essas coisas têm que ser expressas, e o meu *site* sempre teve muito humor e personalidade. Seu *site* é sua personalidade em *pixels*. Ele deve refletir como você é pessoalmente", destaca Will Harris.

- **Interesses voláteis** – Vejamos, ele é um *Web designer*, um *designer* de fontes, um autor, um ator, e agora um *designer* de relógios cujos trabalhos estão entre os mais vendidos do Museu de Arte Moderna. "Isso vem da minha atitude: nunca se sabe o que vai acontecer", conta Will-Harris.

- **Relacionamento pessoal** – Perpicaz, Will-Harris percebe que é a sua pessoa, e não o seu *site* ou outro intermediário, que cria uma relação com as pessoas. É por isso que a *SchmoozeLetter*, que tem mais ou menos 30 mil assinantes, é primariamente uma coleção de relatos irônicos sobre sua vida pessoal.

Fator-chave: Um acidente com o *software* acabou tornando a *SchmoozeLetter* mais popular do que nunca. "Uma vez, o computador enviou 12 cópias da *newsletter* para todo mundo, e as pessoas ficaram com raiva. Eu escrevi para me desculpar; e quando as pessoas se relacionam com você diretamente, a comunicação começa a ficar mais pessoal. Quanto mais pessoais as mensagens se tornavam, mais pessoas assinavam a *newsletter*", lembra Will Harris.

Insights: "Você nunca sabe que coisas levarão às outras", ele diz. "Fazer aquilo que você gosta pode levar a algo totalmente inesperado. Você não pode ter noções preconcebidas. Sou contrário às pessoas que dizem, 'Em cinco anos, estarei fazendo isso ou aquilo.' Apenas faça o que quiser e você pode acabar num caminho diferente. Terça-feira, eu estava servindo como modelo para um artista. Você acaba em lugares inesperados. Estou apenas me diversificando. Acho que com seus trinta ou quarenta anos, você fica focado e quer continuar a fazer o que está fazendo, mas com o tempo você se cansa e deseja tentar coisas novas."

OS PRINCÍPIOS DA SATISFAÇÃO DO CLIENTE

O atendimento ao cliente é uma atitude. Cada vez que os clientes interagem com você, eles têm uma nova experiência. Criar experiências memoráveis deve se tornar parte do seu modelo de negócios. Irá essa experiência aprimorar ou danificar sua marca? Aqui estão os princípios da satisfação e do atendimento ao cliente que todas as empresas devem tornar fundamentais nos seus modelos de negócios:

1. *Aprecie seus clientes* – Não dá para fingir. Todos na sua companhia devem tratar seus clientes com carinho e respeito. Se você não aprecia seus clientes, procure outra clientela ou outro negócio.

2. *Desenvolva uma cultura centrada nos clientes* – Sua cultura deve se focar naturalmente em satisfizer as necessidades dos clientes. Tudo o que todos fazem deve visar esse objetivo.
3. *Torne a satisfação do cliente a sua missão* – A regra não é: "Não dá para satisfazer todo mundo o tempo todo", e sim, "Devemos tornar as experiências dos clientes tão gratificantes quanto possível, sempre."
4. *O atendimento ao cliente é função de todos* – Converse com todos os seus funcionários sobre o significado de um bom atendimento para a empresa (estratégia, recomendações e crescimento) e como isso os afeta pessoalmente (*feedback* positivo, trabalho mais agradável, melhores salários e promoções). Certifique-se de que eles entendam como atender e transferir ligações, cumprimentar os clientes e lidar com os primeiros estágios de uma crise de atendimento. Acima de tudo, certifique-se de eles que saibam que a satisfação do cliente é a primeira responsabilidade de todos, mesmo quando os nomes dos seus cargos não sejam relacionados ao atendimento.

COISAS QUE VOCÊ PODE FAZER EM UM MÊS

1. Imprimir um estoque de um ano de cartões postais com espaços em branco para mensagens personalizadas.
2. Lançar seu novo *site*.
3. Pedir à sua empresa de desenvolvimento *Web* que faça a otimização dos mecanismos de busca (SEO, ou *Search Engine Optimization*) para assegurar que você apareça no Google, Yahoo! e MSN.
4. Firmar qualquer patrocínio que seja do seu interesse, principalmente aqueles que fecham todos os negócios com meses de antecedência, como feiras agrícolas ou festivais culturais.
5. Encontrar uma gráfica que possa imprimir mensagens personalizadas em tinta preta nos seus cartões coloridos pré-impressos. O serviço deve ser confiável, com preços acessíveis e prazo de 24h.
6. Enviar avisos por *e-mail* sobre o seu novo *site*.

AS PESSOAS COMETEM ERROS

Não são os erros que matam; é a **tentativa de encobri-los**. O ex-presidente dos EUA Richard Nixon aprendeu essa lição da maneira mais difícil; não cometa o mesmo equívoco. Seus clientes não esperam que você seja perfeito, e você não será. Por isso, quando você fizer algo errado, não tente disfarçar, não negue, não manipule as informações. Se a sua empresa é legitimamente culpada, admita o erro e faça de tudo para concertá-lo... às suas custas. Se a culpa é compartilhada, converse com o cliente sobre as circunstâncias e sobre a divisão de custos. Na minha experiência, a correção de problemas cria relações de negócios duradouras tão ou mais frequentemente do que um atendimento impecável. **Por quê?** Porque quando você usa todos os meios possíveis para consertar algo, prova que é tão bom quanto sua MP. Aqui vão algumas dicas para você se recuperar de uma crise de atendimento ao cliente:

1. *Ouça e reconheça a reclamação* – Mostre ao cliente que você se importa. Dê validade ao desagrado do cliente com frases como "Entendo como você se sente" e "Realmente isso não está certo." Deixe claro que os clientes estão exercendo os seus direitos – e ajudando o seu negócio – quando fazem uma reclamação.

2. *Responsabilize-se pelo problema* – Você é o capitão do navio, então mesmo se a mancada for dada por um assistente que está com você há apenas três semanas, você é o culpado. Se a reclamação é válida, assuma a responsabilidade. Admita que houve equívocos. Expresse sua decepção pelo o que aconteceu. Use frases como: "Você está lidando muito bem com esta situação, se pensarmos na maneira como você foi tratado."

3. *Informe-os de que você pode fazer melhor* – Explique que o acontecido foi uma exceção, e que não acontecerá mais.

4. *Pergunte o que você pode fazer* – Pergunte diretamente, "O que posso fazer para satisfazê-lo?" ou "O que posso fazer para remediar a situação?" É uma pergunta assustadora de se fazer, mas é mandatória. Perder clientes valiosos é mais assustador. Ouça, dê sua opinião sobre as sugestões que recebeu, e então – antes de encerrar a reunião – entregue ao cliente uma lista específica das medidas que você irá tomar para consertar o erro.

5. *Mantenha seu cliente informado* – Relembre o cliente de que você realmente cumprirá a sua palavra. Telefone ou envie um *e-mail* para dizer algo como: "Estou cuidando da situação pessoalmente, e tudo estará como você pediu amanhã até o fim do dia."
6. *Agradeça o seu cliente* – O cliente alertou-o sobre um problema que poderia ter-lhe custado caro. Você teve a possibilidade de corrigi-lo. Agradeça o cliente pela preferência e pela oportunidade de mantê-la.

NUNCA PARE DE MELHORAR

O verdadeiro desafio do atendimento ao cliente é que ele nunca acaba. Você não pode apenas instituir uma diretriz e a deixar lá. Você deve estar sempre aprendendo, escutando e se adaptando para continuar a dar aos clientes experiências das quais eles possam se vangloriar. Se você criar um caso de amor com seus clientes, você enriquecerá e aproveitará o seu trabalho imensamente.

A ESTA ALTURA VOCÊ DEVE ESTAR...

- Pensando sobre suas próximas férias.
- Criando protocolos de atendimento.
- Tirando fotos.
- Refinando o seu modelo de negócios.
- Fazendo uma pesquisa entre os seus melhores clientes sobre as coisas que você faz bem e aquelas em que você pode melhorar.
- Utilizando o seu logotipo em todo lugar, e usando exclusivamente os seus novos cartões de visita, papéis timbrados, cartões de anotações, envelopes e etiquetas postais.

PARTE III
A ANATOMIA DE UMA MARCA PESSOAL

Nesta seção do livro, não tentarei analisar em muitos detalhes todas as ferramentas e veículos utilizados no desenvolvimento de marcas pessoais. Se o fizesse, o livro teria 100 mil páginas e estaria cheio de informações que você nunca usaria. Por isso, concentrei-me somente nas ferramentas que, na minha experiência, profissionais ocupados têm mais chances de utilizar. Também levei em consideração aquelas que têm mais chances de proporcionar um retorno sólido do seu investimento de tempo e dinheiro.

Se você realmente deseja saber mais sobre comerciais na televisão e no rádio, *telemarketing*, seminários ou a publicação do seu próprio livro, há mais informações sobre essas e outras ferramentas de promoção em www.thebrandcalledyou.com. Espero que você utilize esse recurso. A partir de agora, examinaremos as ferramentas que qualquer gestor de marcas de sucesso tem no seu arsenal.

CAPÍTULO 7

IDENTIDADE DE MARCA

A microcelebridade é o fenômeno de ser extremamente bem-conhecido não entre milhões, mas entre um pequeno grupo de indivíduos – mil pessoas, ou talvez apenas algumas dezenas. À medida que a mídia do tipo DIY (Do It Yourself, ou Faça Você Mesmo) se aprofunda nas nossas vidas, tal fenômeno ocorre cada vez com mais frequência.

– Clive Thompson, *Wired*, dezembro de 2007

Começamos a lidar agora com o cerne do desenvolvimento de marcas pessoais (MPs): a criação de ferramentas que levam a sua mensagem através dos seus veículos de promoção para o seu mercado-alvo. Já encontramos os três cérebros da nossa criação (nenhum deles anormais, para vocês fãs do Mel Brooks), e agora é o momento de começar a costurar as partes. E começaremos com a ferramenta mais básica de todas, os materiais de identidade de marca.

MATERIAIS DE IDENTIDADE DE MARCA

Você já possui esses materiais. Eles são chamados cartões de visitas. Mesmo que você não tenha nenhum outro material impresso que leve a sua marca, você tem cartões. Todo mundo tem. Nos dias de hoje, com companhias como a VistaPrint.com, sai tão em conta adquirir cartões bonitos; se você usa cartões baratos impressos em papel serrilhado, deveria se envergonhar.

Mas o corpo e a alma dos materiais de identidade da sua marca não são os seus cartões de visitas; é o seu logotipo. Seu logotipo deve estar em tudo o que você faz: cartões, papéis timbrados, envelopes, placas, anúncios, *outdoors*, faixas de patrocínios, seu *site*, sua assinatura nos *e-mails* – tudo. Se você ainda não tem um logotipo, irei guiá-lo pelo processo de criação. Depois é seu trabalho encontrar um bom *designer* gráfico, pegar alguns rascunhos, fazer mudanças e então escolher um logotipo que o impressiona.

Um logotipo tem três partes:

1. O nome da sua companhia.
2. Seu *slogan*.
3. Seu ícone.

As empresas escolhem esses elementos com grande cuidado, e frequentemente pagam dezenas de milhares de dólares por *slogans* e ícones, porque sabem que eles têm o poder de moldar as percepções das pessoas. Um grande exemplo da força que um logotipo pode exercer é a *designer* de moda Donna Karan. Ao desenvolver o logotipo "DKNY" para simbolizar Donna Karan New York, ela fez mais do que criar uma valiosa imagem publicitária. Ele alinhou sua moda com a cidade de Nova York, o lugar de onde vem a maior parte dos estilos americanos.

Seu logotipo é uma única imagem gráfica que representa sua MP. Um logotipo efetivo diz aos interessados tudo o que eles precisam saber sobre você: seu nome, o que você faz, seu estilo pessoal e o que você oferece de valor. Feito corretamente, um logotipo traz benefícios de diversas maneiras:

- Ele se torna o seu representante. Assim, quando as pessoas veem o seu logotipo, elas já imaginam o seu rosto.
- Ele cria um reconhecimento forte e generalizado do seu nome.
- Ele informa as pessoas sobre o que você faz.
- Ele faz um apelo às emoções e aumenta a afinidade.

Analisaremos essa peça fundamental no desenvolvimento de MPs. Vamos lá? Começaremos com o nome da sua empresa.

> **COISAS QUE VOCÊ PODE FAZER HOJE**
> 1. Pesquisar possíveis locais para seminários públicos.
> 2. Verificar se a sua operadora telefônica dá suporte para teleconferências.
> 3. Fazer uma lista dos seus contatos pessoais em outras empresas que possam patrocinar um programa de rádio.
> 4. Gravar uma curta abordagem de vendas e escutá-la. Você está falando muito rápido? Você gagueja?
> 5. Entrar em contato com os cinemas da região para saber o preço das propagandas exibidas antes dos *trailers*.
> 6. Pedir a um funcionário que telefone para os seus principais concorrentes e solicite seus materiais de divulgação. Assim você saberá o desafio que tem pela frente.

NOME DA COMPANHIA

Felizmente, você já sabe como criar o nome da sua empresa, não é mesmo? Discutimos o assunto na introdução; foi meu primeiro conselho sobre o desenvolvimento de marcas. Repita comigo:

Dê o seu nome à sua companhia.

É isso. Você é o seu negócio. Pense desta maneira: quais são os objetivos mais importantes de qualquer nome de empresa? Eles são:

1. Ser lembrado.
2. Ser recomendado.
3. Ser facilmente encontrado.

Perceba que "**criar credibilidade**" não está na lista. Isso porque a credibilidade não vem de um nome. Ela vem da **reputação** e do **desempenho**. Se você for um consultor financeiro, pode colocar "Gestão de Investimentos e Recursos Executivos" no seu cartão de visita até não poder mais, e mesmo assim ninguém pensará que você é Charles Schwab. Não, o seu nome deve ser fácil das pessoas guardarem, fácil de passar para os outros, e fácil de encontrar no catálogo ou numa busca *on-line*.

Observe o nome de negócios similares ao seu, e descobrirá que 90% deles são muito parecidos. Em alguns casos, como no das firmas de direito, isso ocorre porque a cultura da profissão exige. Você não se dá o nome de "A Loja de Advocacia", a não ser que queira ser visto como um advogado de porta de cadeia. O ramo da sua empresa, e o fato de você ser o único proprietário ou ter um sócio, influenciarão fortemente os nomes que você pode escolher. Algumas dicas:

- Se você puder descrever o que faz numa frase de uma ou duas palavras, vá em frente e a coloque no seu nome. Exemplos: serviços criativos, quiropraxia, reforma residencial.
- Se você estiver em um ramo conservador como contabilidade ou finanças, pense em utilizar seu nome e adicionar "Companhia" ou "Ltda.".
- Se você usa o seu nome sem descrições, certifique-se de que seu *slogan* comunique o que você faz
- Use a versão familiar do seu nome. Se um empresário se chama William P. Jefferson II, mas todos o chamam de Bill Jefferson, ele deve usar esta versão. Em outras palavras, exclua nomes do meio, sufixos e títulos do nome da sua empresa.
- Não adicione palavras como "& Companhia", "& Associados", ou outras descrições profissionais. Essas palavras estão tão desgastadas que não têm mais significado algum.

MITOS E REALIDADES SOBRE NOMES

Mito: "Se eu der meu nome para minha empresa, todos os meus clientes exigirão trabalhar comigo. Eu quero criar um sistema que não depende de mim."

Realidade: Os clientes sempre querem trabalhar com quem está no comando. Seu nome não condicionará ninguém a querer o contrário. Os sistemas que você estabelece para atender os clientes têm esse propósito.

Mito: "Se eu der um nome corporativo à minha empresa, criarei a ilusão de algo maior que apenas uma pessoa."

Realidade: A qualidade do desenvolvimento da sua marca e dos seus serviços diz significativamente mais sobre a sua empresa do que seu nome. Nomes que parecem importantes frequentemente mascaram operações individuais administradas em garagens. Não demorará muito para que os clientes em potencial percebam que o seu negócio é pequeno.

Mito: "Se eu mudar o nome da minha empresa, geraria muita confusão."

Realidade: A maioria dos seus clientes nem conhece o nome da sua companhia. Eles conhecem você. 99% deles não se importarão de uma maneira ou de outra.

Mito: "Tenho um nome estranho de que meus clientes não se lembrarão."

Realidade: Nós gostamos de nomes estranhos. A partir do momento que você os percebe, nunca mais os esquece (Arnold Schwarzenegger e Monica Lewinsky são dois exemplos típicos). Se você tiver um nome estranho, exiba-o e faça com que as pessoas se lembrem dele.

Mito: "Estou tentando construir um patrimônio na minha empresa para depois vendê-la. Não é possível vender uma organização que é baseada numa pessoa."

Realidade: Mary Kay, Schwab, Disney, Ford, Johnson & Johnson. Preciso dizer mais?

CIRURGIA DE MARCA
O PACIENTE: SEU LOGOTIPO

- Rejeite todas aquelas fontes estranhas criadas por estudantes de *design*. Elas podem ser encontradas por todo lado na Internet, mas geralmente não podem ser reproduzidas da maneira nítida e limpa que você necessita.

- Evite clichês no seu *slogan* tanto quanto no seu ícone. Observe os seus concorrentes e veja quantos deles têm variações sobre o mesmo tema. Então siga no sentido oposto.

- Evite fontes brancas muito finas em fundos escuros, principalmente se for seu *slogan*. Quando impressa, a parte branca às vezes é preenchida, deixando o seu *slogan* ilegível.
- Se você é de um ramo criativo, seja criativo. Seu logotipo deve refletir como você deseja ser visto pelos clientes.
- Se você estiver num ramo sério, como qualquer área relacionada à medicina convencional ou às finanças, apresente-se de maneira séria e respeitável.

PARCERIAS

E se você estiver numa sociedade de negócios com alguém, como um escritório médico ou de advocacia? Como lidar com o nome? Alguns negócios contornam o problema com a criação de um nome corporativo, mas você sabe qual é minha opinião sobre essas coisas. Nomes pessoais são sempre melhores. Aqui está um rápido guia sobre como lidar com a nomeação de uma parceria:

Parceiros de escritório

Vocês compartilham o espaço do escritório, mas não fazem nenhum *marketing* juntos. Solução: suas marcas não têm nada a ver uma com a outra. Apenas use o seu nome.

Parceiros de marketing

Vocês dividem o espaço físico e fazem alguma publicidade conjunta. Vocês não compartilham clientes. Solução: usem seus nomes individualmente, mas deem um ao outro o poder de veto sobre as suas marcas, já que elas afetam os gastos e renda de ambos.

Parceiros de marca

Vocês são sócios, dividindo todos os custos e servindo os mesmos clientes. Solução: use o sobrenome dos dois, exatamente como se fossem uma firma de advocacia (o que pode ser o caso).

Em todos esses casos, é perfeitamente legítimo adicionar uma curta descrição após seu nome ou nomes, como "Preparação e Contabilidade de Impostos" ou "Orientação de Famílias e Adolescentes".

SLOGAN

O *slogan* é a parte da criação de MPs com que você deve estar mais acostumado. Afinal, cada um de nós consegue recitar de cor algumas dezenas de *slogans* corporativos famosos. Você consegue identificar as companhias que usam estes *slogans*?

- Puro prazer de dirigir.
- Pense diferente.
- Mandou, chegou.
- A sua melhor imagem.
- Um diamante é para sempre.
- Algo de especial no ar.

Se disse BMW, Apple, Sedex, Gillette, De Beers e American Airlines, você anda passando muito tempo estacionado na frente da sua TV de plasma. Mas falando sério, os *slogans* têm muito poder. Seu *slogan* tem dois propósitos:

1. Dizer às pessoas o que você faz.
2. Dizer a elas para quem você o faz.

Só isso. Alguns publicitários dirão a você que o *slogan* deve também comunicar o porquê dos seus serviços terem valor, como o de um advogado que uma vez li: "Mantendo simples os processos de divórcio." Antes de tudo, nem me fale do exagero da promessa. Mas mais importante ainda é o fato de você não ter ideia do que o seu mercado-alvo valoriza. O que metade dele valoriza, a outra metade pode odiar. É muito arriscado. Limite-se ao básico: de três a nove palavras para transmitir quem você é, o que você faz e para quem você o faz. Modele seu *slogan* para que ele se dirija especificamente ao seu mercado-alvo:

- Planejamento de renda estratégico para os divorciados de Dallas.
- Quiropraxia delicada para atletas adolescentes.
- Vendendo as residências do corpo docente da Universidade de Wisconsin.

Sua declaração de especialização deve ser o guia perfeito para a composição do seu *slogan*. É claro, você realmente limita seu mercado quando torna seu *slogan* tão preciso, e eu sei que isso pode deixá-lo nervoso. Mas se você escolheu um mercado com potencial mais do que suficiente para que atinja e supere seus objetivos de renda, isso não é um problema. É uma vantagem. Quanto mais precisa for sua marca, mais você alcançará o seu "próprio" mercado. Algumas dicas para a composição de grandes *slogans*:

- Evite a palavra **soluções**. Ela é usada tão frequentemente que já perdeu o sentido.
- Seja específico. Diga com precisão o que você faz e para quem.
- Verifique sua gramática e seu modo de escrever. Erros como o uso de "à" no lugar de "a" fazem com que você pareça tolo.
- Teste seu *slogan* repetidamente, e se as reações não forem as esperadas, continue experimentando.
- Não escreva seu *slogan* em itálico ou entre aspas. Muitas empresas fazem isso porque pensam estar dando mais impacto a um *slogan* que, de resto, seria ruim. Não estão. O único efeito que isso produz é fazer com que você pareça ser um amador.
- Não passe de nove palavras.

COISAS QUE VOCÊ PODE FAZER EM UMA SEMANA

1. Conversar com pessoas que podem ser seus mentores em relação à sua marca – colegas aposentados, profissionais de sucesso, e outras pessoas do gênero.
2. Testar seus procedimentos de resposta a crises com uma reclamação de um cliente de mentira.
3. Revisar seus materiais de venda – os materiais que você apresenta aos interessados quando eles vão ao seu escritório para uma consulta inicial. Eles estão em harmonia com a sua marca? São persuasivos?
4. Pedir que cinco clientes visitem seu escritório e deem opiniões sobre o seu ambiente físico.
5. Levar seu cronograma de promoção a uma gráfica para fazer uma cópia de parede

ÍCONE GRÁFICO

Nem todos os logotipos têm ícones; o seu poderia ser apenas o seu nome e *slogan* numa boa fonte, e estaria tudo certo. Mas o ícone correto pode melhorar dramaticamente a efetividade e a memorabilidade do logotipo. Um ícone é um elemento gráfico que aprimora seu logotipo quando ele se agrega ao sentido da sua MP. Por exemplo, se você está fazendo publicidade para a comunidade de velejadores, e inclui um desenho a lápis de uma embarcação no seu logotipo, não precisará dizer uma única palavra para comunicar que você é uma pessoa apaixonada por veleiros e pelo mar - e é esse tipo de afinidade pessoal que gera negócios. Você não precisa usar seu *slogan* para comunicar o que é importante para você. O seu ícone se responsabiliza disso.

Seu ícone pode ser qualquer coisa, desde uma elegante forma gráfica (também chamada de *dingbat* pelos *designers*) até uma ilustração apropriada ao seu mercado-alvo, profissão ou interesses. Mas evite clichês que todos usam na sua profissão. Por exemplo, quantos corretores de imóveis você já viu usando uma casinha como ícone nos cartões de visitas? Todos eles provavelmente pensaram que tinham sido os primeiros a ter a ideia. Aqui vai uma regra prática: se uma imagem gráfica parece incrivelmente óbvia para sua profissão – como um chapéu de cozinheiro para um fornecedor de comida e bebida, ou uma pena para um escritor – não a use. Algumas outras dicas para se escolher um ícone:

- Não use fotos. Elas raramente são bem reproduzidas.
- Use algo que pode ser desenhado com simplicidade. Ilustrações complexas também não são bem reproduzidas, principalmente em tamanhos pequenos.
- Faça com que seu ícone combine com a cultura do seu mercado-alvo. Por exemplo, mesmo se você for um ávido surfista, uma prancha no seu logotipo não funcionaria muito bem se você estivesse oferecendo planejamento financeiro para pessoas mais velhas.
- Converse com um artista profissional. Essa é uma área em que o faça-você-mesmo não resolve. A não ser que você já saiba desenhar, vale a pena gastar algum dinheiro com o trabalho personalizado de um profissional.

- Não utilize seu brasão de família. Imagens complexas não são bem reproduzidas no formato de logotipo. Ícones são geralmente pequenos, e os detalhes finamente desenhados de um brasão normalmente viram um borrão confuso.

ESTUDO DE CASO DE UMA MARCA

A marca: Marty Rodriguez, corretora de imóveis.

Especialização: A maior corretora na Califórnia, estrela das agências Century 21.

Local: Glendora, na Califórnia

Veículos: Suas vendas, seus funcionários, a Internet, malas diretas, telemarketing.

Destaques: Abriu seu próprio escritório.

On-line: www.martyrodriguez.com

História: Seria Marty Rodriguez a melhor corretora do mundo? De acordo com vários parâmetros, sim. Ela é a corretora número um da Century 21, que a reconheceu como a **melhor vendedora** não somente nos EUA, mas também em todo o mundo. O nome de Marty é o mais lembrado pelas pessoas que desejam vender seus imóveis no vale de San Gabriel, na Califórnia. Num ano ruim, Rodriguez vende uma casa por dia. Num mercado aquecido, ela fecha perto de 450 (ou mais) transações anualmente. É um ritmo surpreendente, e por isso você deve achar que a vida dela é só trabalho. É verdade, e ela adora isso.

A Century 21 certamente aprecia o trabalho de Rodriguez. Em 1996, a empresa criou uma franquia para ela quando ela pensou em deixar a empresa. Em anos mais recentes, ela foi homenageada pela revista **Hispanic Business** como um dos 100 empresários latinos mais influentes dos EUA. Ela também coescreveu o livro **The Complete Idiot's Guide to Online Buying and Selling a Home**, e teve seu perfil publicado na revista **Fast Company**.

Como tudo começou: Rodriguez foi criada com seus 11 irmãos numa casa de dois quartos e um banheiro. Na época em que estudou num colégio católico, ela descobriu seu gosto pelos negócios, vendendo mais balas e cartões de Natal do que seus colegas. Quando seu marido, Ed, começou a construir residências no final da década de 1970, ela tirou sua licença de corretora para que pudesse vendê-las.

Os seus primeiros seis anos no negócio foram de muito aprendizado. Ela e seu marido estavam construindo uma casa, os seus filhos eram pequenos, e o seu sócio estava cheio de problemas pessoais. Quando a queda imobiliária do início da década de 1990 afastou os diletantes e amadores da profissão, ela se perguntou: "O que devo fazer para não fechar as portas neste momento em que todos estão fechando?"

Identidade de Marca

Rodriguez rapidamente descobriu a resposta: os corretores de imóveis bem-sucedidos não eram sempre os melhores vendedores. Eram aqueles que melhor construíam suas MPs.

O que esta marca representa:

- **A equipe** – A equipe de Marty, que inclui seus filhos, é uma parte integral de tudo o que seu escritório faz. A equipe leva sua marca muito mais longe do que ela conseguiria fazer sozinha. "Os clientes sabem que somos totalmente comprometidos, trabalhando aqui até tarde da noite. Se não estou aqui, estou num compromisso. Eles sabem que temos sistemas, pois tudo se resume à comunicação. Mesmo quando uma casa está difícil de ser vendida, nós nos comunicamos com os donos para que eles saibam o que está ocorrendo, conversamos sobre reduções de preços. A comunicação é tudo. Com essa equipe, posso estar em mais lugares do que a maioria dos agentes. É por isso que temos muito mais sucesso como equipe do que individualmente. Quando você é o número um, pode fazer coisas que os outros não podem", salienta Marty Rodriguez

- **Ubiquidade** – Rodriguez está em todo lugar no mercado – e se ela não estiver, sua equipe está. "Minha equipe ainda faz *telemarketing* e bate de porta em porta", ela diz. "Você tem que ter um toque pessoal. Num mercado imobiliário ruim, a marca requer mais desse tipo de contato pessoal. Antes, ficava tudo no piloto automático", ela acrescenta.

   "Acho que o segredo é estar em todo lugar", ela diz. E em todo lugar ela está. Telefonemas regulares são importantes para manter contato com clientes antigos e atuais, além de assegurar novas oportunidades de vendas. O contato pessoal complementa malas diretas regulares com cartões de "novidades / já vendidos" para os clientes. E além da máquina de relações públicas que coloca Rodriguez regularmente em artigos de jornais e revistas, ela ainda patrocina o Fundo de Bolsas Marty Rodriguez para estudantes do vale de San Gabriel.

- **Compromisso total** – Para Marty, a corretagem é a sua vida. Quando não está trabalhando, ela está pensando no trabalho. No ambiente difícil após a crise imobiliária norte-americana, sua excelente reputação continua decisiva. "Minha reputação é a seguinte: a Marty vende casas", ela diz. "As pessoas me veem como uma pessoa durona, sem rodeios, que realmente faz o serviço. Elas sabem que meu escritório está aberto sete dias por semana. Meus corretores trabalham em horário integral numa indústria em que a maioria dos profissionais trabalha mal-e-mal meio período."

Fator-chave – Recomendações e mais recomendações. Com seu inigualável histórico de vendas, ela consegue negócios em abundância. "Recebo ligações de pessoas que nem conheço", ela conta, citando uma corretora hipotecária que lhe trouxe um comprador do nada. "Ela simplesmente me recomendou com base na minha reputação." Por esse favor, a corretora hipotecária receberá um vale-presente ou um cheque de agradecimento.

> *Insights* – Rodriguez construiu sua franquia, a Century 21 Marty Rodriguez Real Estate, em torno de um conceito: **todos fazem somente o que sabem fazer melhor**. Cada funcionário tira o melhor proveito de um único atributo. Agentes de compra não procuram listas de imóveis, gerentes de *marketing* não consertam computadores, coordenadores de listas não fazem inspeções. Marty mesma somente vende as propriedades. Na simplicidade está o desempenho.
>
> Essa estrutura de negócios não é produto de nenhuma sessão de aconselhamento. Ela vem da visão de Rodriguez. "Não havia ninguém nesta área que pensava o que eu pensava", ela explica. Depois de ver colegas exaustos por tentar fazer tudo ao mesmo tempo, ela seguiu uma direção diferente. "Eu aprendi a delegar funções. Não cozinho; não faço serviços domésticos; não abro as correspondências; não administro meu próprio dinheiro. Concentro-me somente no mercado imobiliário", ela observa.

MONTANDO O SEU LOGOTIPO

Tudo bem, após semanas escolhendo nomes, *slogans* e o ícone certo, você tem as partes do seu logotipo nas mãos. Agora você tem que encaixá-las numa peça única. Seu logotipo deve ser um gráfico coerente, com todos os três elementos trabalhando em harmonia.

O passo mais importante neste estágio é simples: contrate um *designer* gráfico profissional. Não tente desenhar o logotipo sozinho. Os *designers* oferecem um conjunto de habilidades e conhecimentos muito maiores do que eu posso citar aqui, incluindo os perigos e truques relacionados à reprodução do seu logotipo na gráfica. Contrate um *designer* e você não vai se arrepender.

Aqui estão algumas dicas para a montagem de logotipos.

Use as cores sabiamente

Existem cinco cores principais que você pode usar no seu logotipo: vermelho, laranja, amarelo, verde e azul, e as variações dessas cores, como azul-piscina, dourado e violeta. Existem também três cores neutras: branco, preto e cinza. Você provavelmente acabará usando uma combinação de cores principais e neutras no seu logotipo, e nós recomendamos que você as limite a não mais que duas. Muitas cores farão o seu logotipo ficar parecido com um canteiro de tulipas holandesas.

Cores no lado vermelho do espectro entram em foco ligeiramente atrás da retina e parecem se mover em direção ao observador (experimente). Cores no lado azul do espectro entram em foco ligeiramente em frente à retina e parecem se afastar. É por isso que o vermelho é a cor da energia, entusiasmo e atenção, enquanto o azul significa paz, tranquilidade e relaxamento. No mercado, o vermelho significa **volatilidade** e o azul **estabilidade**. Você acha que a cor da Coca-Cola é vermelha e a da IBM é azul por acaso? Pense de novo.

Em *As 22 Consagradas Leis do Marketing*, Al e Laura Ries afirmam que as cores têm a tendência de criar uma atmosfera emocional ou expressar sentimentos:

- Branco = pureza
- Preto = luxo
- Amarelo = cautela
- Azul = liderança
- Roxo = nobreza
- Verde = natureza
- Vermelho = atenção

Ao selecionar as cores do seu logotipo, pense no sentimento que você quer expressar. Essa será sua cor principal, usada no seu nome e provavelmente no seu ícone. Nós recomendamos que use o preto como sua outra cor. Ele se destaca e é mais barato de imprimir do que as outras cores neutras.

Utilize fontes de traços simples

Existem dois tipos de fontes: com serifa, o tipo conservador que você provavelmente encontra no seu jornal diário, e sem serifa, o tipo mais funcional e sem floreios extravagantes. Você precisará escolher as fontes para o seu nome e *slogan*; para tomar essa decisão, o fator mais importante é a **legibilidade**. Mantenha as coisas simples; limite-se às fontes básicas e bem-testadas, como Times, Goudy, Arial, Optima e Garamond.

As fontes com serifa são geralmente consideradas mais conservadoras, portanto são utilizadas mais frequentemente por negócios tradicionais, como serviços financeiros. Fontes sem serifa são consideradas mais modernas e criativas, por isso normalmente as vemos sendo usadas por *designers*, arquitetos e outros profissionais do gênero.

A moral da história é: escolha a fonte de que você gostar, desde que ela seja legível em tamanhos pequenos. Letras ornamentadas são geralmente uma má ideia. A maioria das empresas escolhe uma fonte para o nome e outra para o *slogan*. Desde que as fontes sejam simples e legíveis, isso não é um problema. Porém, evite escrever tudo em caixa alta, principalmente o seu nome. Dá a impressão que você está gritando.

Escolha o tamanho certo para o logotipo

Quão grande deve ser seu logotipo? Depende do meio. Uma vez que você tenha escolhido o tamanho do logotipo para o seu cartão, você verá o motivo de eu ter recomendando um ícone simples. Não há muito espaço. Desenhos complexos tornam-se indistintos. Mas a regra geral é a de que os clientes devem poder ler o logotipo facilmente. Em outras palavras, se o seu mercado-alvo é composto de pessoas acima de 65 anos e elas têm que apertar os olhos para ler seu *slogan*, você está encrencado. Seu logotipo deve também ser de resolução alta o suficiente para permanecer bem-definido se for ampliado para um anúncio ou faixa.

COISAS QUE VOCÊ PODE FAZER EM UM MÊS

1. Ler as principais revistas do seu ramo para ver se elas trazem alguma ideia de *marketing* que você possa pegar emprestada.

2. Criar um calendário de seis meses com os eventos de *networking* em que você planeja estar presente.

3. Entrar em contato com diversas empresas para verificar os preços de presentes para clientes.

4. Trabalhar com seu editor para criar uma excelente carta de apresentação para acompanhar o seu *folder* pessoal.

5. Entrar em contato com qualquer celebridade local que você possa conhecer para discutir um possível endossamento.

6. Fazer uma pesquisa para ter certeza de que ninguém no seu ramo profissional e região tenha registrado o seu *slogan*.

SEU SISTEMA DE IDENTIDADE

Quando seu logotipo estiver pronto, você terá sua primeira ferramenta de desenvolvimento de MPs. O próximo passo é criar seu sistema de **identidade de marca**: cartões de visitas, papéis timbrados, envelopes, etiquetas postais, cartões de anotações e qualquer outro material que você quiser incluir. Mas esses são os básicos.

Criar um sistema de identidade de marca é simples: peça ao seu *designer* gráfico que o faça. É um trabalho muito mais complexo do que botar seu logotipo num pedaço de papel e chamá-lo de papel timbrado. Existem escolhas de papel e texturas, acabamentos, incontáveis opções de *layout*, diferenças nas cores de impressão, e assim por diante. Dê ao *designer* seu logotipo, converse com ele sobre sua marca e o deixe livre para criar. No final, você deve receber um pacote de materiais harmoniosos, agradáveis à vista e ao toque, que comunicam as mesmas qualidades sobre sua MP. Aí você estará no caminho certo.

A ESTA ALTURA VOCÊ DEVE ESTAR...

- Na fila da gráfica com seu *folder* pessoal e seus cartões postais.
- Fazendo reuniões com parceiros de recomendações profissionais.
- Dando entrevistas na mídia local.
- Organizando seminários se decidiu fazê-los.
- Utilizando as opiniões dos clientes sobre seu negócio e sua marca para se aprimorar.
- Em total sintonia com seu pessoal sobre sua marca e os procedimentos de atendimento ao cliente.

CAPÍTULO

8

FOLDERS E CARTÕES POSTAIS PESSOAIS

Podemos aprender muito sobre o desenvolvimento de marcas pessoais observando a legacia do dr. Martin Luther King Jr. Um dos motivos de o considerarmos inesquecível foi o discurso em que ele disse: "Eu tenho um sonho." Nos lembramos dele porque tudo naquele discurso fez sentido para nós. Nos alinhamos com quem ele era, o que ele representava, e a maneira como ele expressava sua mensagem. Ele proclamava uma verdade universal em frente a um público que estava pronto para ouvi-la e entendê-la.

– Gerry Foster, no *Los Angeles Sentinel*

Se existissem dois materiais impressos essenciais para qualquer negócio, esses materiais seriam o *folder* pessoal e o cartão postal pessoal. Vou ensinar-lhe como criar ambos neste capítulo. Nos dois casos, a palavra-chave é **pessoal**. Eles não são ferramentas de vendas. São ferramentas de promoção. Eles são criados para expressar uma história ou mensagem pessoal. Nunca se esqueça disso e você tirará o melhor proveito do seu investimento.

FOLDER PESSOAL

O cartão de visita não está morto, mas respira com a ajuda de aparelhos, e já estão chamando o padre. Tudo bem, isso é um exagero. Duvido que os cartões de visita realmente desapareçam. Mas quando você está tentando causar um impacto no mercado, ou inculcar a sua marca pessoal (MP) na mente de um novo contato ou cliente, nada funciona melhor do que *folder* pessoal vivaz, atraente e de qualidade. Muitas pessoas os distribuem *no lugar* dos cartões de visita. O *folder* pessoal é a ferramenta mais importante que você pode ter a serviço da sua MP. Ele deve ser a base da dela.

Você provavelmente tem uma imagem mental do *folder* de uma pequena empresa: duas dobras, cabe num envelope #10, tinta preta, possivelmente impresso a laser utilizando um modelo padrão barato, cheio de ofertas de produtos. Apague essa imagem do seu cérebro. O *folder* pessoal do qual estamos falando é muito diferente. Ele é uma peça de qualidade profissional, impresso em todas as cores e num tamanho incomum. O *folder* pessoal utiliza belas fotografias coloridas e excelente papel, e conta sua história pessoal de maneira a capturar a imaginação do leitor.

A distribuição de *folders* pessoais sozinha não irá lhe trazer clientes. É crucial que você enxergue isso, ou você perderá seu investimento. O *folder* pessoal é uma ferramenta para a criação de afinidade. É um veículo de promoção da sua história pessoal e das qualidades que o tornam atraente ao seu mercado-alvo. Ele informa os leitores sobre quem você é, de onde vem, o que é importante para você, e assim por diante. Ele não fecha negócio nenhum. Ele constrói relacionamentos.

Um bom *folder* pessoal deve desempenhar duas funções. A primeira é fazer com que os clientes em potencial o conheçam. Você nunca deve ostentar sua formação, especialização e certificação no seu *folder*. Essas são informações de venda, e nenhum *folder* irá fechar uma venda para você. A função do seu *folder* pessoal é ajudar as pessoas a se sentirem ligadas a você. Evitando falar de produtos e vendas, você deve quebrar a resistência natural das pessoas à propaganda. Grandes *folders* falam de lições de vida, anedotas memoráveis da sua juventude, realizações emocionantes – tudo menos a venda.

A segunda função de um *folder* pessoal é fazer com que os clientes em potencial confiem em você. Isso está menos relacionado ao conteúdo do *folder* do que à sua aparência e sensação ao toque. Lembre-se de como você se sente quando um prestador de serviços lhe entrega um *folder* barato que parece um *xerox*. Você provavelmente não vê a hora de sair de lá. Agora lembre-se de como fica impressionado quando alguém lhe dá belo *folder* impresso em papel brilhante. Por que você acha que os *folders* de carros são tão incríveis? Porque as montadoras estão pedindo que você gaste 40 mil dólares no produto delas. Elas sabem que se você tiver uma sensação melhor e confiar no produto, também terá mais chances de comprá-lo.

COISAS QUE VOCÊ PODE FAZER HOJE

1. Gravar mensagens de espera para o seu telefone.
2. Comparar amostras de impressões digitais e *offset* (técnica de impressão por cilindros de alta qualidade) quanto ao preço e qualidade.
3. Procurar maneiras de minimizar seu consumo de energia. Assim, você economizará dinheiro que poderá ser utilizado no fortalecimento da sua marca.
4. Dirigir pela sua comunidade e procurar lugares criativos onde você possa fazer publicidade externa.
5. Livre-se do seu banco de dados e do seu software de gestão de clientes se estiverem desatualizados.
6. Escolha seus veículos de promoção.

Cinco passos para um grande folder pessoal

1º Passo: Escolha um único atributo-chefe

Você não pode ser todas as coisas para todos, e não deve tentar fazê-lo. Seu objetivo é desenvolver um *folder* pessoal para expressar sua MP de maneira clara e emocionalmente atrativa. Você faz isso escolhendo um **atributo-chefe**, algo sobre você que será o destaque do seu *folder*. Faça isso se perguntando:

1. Qual é o valor, benefício ou atributo mais procurado pelo meu mercado-alvo?
2. O que eu posso dizer sobre mim mesmo para expressar esse valor?

Seu atributo-chefe pode ser qualquer coisa que seja atrativa e que revele muito sobre você. Pode ser o seu tempo no exército, seu *hobby* restaurando carros antigos, ou sua experiência universitária no Massachusetts Institute of Technology (MIT). Escolha aquilo que possa ser material para uma grande e reveladora história.

2º Passo: Torne-o pessoal

A personalidade vende, não as estatísticas. A função do seu *folder* pessoal é criar afinidade, e isso não se faz com estatísticas, títulos ou diplomas. O coração do seu *folder* é uma biografia que conta a sua história e que faz o leitor sair com o sentimento de que ele o conhece. Um grande *folder* pessoal conta a história de uma pessoa, apelando diretamente às emoções do leitor. As pessoas gostam de descobrir o quanto elas têm em comum com as outras.

Sua história deve ocupar de 75% a 90% do seu *folder* pessoal. Esse é um tipo sutil de venda em que a pessoa é mais importante do que o produto. Pense em falar sobre alguns dos seguintes assuntos:

- Como você cresceu.
- Histórias de família.
- Sua formação.
- As principais experiências de vida que formaram a sua personalidade – viagens, serviço militar e outras experiências do gênero.
- Primeiros empregos.
- Lições de vida ou mentores.

Você pode achar que não é interessante o suficiente para que as pessoas desejem ler a sua história. Mas quem é você para saber? Você não tem um ponto de vista objetivo; você sempre foi você mesmo. Confie em mim, as pessoas adoram ler histórias pessoais sobre obstáculos e triunfos. Lembre-se da cobertura televisiva das Olimpíadas. Nos intervalos, as transmissões são cheias de histórias pessoais, contos de "triunfos sobre tragédias", e todos os tipos de narrativa inspirativa sobre os atletas. Amando-as ou odiando-as, nós as assistimos porque elas falam da superação de obstáculos para a conquista de objetivos, algo que toca praticamente a todos.

3º Passo: Escreva a sua história

Seja sua história escrita por você ou por um escritor profissional (e é altamente recomendável a contratação de um profissional), siga estas diretrizes para criar um texto mais efetivo para seu *folder* pessoal:

- Escreva na terceira pessoa. Os leitores associam a terceira pessoa com a objetividade, e ela faz com que seu texto pareça ser mais jornalístico.
- Se você usar a primeira pessoa, fale somente das suas experiências pessoais, mas não dos resultados que você atingiu. Caso contrário, pode parecer que você está se gabando.
- Mantenha o texto positivo.
- Apresente seu texto em parágrafos, não em itens. As pessoas gostam de ler uma boa história, e as pesquisas mostram que uma narrativa sempre supera as listas com frases breves. Utilize itens moderadamente.
- Seja sincero. Os consumidores têm um poderoso detector de mentiras interno e perceberão ambiguidades ou promessas exageradas.
- Evite clichês como o diabo (turururum-pá!)
- Divida seu texto em seções. A presença de títulos curtos entre as partes principais do texto torna o *folder* mais fácil de ler. Faça com que os títulos sejam chamativos e interessantes.
- Comece o *folder* com um título de peso que tenha algum valor emocional.
- Finalmente, mantenha o texto curto; 250 a 400 palavras no interior do *folder* são suficientes na maioria dos formatos. Sua intenção é a de deixar as pessoas querendo mais, não a de cansá-las.

4º passo: Crie uma capa sensacional e um layout atrativo

Sua capa deve gritar, "Apanhe-me!" Ela deve apresentar uma imagem com "poder de captura", ou seja, o poder de atrair a atenção das pessoas e fazê-las pegar seu *folder* para descobrir o que está por traz da intrigante figura. Igualmente importante é um título chamativo, que expressa uma mensagem forte sobre sua MP.

Não coloque nada na capa que seja relacionado diretamente ao seu negócio, produtos ou serviços. Se os leitores sentirem o cheiro de uma tentativa de vendas, eles jogarão seu *folder* fora. Em vez de vender, sua capa deve criar uma curiosidade irresistível, e a imagem deve estar ligada diretamente aos sonhos ou objetivos do seu mercado-alvo. Sempre coloque o nome da sua companhia e seu logotipo na parte de trás do *folder*.

Uma vez que os leitores tenham aberto seu *folder* pessoal, o *layout* do interior deve ser simples e atrativo, guiando o leitor para dentro do texto. Utilize bastante "espaço branco", áreas vazias sem textos ou gráficos. *Designers* amadores acham que devem preencher cada centímetro do espaço, mas os profissionais sabem que textos densos e gráficos excessivos têm aspecto feio e amador. Espaçamento adequado e linhas harmoniosas convidam os leitores a apreciar sua história. Esse é um dos motivos para se contar com um designer para criar seu *folder* pessoal.

Quando o assunto é fotografia, escolha um profissional. Contrate um fotógrafo para tirar duas séries de fotos cândidas e sem poses: uma num ambiente profissional, e outra num ambiente mais relaxado com seus amigos ou praticando um dos seus *hobbies*. Fotos de qualidade dizem muito sobre você. Para encontrar um fotógrafo, peça indicações aos seus amigos, ou visite www.photographers.com. Planeje investir entre US$ 1.000 e US$ 2.500 em fotografias de alta qualidade.

E por favor, eu imploro, evite fotos frontais iguais às da carteira de identidade. Elas são aceitáveis no seu livro de formatura do colegial, mas não têm lugar no desenvolvimento da sua MP.

COISAS QUE VOCÊ PODE FAZER EM UMA SEMANA

1. Ler revistas de comunicação visual para se familiarizar com *design* gráfico e *marketing* de alta sofisticação.
2. Rever a resposta às crises da sua equipe e fazer mudanças.
3. Desenvolver seu processo de entrada de clientes passo a passo – formulários, presentes, a entrevista, sua área de espera, tudo.
4. Começar a frequentar *blogs* sobre o desenvolvimento de marcas e *marketing* para pequenas empresas. Assim você descobrirá as mais novas tendências.
5. Revisar o seu currículo; você precisará incluí-lo no seu *kit* de imprensa.
6. Testar os resultados de várias buscas no serviço Google AdWords.

5º Passo: Escolha um tamanho incomum e invista numa ótima impressão
Folders do tamanho de uma folha A4, dobrada para formar três painéis, são um anúncio de morte para qualquer bom trabalho de divulgação. É um desperdício de dinheiro, pois é muito fácil jogar fora um envelope desse tamanho sem abrir. O melhor tamanho para um *folder* pessoal é geralmente um quadrado de 15 por 15 cm, 17,5 por 17,5 cm, ou 20 por 20 cm, pois materiais quadrados lembram convites e têm a tendência de serem mais vistos. Se seu orçamento permitir, sempre escolha tamanhos e formatos incomuns.

E se o seu orçamento permitir, também invista numa impressão de alta qualidade em papel de qualidade equiparável. A qualidade, a aparência e a sensação ao toque dos seus materiais de divulgação expressam tanto quanto o conteúdo deles. Sempre imprima seus materiais em todas as cores, a não ser que um *designer* lhe dê um motivo muito bom para escolher a cor de sépia ou preto e branco (e eu já vi alguns *folders* impressionantes em preto e branco, portanto isso não está fora de cogitação).

Escolha um profissional experiente que possa lidar com a tipografia para você, e não escolha a gráfica que lhe dá o menor orçamento. A sua intenção não deve ser a de economizar alguns centavos; você está procurando alguém para produzir a sua peça de divulgação mais importante. Certifique-se de que a gráfica utilize uma maquina de quatro cores, 175 linhas por polegada ou mais. Também se lembre de pedir as provas. Esse é um passo necessário, pois será a sua última chance de revisar o *folder* antes de ele ser impresso. Imprima seu *folder* em papel pesado, de alta qualidade, papel cartão com gramatura de pelo menos 300 g/m^2. Em relação à quantidade, recomendamos que você imprima pelo menos 2.500 cópias. Talvez pareça muito, mas você irá usá-las. O preço por unidade cai quando a quantidade aumenta.

O surgimento da impressão digital tem oferecido às pequenas empresas novas alternativas para produzir *folders*. Gráficas digitais permitem que você produza menores quantidades a preços acessíveis e prazos mais curtos. A resolução não é tão alta, e você não pode fazer dobras mais complexas, mas se você precisar de alguns *folders* rapidamente, a impressão digital é uma ótima opção.

Some tudo, e 5.000 *folders* tipicamente custarão US$ 7.500 dólares, ou por volta de US$ 1,50 cada, depois de levarmos em consideração a redação, *design*, fotografia e impressão.

ESTUDO DE CASO DE UMA MARCA

A marca: Dr. Todd Walkow, ortodontista.

Especialização: Ortodontia para adultos.

Local: Walkow Ortodontia, Newport Beach, na Califórnia (EUA).

Veículos: Internet, recomendações, promoções, brindes com a sua marca.

Destaques: Envolvimento com a comunidade e arrecadação de brinquedos.

On-line: www.walkowortho.com

História: Walkow enxergou uma oportunidade na ortodontia para adultos, e então comprou uma clínica já existente de um ortodontista que não vinha utilizando todo o potencial do seu negócio. Mas em vez de se apresentar como o dono de uma grande clínica, Walkow tomou uma decisão estratégica muito inteligente: **construiu seu negócio com base na sua marca pessoal.**

Como Tudo Começou: O outro ortodontista possuía um escritório numa requintada região de Newport Beach, uma excelente clientela, um tremendo potencial de crescimento, mas não vinha explorando nenhuma das suas vantagens. Walkow enxergou potencial não somente no negócio já existente, mas num nicho único dentro da ortodontia.

"Há um grande setor em expansão na ortodontia em adultos", ele diz. "As pessoas estão procurando uma estética melhor, então esse é um enorme mercado em expansão. As pessoas pensavam, predominantemente, que a ortodontia era algo para crianças. Mas ela é mesmo para adultos."

O que esta marca representa:

- **Atenção pessoal** – O negócio de Walkow foi erguido com a ideia de fazer todos se sentirem especiais e bem-atendidos. As visitas ao ortodontista devem ser uma atividade divertida, não algo da qual as pessoas têm receio.

- **Diferenciação** – Walkow foi um dos únicos ortodontistas da região que se concentraram em desentortar dentes de adultos, num ramo que normalmente dá privilégio às crianças. Ao escolher um público malservido como alvo, um público que tinha dinheiro e o desejo de protelar os efeitos da idade, Walkow dominou o mercado num segmento lucrativo.

- **Diversão** – Jogos, brindes, almoços, concursos, reconhecimento por uma higiene dental adequada – tudo isso foi parte da estratégia de Walkow para fomentar a fidelidade de pacientes e pais. Parece estar funcionando.

Fator-chave: Um grande *site*. A presença de Walkow na Internet é alegre e divertida, destacando a identidade do ortodontista como um pai jovem e moderno. O *site* também oferece jogos aos visitantes, *Beach Bucks* (créditos que pacientes jovens podem ganhar e trocar por todos os tipos de surpresas e presentes) e muitas informações valiosas para adultos que pensam em fazer tratamento.

> *Insights:* "Quando os pacientes vêm aqui, fazemos *marketing* interno e externo", diz Walkow. "Internamente, tento tornar a experiência dos pacientes a melhor possível, o que vai desde ter um pessoal muito bem-treinado até proporcionar os melhores cuidados aos pacientes. Organizamos concursos e promoções especiais; sempre temos algo para as crianças, como brinquedos com o meu nome. Temos prêmios para as pessoas que têm cuidado com os seus aparelhos, elegemos o "paciente do dia", colocamos os nomes dos pacientes numa placa quando eles entram. Tudo isso com o objetivo de fazer com que eles se sintam parte da nossa família dental quando chegam. Fazemos todas essas coisinhas especiais para tornar a experiência mais agradável.
>
> Externamente, damos aos pacientes coisas com o nosso nome e marca – camisetas que as crianças vestem na praia e que as mães vestem na academia. Mantemos a comunidade informada de que estamos aqui. Também procuramos outros dentistas da região, trazendo-os ao nosso escritório para sessões chamadas 'almoçando e aprendendo'. Queremos que as pessoas se lembrem de nós quando pensarem em ortodontia em Newport Beach".

Dez usos ideiais para seu folder pessoal

Assim que o seu *folder* chegar da gráfica, não cometa o erro que alguns orgulhosos donos de *folders* pessoais cometem: guardá-los porque "são muito bonitos para sair distribuindo". Você deve distribuí-los; eles não irão trazer clientes a não ser que cheguem às mãos dos clientes em potencial. Coloque-os em circulação e deixe-os fazer seu trabalho. Você sempre pode imprimir mais.

Porém, *folders* pessoais não são adequados para malas diretas com pouco direcionamento. São muito caros. Idealmente, seus *folders* devem ser entregues pessoalmente por você, ou enviados àquelas pessoas que já o conhecem. A primeira coisa que você deve fazer é dar uma cópia do seu *folder* pessoal para qualquer pessoa remotamente associada ao seu negócio: colegas, contatos na mídia e amigos. Depois disso, escolha alguns ou todos estes usos para os seus *folders*:

1. Envie duas cópias para cada um dos seus clientes atuais, uma para o cliente e outra para ser passada a alguém que possa precisar dos seus serviços.
2. Envie uma cópia para cada cliente em potencial do seu banco de dados com que você já teve contato, junto com uma carta de apresentação.

3. Dê pelo menos 24 cópias para quaisquer profissionais que sejam boas fontes de recomendações. Encoraje-os a distribuir o *folder* para os seus clientes.
4. Use o *folder* como parte da sua "Campanha de Doze Meses", descrita mais adiante neste capítulo.
5. Envie-o a clientes em potencial "frios", como parte do programa "*Blitz* de Seis Semanas", explicado mais adiante neste capítulo.
6. Use-o no lugar do seu cartão de visitas em situações de *networking*. Distribua o *folder* em eventos públicos e palestras. Se for muito grande para carregar, guarde os cartões de visitas dos contatos e envie o *folder* pelo correio assim que chegar ao escritório.
7. Distribua-o em seminários como parte do seu pacote de informações, antes da apresentação.
8. Inclua-o em *kits* de imprensa e pacotes de informações que você envia à mídia.
9. Leve um monte de cópias para feiras de negócios e eventos especiais. Todos que visitarem seu estande devem receber uma cópia.
10. Deixe-o em locais apropriados, desde câmaras de comércio e balcões de hotéis até restaurantes, campos de golfe e teatros – qualquer lugar que faça sentido para o seu negócio.

CIRURGIA DE MARCA
O PACIENTE: SEU FOLDER PESSOAL

- Evite as companhias que imprimem seus serviços gráficos de quatro cores em dois estágios, numa máquina de duas cores. A qualidade das cores será prejudicada.
- Não utilize fotos de você na sua mesa, ou ao telefone.
- Escolha uma fonte grande o suficiente para ser lida facilmente.
- Pense em projetar seu *folder* para que possa ser enviado sem envelope, com a parte de trás predominantemente em branco para que uma etiqueta seja colada. Sem envelope, seu *folder* tem mais chances de ser lido.

- Não conte histórias pessoais que possam afastar os membros do seu mercado-alvo. Conheça os seus valores e limites.
- Não faça pose nas fotos. Seja natural e aja realisticamente. Deixe que o fotógrafo o capture em seu *habitat* natural.
- Use papel espesso. Assim evitará o sangramento de cores e obterá os tons mais verdadeiros possíveis.
- Peça orçamentos em pelo menos três gráficas. Não escolha o menor preço necessariamente. A qualidade tem seu preço.

POSTAIS PESSOAIS: A MALA DIRETA DEFINITIVA

Um postal pessoal é um cartão impresso em todas as cores que mede desde 15 por 22,5 cm até 21 x 27,5 cm. Seu postal pessoal é desenhado para combinar com o seu *folder* pessoal e dar consistência à sua marca, mas o segredo mesmo é que ele é projetado para ser uma "moldura". No lado do endereço ficam o seu logotipo, sua foto e um breve texto relacionado à sua MP, junto com um espaço para uma etiqueta postal e o carimbo dos correios. No lado da mensagem ficam a arte temática, um pequeno texto de *marketing* ligado à sua ocupação – e um grande espaço em branco. É aí que você usará uma gráfica 24 horas mais econômica para imprimir todos os tipos de mensagens personalizadas.

Quando estiver pronto para utilizar seus postais, simplesmente leve-os a uma gráfica rápida para que sua mensagem seja impressa dentro da "moldura" em tinta preta. É barato, talvez US$ 50 para cada mil cartões. Mas você utilizará todos rapidamente, motivo pelo qual eu sempre digo aos meus clientes para imprimirem pelo menos 10.000.

Criando o design dos seus postais pessoais

Malas diretas têm três objetivos: fortalecer a sua MP, gerar telefonemas e produzir indicações. Para fazer isso, seu postal pessoal deve:

- Criar reconhecimento do seu nome.
- Estabelecer uma disposição emocional positiva para trabalhar com você.
- Aumentar sua credibilidade.

Faça o *design* do seu postal pessoal utilizando os mesmos gráficos, cores e fotos que seu *folder* pessoal; ele deve ser o complemento perfeito para o seu folder. Sintetize o texto principal do seu *folder* pessoal – sua experiência mais importante, sua principal história pessoal, o que você oferece de valor, um chamado ao leitor – em 50 ou 60 palavras no "lado da mensagem", onde o espaço em branco fica. Deixe mais ou menos dois terços do espaço desse lado em branco para que você possa imprimir mensagens personalizadas legíveis.

No lado do endereço, utilize a imagem principal do seu *folder* pessoal do tamanho que for necessário, com sua foto pessoal, texto e informações de contato sobre a figura. Como sempre, eu recomendo que contrate um designer profissional para ajudá-lo a tornar o seu postal pessoal interessante. Certifique-se também de que esteja seguindo as regras dos correios para malas diretas.

Escrevendo seu postal pessoal

Devido ao fato dele ser baseado no seu *folder* pessoal, o *design* do seu postal pessoal é fácil. É da composição das suas mensagens personalizadas que dependerá o seu sucesso ou fracasso. Você tem uma moldura que pode ser totalmente personalizada com suas mensagens; agora você precisa de um texto adequado. Estes são os tipos de mensagens que você pode enviar:

1. *Marketing* de serviços e produtos.
2. Mensagens pessoais.
3. Saudações natalinas e de Ano Novo.
4. Boletins informativos.
5. Promoção do seu *site*.
6. Promoção de eventos (seminários, visitações abertas, e assim por diante).
7. Recados escritos à mão.

Idealmente, sua estratégia deve incluir muitos ou todos esses tipos de mensagens distribuídos ao longo do ano. Aqui estão minhas diretrizes gerais para a produção de cartões postais que obtêm resultados:

- Sempre comece com um título impactante que contém um benefício.
- Mantenha o seu texto breve – de 50 a 75 palavras.
- Use o português coloquial, e escreva num estilo relaxado e habitual, como se estivesse falando com o seu vizinho do quintal.
- Seja direto.
- Ofereça um benefício em cada mensagem. Pode ser um desconto, novidades relevantes, ou simplesmente desejos de boa Páscoa. Mas sempre tenha um motivo em mente ao enviar os cartões.
- Conecte-se com as emoções. Conte uma história, ofereça um conselho, repasse uma piada. Após fazer isso, você pode sugerir que oferece algo de valor, além de pedir que telefonem ou enviem um e-mail.
- Incentive os leitores a agir. Desde que você não esteja tentando vender algo diretamente, é aceitável que termine o texto com um convite para um café e uma conversa no seu escritório, ou algo do gênero.
- Seja original. Chame as pessoas para jantar, organize um sorteio de ingressos de vôlei no seu *site*, ofereça um passeio num carro clássico, etc.

Para que isso funcione, você tem que conhecer o seu mercado-alvo de verdade. Saiba do que os seus membros gostam, quais são os seus objetivos, se têm ou não filhos e de que idade, quais são as suas crenças e valores, e assim por diante. Conheça-os intimamente, e você será capaz de escrever mensagens que os toquem.

Inclua meios de resposta

Você também precisa incluir "meios de resposta" na sua mala direta. Isso significa oferecer aos destinatários múltiplas opções para entrarem em contato com você ou para pedirem mais informações. Os possíveis meios de resposta de uma mala direta são:

1. Telefone – Prós: você recebe respostas de alta qualidade. Contras: as pessoas não se sentem confortáveis para ligar por medo de sofrerem pressão para comprar. Inclua um número de celular se você estiver fora do escritório frequentemente.

2. *E-mail* – Prós: é fácil, e não há medo de sofrer pressão. Contras: é impessoal, e as pessoas nem sempre verificam seus *e-mails* regularmente.
3. **Endereço do *site*** – Prós: não há pressão; toda as suas informações estão disponíveis sem nenhum esforço seu. Contras: é difícil transformar visitantes em clientes em potencial que entram em contato por *e-mail*.
4. **Fax** – Prós: é fácil e acessível. Contras: quase ninguém se comunica via *fax* atualmente.
5. **Cartão-resposta** – Prós: é uma maneira fácil de dar às pessoas a oportunidade de pedir mais informações. Contras: as respostas são normalmente de baixa qualidade.
6. **Endereço** – Ninguém escreve mais cartas. Mas você precisará do endereço para satisfazer os regulamentos dos Correios, então talvez tenha sorte.

Imprimindo o seu postal pessoal

Imprima seu cartão postal em papel denso e brilhante de alta qualidade, assim como fez com o seu *folder* pessoal. A sensação do cartão nas mãos dos clientes terá tanto efeito quanto a arte e o texto. Talvez mais. Gaste o que precisar para conseguir papel espesso, tintas vívidas, fotos bem-definidas e impressão nítida. Vale a pena. Assim como fez ao imprimir seu *folder*, certifique-se de que a gráfica tem uma máquina de quatro cores, com 175 linhas por polegada.

Economize dinheiro imprimindo grandes quantidades. Se estiver receoso em relação a essa sugestão, pense nela desta maneira: com uma lista de 500 endereços, se você enviar cartões uma vez por mês ao longo de um ano, usará 6.000 cartões. Isso sem contar ocasiões especiais. Mas grandes quantidades diminuem o preço de cada cartão, então imprimir 5.000 cartões pode custar apenas US$ 300 a mais do que 2.500. É por isso que recomendo imprimir pelo menos 10.000 cópias.

> **COISAS QUE VOCÊ PODE FAZER EM UM MÊS**
>
> 1. Desenvolver uma lista de ideias para entrevistas ou artigos que você possa apresentar aos jornais locais.
> 2. Examinar edições de revistas locais que possam ser apropriadas para publicidade ou publicação de artigos.
> 3. Pedir que seu advogado redija um contrato incontestável para os acordos de recomendações profissionais.
> 4. Enviar cartas pessoais para os membros da câmara de comércio local, explicando o projeto da sua marca e perguntando se há maneiras de organizarem algum tipo de promoção mútua.
> 5. Procurar tornar-se membro de organizações como a Toastmasters International para melhorar sua habilidade de falar em público.
> 6. Pesquisar a viabilidade de criar um pacote de serviços especiais que você ofereceria a clientes especiais por um preço maior.

Algumas outras dicas

Compre uma lista de clientes em potencial de um jornal ou revista local que venda sua lista de assinantes. Presumindo que o seu mercado-alvo é limitado a uma certa área geográfica, essa é uma excelente maneira de se obter apenas nomes locais, sem desperdiçar dinheiro com aqueles com quem nunca entrará em contato. Não desperdice seu dinheiro com grandes empresas de listas. Algumas têm até 30% de endereços inválidos.

Para envios pequenos, como de 500 cartas, você provavelmente pode deixar o trabalho por conta dos seus funcionários. Programas de produção de etiquetas estão disponíveis em qualquer loja de materiais de escritório. Para envios maiores (mais de 1.000 cartas), contrate uma empresa especializada. Por um preço razoável, a empresa irá imprimir e colar suas etiquetas, empacotar os cartões e postá-los enquanto você cuida de outras coisas.

Converse com a sua gráfica para saber se ela pode imprimir seus postais juntos com seus *folders* pessoais, na mesma máquina e ao mesmo tempo. Com isso você pode economizar.

Finalmente, certifique-se de que você conheça todas as opções de envio. É possível enviar grandes volumes de materiais, de acordo com a localidade, por preços muito menores do que a postagem de primeira classe.

Três principais usos dos postais pessoais

Você poderia simplesmente enviar seus cartões postais quando tivesse vontade, mas como disse antes, o sucesso da mala direta vem da consistência e repetição. Isso significa ter um sistema. Estes são os três sistemas que já vi sendo usados com grande sucesso:

1. Campanha de 12 Meses – A cada mês, envie uma peça de divulgação para seus clientes atuais, amigos, parceiros profissionais e clientes em potencial "quentes". O objetivo é mantê-lo nas mentes das pessoas até que elas estejam prontas para recomendar ou trabalhar com você. Esse *marketing* "gota a gota" destaca um tipo diferente de peça a cada mês:
   - Mês 1: *Folder* pessoal com uma carta de apresentação.
   - Mês 2: Cartão postal sobre o produto/serviço.
   - Mês 3: Postal pessoal.
   - Mês 4: Cartão postal com notícias.
   - Mês 5: Mensagem pessoal.
   - Mês 6: *Folder* pessoal com uma carta pedindo recomendações.
   - Mês 7: Cartão *on-line*.
   - Mês 8: Cartão postal sobre o produto/serviço.
   - Mês 9: Postal pessoal.
   - Mês 10: Cartão postal com notícias.
   - Mês 11: Cartão *on-line*.
   - Mês 12: Saudações natalinas e de ano novo escritas à mão.

2. *Blitz* de seis semanas – Envie uma peça de divulgação por semana para os clientes em potencial "quentes" durante seis semanas. Essa campanha de *marketing* é planejada para criar consciência de marca instantânea e fazer com que o seu telefone toque. Use o seguinte calendário de envio:
   - Semana 1: Folder pessoal com carta de apresentação.
   - Semana 2: Cartão postal sobre o produto/serviço.
   - Semana 3: Cartão postal sobre o produto/serviço.
   - Semana 4: Cartão postal sobre o produto/serviço.

- Semana 5: Cartão postal sobre o produto/serviço.
- Semana 6: Cartão postal sobre o produto/serviço.

Essa é sua chance de transformar clientes em potencial "frios" em quentes. A repetição realmente funciona, e essa é a maneira de se aproveitar da sua influência.

3. **Campanha cronometrada** – Identifique as necessidades de cada cliente de acordo com a época, e comece sua campanha de mala direta com base nesse cronograma. Por exemplo, se você for um consultor previdenciário, pode enviar um cartão com o título "Os 20 Maiores Equívocos das Pessoas Antes da Aposentadoria", seguido de 20 outras mensagens ao longo dos nove meses anteriores à data de aposentadoria do cliente. Essas campanhas podem ser ligadas a qualquer outra coisa, desde o nascimento de filhos até formaturas.

Tornando as correspondências mais efetivas

Agora você sabe como escrever e imprimir seus postais pessoais. Ótimo. Mas não importa o quão brilhante seu postal é, há sempre coisas que você pode fazer para melhorar as respostas às suas malas diretas:

- **Faça ligações** – Ao contrário do que acontece em ligações totalmente às cegas, aqui o cliente em potencial já recebeu uma ou mais das suas peças de divulgação, então ele já conhece seu nome. Depois de já ter enviado várias correspondências ao seu mercado-alvo, comece a ligar para as pessoas para se apresentar. Mencione as correspondências, mas não tente vender nada nem faça perguntas abertas como, "há algo que eu possa fazer por você?" Pergunte às pessoas sobre elas mesmas. Conheço uma consultora financeira que telefonava para os destinatários das malas diretas e os incentivava a reclamar dos consultores financeiros. Eles adoravam.
- **Acompanhamento** – Tenha um plano de acompanhamento para as pessoas que dão resposta às suas malas diretas. Essas pessoas devem ser sua prioridade número um – elas representam possíveis novos clientes. Estabeleça um conjunto de procedimentos mais ou menos assim:

1. Receba o telefonema ou *e-mail* do cliente em potencial.
2. Se você conversarem diretamente, envie um cartão de agradecimento dentro de 24h.
3. Se não conversarem diretamente, retorne a ligação dentro de 8h.
4. Telefone dentro de uma semana após sua conversa inicial para perguntar se há algo que possa fazer, alguma pergunta que possa responder, e assim por diante.
5. Peça uma reunião.
6. Se os clientes em potencial investirem seu tempo para encontrar você, envie-lhes um presente após o encontro, mesmo que não se tornem clientes. Escolha algo como um livro ou um cupom para um jantar.

- **Estabeleça um sistema** – Trabalhe com seus funcionários ou com uma empresa especializada para estabelecer um cronograma de envio automático de malas diretas. Especifique tarefas essenciais – imprimir etiquetas, verificar pedidos de remoção, colar etiquetas, empacotar cartões, ir à agência dos correios – e então afixe um cronograma de correspondências na sua parede para que todos saibam quando as coisas serão enviadas. Sempre remova nomes do seu banco de dados assim que as pessoas pedirem.
- **Mantenha-se firme** – A maioria das malas diretas não é bem-sucedida porque as pessoas desistem muito rápido. A repetição e a consistência são cruciais. Estabeleça um cronograma e o siga.

A ESTA ALTURA VOCÊ DEVE ESTAR...

- Buscando seus *folders* e postais da gráfica.
- Preparando o lançamento do seu novo *site* com muito alarde.
- Fechando o contrato de qualquer publicidade que você planeja fazer
- Entrando em contato com seus clientes B e C e mostrando-lhes a porta de saída.
- Desenvolvendo mensagens de mala direta para o ano todo.
- Pensando em eventos especiais que você pode proporcionar aos seus clientes.

CAPÍTULO 9

A INTERNET

O desenvolvimento de marcas pessoais associa uma pessoa a uma marca; por isso, o processo depende da integridade aparente do indivíduo, assim como da capacidade do produto de suprir os desejos e necessidades dos consumidores. As marcas pessoais têm a tendência de se estabelecerem mais rapidamente, pois as pessoas podem se identificar com a personalidade mostrada; porém, elas são também mais facilmente manchadas, pois uma imagem pública pessoal é mais difícil de ser administrada.

– Doman & Amy Lum, no *Business & Economic Review*

É obrigatório ter um *folder* pessoal. É obrigatório ter um logotipo. E é obrigatório ter um *site* na Internet. Não é mais opcional. Se você está no mercado, as pessoas presumem que você tem pelo menos um *site* básico no ar. Se alguém pergunta o endereço do seu *site* e você diz que não tem um, a pessoa provavelmente não o levará tão a sério. Esse é apenas um fato da era moderna dos negócios e das comunicações. Este capítulo é sobre a Internet, portanto também falarei do *e-mail*, dos *blogs* e das *newsletters*. Mas vamos começar pela rede.

Os *sites* são essenciais porque representam uma maneira fácil para as pessoas encontrarem informações sobre um negócio sem sofrerem pressões para gastar. Com o consumidor médio sendo exposto a 3.000 mensagens publicitárias ou mais num dia típico, todos nós desejamos um canal de comunicações através do qual possamos pesquisar sobre prestadores de serviços sem que haja uma tentativa de venda. Esse é o verdadeiro atrativo da rede: ela nos permite descobrir se um negócio vale o nosso precioso tempo. Um excelente *folder* em papel de alta qualidade convence o cliente de que você é um negócio sério; um *site* bem-desenhado e tecnicamente superior faz o mesmo. Se você não tiver um *site*, crie um. Se já possuir um, mas sua ultima atualização foi há três anos, converse com o seu desenvolvedor *Web* para fazer algo sobre o assunto. Faça o que precisar, mas entre na rede.

OS GRANDES TRÊS

Há três razões principais para a necessidade de um bom *site*:

Ele lhe dá credibilidade – Essa é a principal função de um site. Ele é uma ferramenta de relações públicas, não de vendas. Ele provavelmente não trará clientes sozinho. O site é algo que os clientes em potencial olham antes de ligar para você; ele é uma maneira adicional de assegurá-los de que você é um profissional sério que sabe como tocar um negócio. Um *site* também possibilita que você mostre às pessoas que você é uma valiosa fonte de informações, dando-lhes relatórios especiais, *links* úteis, e assim por diante.

1. **Ele ajuda a manter relacionamentos** – Cada vez mais, pequenos negócios procuram a Internet como uma maneira barata de comunicação e manutenção dos relacionamentos com os clientes. Ferramentas como blogs, newsletters, vídeos e fóruns ajudam a fazer isso.
2. **Pode gerar oportunidades de negócios** – Não é muito comum, mas alguns profissionais independentes e bem-sucedidos, com muito dinheiro para gastar e tempo para investir, já desenvolveram métodos efetivos para que seus sites gerassem negócios. O processo demanda uma estratégia cuidadosa, já que você só deseja clientes ideais, mas se tiver tempo e dinheiro, você pode transformar a Internet em um excelente centro de geração de clientes.

Existem também dois motivos para você não estar *on-line*: seu mercado-alvo não entra na Internet, ou você não tem interesse em expandir seu negócio. Até as pessoas mais velhas, o grupo demográfico menos conectado nos EUA, têm uma taxa de 60% de acesso; por isso, o primeiro motivo provavelmente não entra em jogo. Quanto ao segundo, se você já está no seu limite ou perto da aposentadoria e gostaria de pisar no freio, economize seu dinheiro.

COISAS QUE VOCÊ PODE FAZER HOJE

1. Enviar um *e-mail* ao padre ou pastor da sua igreja sobre um seminário privado ou uma apresentação para a congregação.
2. Cancelar os pedidos de qualquer item promocional barato que você distribuiria: canetas, blocos de notas e coisas do gênero.
3. Enviar um *e-mail* aos colegas que possuem excelentes *sites* para pedir recomendações de firmas de *Web design* e *marketing* pela Internet.
4. Visitar www.webaward.org para ver *sites* premiados de pequenos negócios. Inspire-se.
5. Conversar com o gerente do seu banco sobre a possibilidade de um empréstimo para custear uma campanha verdadeiramente agressiva de desenvolvimento de marca.
6. Começar a praticar exercícios físicos, se você não o faz. Isso o manterá saudável e alerta em tempos potencialmente estressantes.

O QUE SEU SITE DEVE FAZER

Existem mil e uma opções para a criação de *sites* hoje em dia, e isso pode ser tanto uma dádiva quanto uma maldição. Como você investirá seu dinheiro? Antes de tudo, afaste-se de recursos chamativos como animações *Flash* e comunicadores instantâneos. Você não deve desperdiçar a sua banda de dados nessas coisas. Seu *site* deve ter quatro características:

1. Parecer limpo, bem-acabado e profissional, além de combinar com a aparência do resto dos materiais da sua marca pessoal (MP).
2. Ser simples de navegar e usar.
3. Ser de fácil leitura, com textos breves que mexem com as emoções.

4. Proporcionar aos clientes e interessados meios de interação com você.

A quarta característica tem se tornado especialmente importante. Estamos na era da *Web* 2.0, representada por *sites* como Digg, YouTube e Netflix. Os consumidores agora esperam que a Internet possibilite que eles se comuniquem com as empresas, recomendem essas empresas aos amigos, e acessem os conhecimentos de outros consumidores. Hoje, *sites* de pequenos negócios são centros de comunicações que oferecem aos clientes uma maneira de receber atualizações sobre o serviço prestado, aos interessados uma maneira de fazer cursos *on-line* de graça, e à mídia a possibilidade de encontrar informações para entrevistas ou fazer *download* de vídeos. Isso significa muito mais do que passar seu *e-mail* para alguém ou criar um *site* com informações básicas.

Não entre em pânico. Você não precisa fazer tudo isso. Mas você pode precisar fazer algumas dessas coisas, dependendo do tipo de negócio e do seu orçamento. O melhor primeiro passo na criação do seu *site* é simples: contrate um grande desenvolvedor *Web* (ou talvez até uma pequena empresa) que lhe ofereça planejamento, *design*, textos, programação, hospedagem e até suporte técnico contínuo. Escolha uma boa companhia com base em várias recomendações, dê uma olhada no trabalho dela, e então preste atenção nos seus conselhos.

Se não puder fazer mais nada, pelo menos coloque no ar um *site* bonito e eficiente, de navegação fácil e com ótima redação. É muito, muito melhor do que nada.

OS FUNDAMENTOS

Tratarei dos recursos mais sofisticados num instante, mas primeiro vamos falar das quatro páginas que seu *site* deve obrigatoriamente ter:

1. *Homepage* – Essa é a página que as pessoas verão primeiro quando digitarem "www.seunome.com" no navegador. Ela deve causar uma grande impressão. Precisa também ser coordenada visualmente com o resto dos materiais da sua MP, portanto você provavelmente pode usar as mesmas fotos dos seus folders e postais. Em termos de redação, você precisa ser eficaz e direto: diga quem você é, o que

você faz e para quem. Deve ficar evidente para o visitante, logo na chegada, como encontrar o que ele deseja.
2. **Pessoal** – Essa é a página que informa os visitantes sobre seu histórico pessoal e suas informações de contato, assim como dos elementos-chave do seu pessoal. Sinta-se livre para copiar a biografia do seu folder pessoal e adicionar algumas informações básicas sobre sua educação e qualificações.
3. **Produtos/serviços** – Aqui você explica o que você faz e o que oferece de valor. Se você for um advogado, detalhe os serviços legais que você oferece. Se for um empreiteiro, descreva os tipos de projeto com que você trabalha. Não fale de preço; o seu site é o lugar errado para isso.
4. **Contato** – Você deve dar aos visitantes múltiplas maneiras de entrar em contato com você: o telefone do seu escritório, fax e *e-mail*. Inclua o número do seu celular se desejar, mas eu não o recomendaria. Espere que a pessoa se torne um cliente antes de oferecer um meio de contatá-lo na hora do jantar.

Existem dois outros fundamentos. Primeiro, visite um *site* de registro de domínios (como GoDaddy.com ou Registro.br) e pegue "seunome.com" agora. Não espere. Custa uns nove dólares por ano. Se seu nome estiver registrado (e acontece, principalmente se tiver um nome comum), tente estas alternativas:

- Seu nome completo com um hífen entre o nome e o sobrenome – "edu-santos.com".
- Seu nome seguido da sua profissão – "edusantosadvocacia.com".
- Seu nome precedido por um verbo de ação – "chameedusantos.com".
- Uma versão mais formal do seu nome – "eduardosantos.com".

O outro fundamento é que, quando tiver seu próprio domínio, todas as suas contas de *e-mail* devem vir dele. Você, seu assistente, sua diretora de Primeiras Impressões, todos devem ter um endereço de *e-mail* como "nome@edusantos.com". *Não* utilize um endereço que termine com aol.com, yahoo.com ou gmail.com. Isso faz com que você pareça um amador.

RECURSOS EXTRAS

Talvez você não queira apenas um *site* básico. Sem problemas, desde que você tenha tempo e dinheiro para investir. Aqui estão alguns recursos extras que podem funcionar razoavelmente bem para construir relacionamentos, aprimorar o seu *marketing* e dar aos clientes em potencial um pequeno incentivo extra para ligar para você:

- Uma área privada protegida por senha onde os clientes possam ver históricos médicos, portfólios financeiros e outras informações do gênero.
- Artigos originais escritos por você.
- Um portfólio do seu trabalho se você for um *designer*, arquiteto ou outro profissional do gênero.
- *Links* para todos os tipos de recursos úteis.
- Uma área que permite que os clientes em potencial deem seus *e-mails* em troca de algo de valor, como o *download* de um relatório especial ou um concurso.
- Um calendário *on-line* das suas palestras, aparições na mídia e seminários.
- Um centro de imprensa onde as pessoas possam ler artigos de jornais e revistas sobre você, ou assistir e ouvir suas aparições no rádio e televisão, e onde os jornalistas possam fazer o *download* do seu *kit* de imprensa.
- Um centro com ferramentas úteis como calculadoras financeiras, índices de nível de colesterol, *links* para listas de imóveis e outras coisas úteis.
- Uma página de testemunhos dos seus clientes mais satisfeitos.
- Um centro de distribuição onde as pessoas possam fazer *download* de documentos úteis (originais ou não), como dicas de um pediatra para viagens com crianças.
- Uma agenda de consultas que permita aos usuários consultar seu calendário e solicitar um horário vago.
- Uma opção de pagamento *on-line* que permite aos clientes pagar suas contas eletronicamente ou até automaticamente.
- FAQs (*Frequently Asked Questions*, ou Perguntas Mais Frequentes).

E isso é tudo o que eu faria. Uma vez um cliente me perguntou se eu achava que ele deveria colocar um fórum no seu *site*, onde seus clientes pudessem enviar mensagens e interagir. Eu pensei sobre o assunto por um momento e disse: "Claro, se você quiser vê-los comparando o quanto você cobra deles." Ele ficou pasmo e disse: "Ah. Deixa para lá." Cada um dos recursos que mencionei oferece algo de valor ao usuário, e por isso faz sentido.

Fora isso, há muitas ferramentas legais e avançadas na Internet que você deve procurar evitar. Se você navegar por aí, irá encontrá-las: comunicadores instantâneos, compartilhamento de fotos, mecanismos de recomendação, e mais bugigangas do que você encontraria num ônibus espacial. Diga não a elas. Você não quer distrair as pessoas. Você quer que os clientes adorem tanto o seu *site* que façam recomendações aos amigos; você quer que os clientes em potencial pensem que o *site* é tão bom que não possam esperar para ligar para você. Você não quer que eles fiquem brincando por aí.

COISAS QUE VOCÊ PODE FAZER EM UMA SEMANA

1. Imprimir cartões personalizados para fichários tipo Rolodex e enviá-los para editores.
2. Criar uma numa nova "assinatura" que contém o seu logotipo, *slogan* e informações de contato para todos os seus *e-mails* pessoais.
3. Dirigir pela área geográfica do seu mercado-alvo e certificar-se de que há bom sinal de celular em 90% dela. Você não gostaria de ficar sem recepção quando está tentando servir um cliente ou fazer uma venda a um interessado.
4. Instalar e testar uma rede de Internet sem fio no seu escritório.
5. Fazer reuniões de negócios com seus jornais locais para discutir a possibilidade de compra de listas de clientes em potencial.
6. Escolher os locais da sua sessão de fotografia: seu escritório, sua casa, seu barco, a casa de um cliente, ou algum lugar do gênero.

ALGUNS CONCEITOS BÁSICOS DA INTERNET

A esta altura, sua cabeça pode estar rodando de confusão. Afinal, enquanto a Internet estava ocupada se tornando indispensável, você cuidava de pacientes ou trabalhava num tribunal, certo? Descuido meu. Vamos voltar atrás e falar da terminologia básica da Internet. Aqui está um rápido glossário dos termos que você encontrará:

- **Banda larga** – Uma conexão de alta velocidade à Internet, geralmente DSL (transmissão de dados por linha telefônica) ou a cabo.
- **Carrinho de compras** – Se as pessoas pagam contas ou compram coisas no seu site, esse recurso guarda os itens do pedido até que os usuários estejam prontos para pagar.
- **Download** – O que acontece quando alguém pega algo do seu site, como um documento PDF (veja abaixo), e transfere uma cópia para o seu próprio computador. Diz-se que alguém "baixa" ou "faz download de" um arquivo.
- **Flash** – Um tipo de software, muito popular e também bem frívolo, que os designers podem usar para criar incríveis animações que não lhe ajudarão em nada.
- **Hospedagem** – Seu site existe em um servidor, um computador rápido que guarda o software e os arquivos que compõem seu site. A hospedagem é um serviço que você paga a cada mês e que lhe dá direito a parte do disco rígido do servidor.
- **Interface do usuário** – Os controles que as pessoas veem no seu site quando querem descobrir como encontrar seu portfólio ou biografia.
- **ISP** – Em inglês, Internet Service Provider, ou provedor de acesso à Internet. É a empresa que o conecta à Internet. UOL e Terra são ISPs.
- **Largura de banda** – A capacidade da sua conexão de lidar com o tráfego. Quanto mais pessoas visitam o seu site, mais largura de banda você precisa.
- *Link* – Uma linha de texto começando com "http://www" que, quando clicada com o mouse, leva-o a outro site.
- **PDF** – Portable Document Format, ou formato de documento portátil, é o padrão para arquivos para download na Internet. PDFs são rápidos de baixar e normalmente tem ótima aparência.
- **Servidor** – O computador que armazena seu site. (Ver "hospedagem").
- **Taxa de transferência** – A velocidade da sua conexão para acessar outros computadores e para receber informações, como arquivos baixados ou sinais de vídeo.

- **Tráfego** – O número de pessoas que visita seu site.
- **URL** – Uniform Resource Locator, ou localizador uniforme de recursos, é um nome sofisticado para o seu endereço "www" na rede.
- **Wi-Fi** – o nome que se dá a uma rede ou conexão sem fios.

CIRURGIA DE MARCA
O PACIENTE: O SEU SITE

- Não se sinta intimidado por todo o jargão técnico do desenvolvimento de sites. Desde que contrate a equipe certa, você não precisa saber a diferença entre XML e HTML.
- Ao acertar com o desenvolvedor *Web*, não vá embora sem um "documento de *design*" que especifica os custos, cronogramas e resultados.
- Não prometa a ninguém que seu *site* estará no ar numa determinada data. Como reformas de casas, essas coisas tendem a demorar mais do que o planejado.
- Não utilize seu *site* como substituto para o contato cara a cara. Uma vez que seu *site* esteja no ar, não redirecione todos que têm perguntas a ele. A interação pessoal é sempre melhor, e dará mais valor ao seu *site*.
- Conheça as tecnologias de ponta, mas não caia na armadilha de querer adicionar os recursos mais modernos a cada dois meses.
- Atualize o conteúdo o mais frequentemente possível.
- Mencione seu *site* a todos em todas as oportunidades.

DESENVOLVIMENTO WEB

Agora você está pronto para entrar de cabeça no maravilhoso mundo do desenvolvimento *Web*. Quem a gente acha que está enganando? Não, não está! Mas você precisa de um *site*, e por isso vai fazer o que os clientes fazem quando procuram você: contratar um especialista. Dois **"nãos"**:

- Não contrate um estudante para desenvolver seu *site* por um preço baixo. O desenvolvimento de *sites* é algo extremamente complexo, que demanda anos de experiência e treinamento. Encontre uma pequena empresa de desenvolvimento que seja receptiva e que possa proporcionar a você uma solução completa vinda de uma única fonte.

- Não utilize os modelos prontos oferecidos pelo seu provedor. O resultado acaba parecendo um terno mal-ajambrado que lhe dá a aparência de amador.

No desenvolvimento, você precisará de quatro serviços básicos:

1. **Planejamento estratégico** – Que páginas seu *site* deve incluir? Qual software você deve utilizar? Que velocidade de servidor você precisará? Quanto tempo o projeto levará? Seu gerente de projeto irá ajudá-lo a responder todas essas perguntas e a criar o mapa do *site*, que mostra todas as páginas e como elas são interligadas. Essa é a bíblia do seu projeto.

2. **Web design** – Seu designer trabalhará com suas fotos e logotipo para criar o layout e a aparência do seu *site*, incluindo a interface que os usuários utilizarão para navegar. Ele recomendará cores, apresentará inúmeras opções iniciais e trabalhará com o programador para que seu *site* tenha uma ótima aparência e funcionamento.

3. **Programação** – Os programadores fazem de tudo, desde escrever o código HTML, a linguagem básica da Internet, até escolher o *software* personalizado que administra *feeds* de vídeo, inscrições de *newsletters* e outras funções interativas.

4. **Produção e desenvolvimento de conteúdo** – Seu escritor deverá produzir os textos de cada página com base nos textos dos seus outros materiais de marca. Poderá também incluir artigos, testemunhos, *folders* para *download* e saudações em áudio.

Quando chegar ao estágio de desenvolvimento, exija três coisas: um preço definido e sua discriminação; as datas de entrega dos rascunhos (*design* e textos), tanto de uma versão de teste quanto da versão final do *site*; e os resultados específicos que deverá receber. Não fique surpreso se o processo todo demorar de três a seis meses.

ESTUDO DE CASO DE UMA MARCA

A marca: Kendra Todd.

Especialização: Apresentadora do programa My House is Worth What? no canal HGTV; especialista em imóveis e saúde da mulher.

Local: Delray Beach, na Flórida (EUA).

Veículos: Muita televisão, sua comunidade na Internet, livros, palestras, trabalhos beneficentes.

Destaques: Vencedora da terceira temporada da versão americana de O Aprendiz.

On-line: www.kendratodd.com

História: Todd, uma confessa garota de praia do Estado da Virginia, ganhou a atenção dos EUA em 2005 quando se tornou a primeira mulher a vencer em O Aprendiz. Ela foi contratada por Donald Trump; publicou seu primeiro livro, Risk and Grow Rich (Arrisque-se e Fique Rico); e entrou no circuito nacional de palestras. Mas agora, amparada pela descoberta da sua fé pessoal, ela está procurando ir além do seu status de guru do mundo imobiliário: ela está se transformando em uma mentora para as mulheres que procuram a independência financeira.

Como tudo começou: Todd era uma recém-graduada da Universidade da Florida, onde havia recebido todos os méritos acadêmicos. Ela lançou uma sofisticada e bem-sucedida revista como seu primeiro empreendimento, mas apaixonou-se pelo setor imobiliário. Ela não somente tirou sua licença e passou a vender imóveis, como também construiu um lucrativo portfólio de investimentos imobiliários. Tudo isso antes dos 27 anos!

Mas quando um amigo a convenceu a fazer o teste para O Aprendiz, as coisas mudaram. Ela foi escolhida para o programa e silenciosamente observou o melodrama dos outros participantes enquanto tomava notas mentais. Finalmente, ela ergueu-se e tomou conta de um dos projetos mais desafiadores de Donald Trump, a criação de um folder para o novo automóvel da Pontiac. Foi a sua liderança que levou Todd a ser declarada a vencedora da terceira temporada, e a boa sorte tem a acompanhado desde então. Ela se tornou a apresentadora do My House is Worth What?, um dos programas mais assistidos do canal HGTV; vem trabalhando com Montel Williams para desenvolver sua marca como especialista em finanças para mulheres; e tem ganho um grande número de adeptos entusiasmados na Internet. E preparando-se para afastar sua marca pessoal do ramo imobiliário, ela fechou seu escritório de corretagem na Flórida para se concentrar em Kendra Todd, a guru financeira.

"O que eu tenho tentado construir é um exemplo de uma jovem e bem-sucedida empreendedora, que superou os obstáculos encontrados pelo caminho. Espero representar uma mulher que falhou, levantou-se, perseverou e encontrou o sucesso. Espero que seja vista como alguém que possa guiar as pessoas em direção aos seus melhores investimentos. Tenho tentado criar uma marca ligada à afeição às pessoas, à tentativa de ajudá-las a tomar decisões inteligentes nas suas vidas", explica Kendra Todd.

O que esta marca representa:

- **Autenticidade e simpatia** — Se você assistiu a terceira temporada de O Aprendiz, deve ter percebido instantaneamente que Todd se destacava no meio do melodrama e egoísmo típicos dos participantes de reality-shows. Ela era uma mulher muito normal, gentil e realista, cujo carinho e afabilidade podiam ser vistos na tela da televisão ou pessoalmente de forma graciosa. Ela dava a impressão de ser uma pessoa com quem você gostaria de passar o tempo. Num mundo cheio de pessoas dissimuladas e marqueteiras, ela é 100% genuína, e esse é exatamente o maior trunfo da sua marca.

- **Realização** — Outro aspecto que torna a MP de Todd uma estrela em ascensão é que ela faz mesmo tudo o que ensina. Ela não é alguém que, sem nunca ter ganho um tostão, tenta ensinar as outras mulheres como ficarem ricas. Todd é uma mulher que, antes dos 30 anos, lançou uma revista e duas empresas imobiliárias bem-sucedidas, acumulou um considerável portfólio de investimentos imobiliários, conseguiu um emprego de apresentadora num popular programa de televisão, publicou um livro e tornou-se uma das mais populares comentaristas sobre finanças e imóveis na Fox News, CNN, MSNBC e outras emissoras. Todd realmente fez o que ela afirma ensinar, e isso a torna um exemplo brilhante para jovens mulheres que tentam desesperadamente entender o mundo das finanças.

- **Inteligência no uso de diversos veículos** — Com medidas que vão desde aparições em todos os programas de televisão imagináveis para falar de economia, imóveis e finanças, até o aumento da sua presença na Internet e da sua lista de discussão, Todd construiu um eficaz mecanismo para o fortalecimento da sua MP. Ela publicou colunas no Yahoo! ao lado de personalidades como Suze Orman. Ela dá palestras em todo o país com pessoas como Donald Trump e Robert Kiyosaki, autor de Pai Rico, Pai Pobre. Ela participa de dezenas de eventos ao vivo. E ela ainda nem lançou sua nova série de livros.

- **Generosidade** — Todd também se tornou bem-conhecida por dar apoio a inúmeras causas beneficentes, inclusive dando ajuda financeira às vítimas do furacão Katrina que tentavam reconstruir as suas vidas.

Fator-chave: Obviamente, a vitória em O Aprendiz. Vencer um reality-show foi sua porta de entrada para muitas outras oportunidades que tinham pouco a ver com o programa, como seu cargo de apresentadora na HGTV. Para Todd, a oportunidade criou um efeito dominó que levou a uma torrente de sucessos, tanto que sua marca como vencedora do programa já foi quase esquecida. Mas não desapareceu, ela conta.

"Não estou deixando nada para traz", ela diz. "Mas eu não sou apenas a vencedora do programa. Este é um fator importante da minha formação: as oportunidades que aparecerem irão conduzir a minha marca. No momento em que venci, minha marca era Kendra Todd, a vencedora de O Aprendiz. Foi algo que contribuiu muito para o meu sucesso, porque trouxe elementos de sucesso, de *know-how* empresarial e de superação de adversidades, assim como a mensagem de que uma jovem mulher pode ser bem-sucedida nos negócios. Mas isso é apenas um elemento dentro de um panorama maior. Queira ou não, sua marca evolui com o tempo. Minha marca representa muito mais agora, mas O Aprendiz foi um excelente ponto de partida; o programa ajudou a me estabelecer como especialista. Daqui a dez anos, a minha vitória ainda será um elemento da minha marca.

"Parte do processo de criação de uma marca está na escolha dos elementos em que você quer se concentrar. Decidi pegar os aspectos mais importantes da minha experiência no programa – **uma jovem mulher ansiosa pelo sucesso, a empreendedora** – e os trouxe para o primeiro plano. Abandonei as partes do programa que não seriam tão vantajosas. Moldei a consciência da minha própria marca", explica Kendra Todd.

Insights: "É importante observar quem você realmente é", ela diz. "A marca que você tenta criar pode estar em conflito com a marca que você realmente está criando. A maneira como você enxerga o que é e o que faz pode estar em conflito com a maneira como os outros o veem. É importante que a marca que você está criando esteja alinhada com sua personalidade e seus valores, senão as pessoas enxergarão o truque.

"Não há como forçar um objeto quadrado num buraco redondo. Se seu público estiver em conflito com a marca que você está criando, você precisa parar para escutar. Eu comecei construindo uma marca que alcançava investidores imobiliários, e ela foi bem-sucedida por muitos anos, mas devido às oportunidades que apareceram no meu caminho – o programa na HGTV, meu cargo de especialista financeira na série *Living Well With Montel* – minha marca mudou naturalmente. Eu vi a necessidade de direcioná-la para a geração de fortuna de maneira geral, fazendo dos imóveis apenas um produto dessa fortuna. Meu público passou a ser formado por mulheres e jovens. Quando conversei sobre minha próxima série de livros no programa de Montel, mais de 1.800 mulheres se registraram no meu *site* temporário, e muitas delas me disseram a mesma coisa, 'Você me inspira; agora como é que eu entendo tudo isso?'

> "Construa sua marca e pesquise sua audiência. Sua marca está sempre mudando para servi-la. Você evoluirá como empresário e indivíduo. Todas as experiências pelas quais você passa afetam sua MP. No fim, aqueles que são realistas, dispostos a compartilhar não somente suas vitórias mas também seus fracassos, farão com que o público perceba que a derrota não é o fim. As pessoas precisam entender que você é como elas, pois assim saberão que qualquer um pode fazer o que você fez", explica Kendra Todd

TRAZENDO AS PESSOAS AO SEU SITE

Você pode construir, mas isso não significa que eles virão. De acordo com a pesquisa da empresa Netcraft, em fevereiro de 2007 existiam mais ou menos 29,7 bilhões de páginas individuais na Internet, e mais que 70 milhões de *sites*. É muita concorrência. Felizmente, você não está competindo com o mundo. Você está competindo com outros advogados, contadores, *designers* ou fornecedores na região do seu mercado-alvo. Mas você ainda precisa conduzir o tráfego ao seu *site*. Aqui estão algumas das melhores maneiras de fazer isso.

A maneira mais simples é colocar sua URL em cada peça de publicidade que você usa: *folders*, cartões, anúncios, placas, qualquer coisa. Quando der uma entrevista no rádio, mencione seu *site* pelo menos três vezes. Lembre-se, as pessoas procuram uma maneira sem pressões de saber mais sobre você. Elas querem encontrar o seu *site*.

Isso cobre as maneiras de baixa tecnologia. Existem quatro maneiras mais técnicas de criar tráfego, mas felizmente nenhuma delas é muito complicada:

1. **Otimização dos mecanismos de busca** (SEO, ou Search Engine Optimization) – Isso significa escrever seu conteúdo e maximizar os *links* vindos de fora para que seu *site* seja facilmente indexado pelo Google e outros mecanismos de busca. O Google é fundamental. Ele representa dois terços de todas as buscas, portanto, se você deseja aumentar seu tráfego, deverá satisfazer os deuses do Google. SEO não é para amadores, então converse com seu desenvolvedor *Web* sobre o assunto.
2. *Google Adwords* – O Google é realmente o gigante do pedaço, então toda discussão sobre tráfego começa por ele. Comprar Adwords

significa que você concorda em pagar uma certa quantia por busca, com o objetivo de que seu nome apareça nos resultados pagos no canto direito da tela quando alguém faz uma busca. Quando alguém na sua cidade procura por "Londrina Paraná ortopedista", você quer que seu nome seja o primeiro a ser visto. O serviço Adwords é uma grande maneira de atingir esse objetivo. Visite adwords.google.com para saber mais.

3. *Banners* – Sim, os *banners* estão bem e vivos. Eles são anúncios gráficos que você coloca em *sites* de interesse do seu mercado-alvo. Seu *Web designer* pode criá-los, mas você deve decidir em que *sites* eles aparecerão. Procure *sites* em que seus clientes ideais têm mais chances de navegar. Se você tem os torcedores de um time local como alvo, a página da equipe e outros *sites* de torcedores seriam ideais para seus anúncios. Entre em contato com eles para saber os preços.

4. *Google Maps* – Sim, é o Google novamente. Você precisa incluir seu negócio no Google Maps para que as pessoas possam encontrá-lo. As buscas locais são uma das áreas que mais crescem na Internet, à medida que as pessoas as usam para encontrar as coisas que precisam em suas cidades. É assim que se faz:

- Entre no Google, clique em Mapas, e digite o nome do seu negócio.
- Se sua empresa aparece na lista, clique em Mais Informações. Verifique seus dados: telefone, *site*, endereço.
- Se algo estiver incorreto ou incompleto, role a página até encontrar "Adicionar ou editar a sua empresa". Você precisa corrigir suas informações. É especialmente importante que seu *site* esteja listado. O Google classifica seu *site* de acordo com o número de *links* de outros *sites* que levam até ele, e nesse caso o *link* vem do Google, uma enorme fonte de *links*. Por isso é necessário que o endereço do seu *site* seja incluído.
- Se você tiver uma conta do Google, faça o *login*. Se não tiver, não se preocupe; é grátis. Siga as instruções e o Google enviará uma senha para o número de telefone do seu escritório ou para seu endereço para verificar que você está autorizado a fazer modificações.
- Se não estiver na lista, acesse sua conta do Google, selecione a opção Mapas, e clique em "Adicionar ou editar a sua empresa". O *site* irá guiá-lo por todas as etapas.

DICAS PARA SE TIRAR O MELHOR PROVEITO DA REDE

- **Publique uma política de privacidade** – Os usuários da Internet são hipersensíveis quando o assunto é privacidade, portanto se você pedir às pessoas que preencham um formulário com dados pessoais, tenha também um *link* para uma página onde você promete não compartilhar as informações com ninguém. E então cumpra a promessa.
- **Atualize o conteúdo regularmente** – Nada parece menos profissional do que um *site* com conteúdo desatualizado. Defina um plano de atualização e manutenção mensal com a sua empresa *Web* para que você tenha novos conteúdos e recursos atualizados regularmente.
- **Teste seu site antes do lançamento** – Antes de colocar seu *site* no ar, sente-se e navegue por cada página e cada *link* para ter certeza de que todos eles estão ativos e que todos os recursos funcionam. Peça a 10 dos seus amigos para fazerem o mesmo e o enviarem "relatórios de erros" com qualquer coisa que não funcione, incluindo erros tipográficos.
- **Design para conexões discadas** – Milhões de pessoas ainda acessam a Internet através de conexões discadas. Por isso, a não ser que a maioria do seu mercado-alvo tenha conexões DSL ou a cabo, seu desenvolvedor *Web* deve planejar o *site* para ser carregado rapidamente.
- **Confira os *sites* dos desenvolvedores *Web***. Antes de contratar uma empresa *Web*, faça uma sondagem dos *sites* que ela já construiu e converse com seus clientes. Se aparecer algum problema, vá embora. Um *site* é um investimento muito grande para se confiar a uma firma de segunda categoria.

COISAS QUE VOCÊ PODE FAZER EM UM MÊS

1. Incorporar um programa de gestão de relacionamento com o cliente ao seu modelo de negócios.
2. Escrever e testar um roteiro de telemarketing para ver como os consumidores reagem.
3. Criar uma proposta de uma coluna regular escrita por você e enviá-la à mídia impressa local.

> 4. Procurar oportunidades únicas de publicidade externa na sua região: balões *blimp, skywriting* (mensagens de fumaça escrita por aviões) *outdoors* móveis e assim por diante.
> 5. Contratar um assistente virtual.
> 6. Organizar a sua primeira Noite de Apreciação ao Cliente

OUTRAS FERRAMENTAS ON-LINE

A Internet não é feita só de *sites*, é claro. Existem muitos outros recursos que você pode usar para construir sua marca – como sempre, se tiver tempo e dinheiro. Para encerrar o assunto, seguem aqui três desses recursos que devem ser levados em consideração.

Blogs

Você provavelmente conhece os *Weblogs*, ou *blogs*. Eles são basicamente diários *on-line* que acabaram se tornando muito importantes. *Blogs* de política, fofoca ou negócios como Gawker, Daily Kos e Club for Growth atraem centenas de milhares de leitores por semana. Um *blog* é uma oportunidade de você se comunicar mais intimamente com seus clientes atuais e potenciais sobre assuntos importantes para você, através da publicação regular de textos.

Manter um *blog* é simples e grátis, graças a *sites* como Blogger.com, TypePad.com e WordPress.org. Eles fazem com que seja muito simples e intuitivo criar, personalizar e administrar seu *blog*.

Prós: Os *blogs* oferecem uma conexão pessoal, possibilitando que você escreva sobre o que é importante para você. Eles são baratos. Você pode usar os quadros de comentários para criar um senso de comunidade e receber *feedback*, e pode realmente impulsionar a ideia de que você é autêntico.

Contras: Manter um blog leva muito tempo. Você deve atualizá-lo várias vezes por semana para que as pessoas comecem a visitá-lo, e muitos profissionais simplesmente não têm esse tempo.

Mala direta eletrônica

Essa é uma ferramenta que, para muitos pequenos negócios, está substituindo a mala direta. A mala direta eletrônica é baratíssima e muito fácil de administrar, desde você que tenha boas listas de endereços. Para criar uma lista, você pode incluir um campo de registro no seu *site* e atrair as pessoas com ofertas, concursos e assim por diante. Você pode também comprar listas, mas isso pode se tornar *spam*, ou *e-mails* não solicitados que irritam as pessoas. A melhor maneira de aumentar sua lista é com pessoas que decidiram fazer parte dela.

O bom das malas diretas eletrônicas é que você pode enviá-las por poucos centavos tão frequentemente quanto quiser, e elas podem substituir ou complementar suas malas diretas impressas. Você pode fazer uma campanha "gota a gota" por *e-mail*, uma *Blitz* de Seis Semanas, ou qualquer outra coisa. Você pode enviar *e-mails* em HTML ricamente planejados ou em puro texto.

Prós: são baratas, rápidas e uma excelente maneira de alcançar quase todos no seu mercado-alvo.

Contras: Pode demorar muito tempo para aumentar sua lista, e se você não tiver cuidado, os filtros de *spam* acabarão com você.

Algumas dicas para se fazer malas diretas eletrônicas corretamente:

- Escolha uma frase interessante como assunto. Se seu *e-mail* parecer *spam*, ele será deletado.
- Inclua o *link* do site nos seus *e-mails*.
- Dê fortes incentivos para que as pessoas visitem seu *site* para se inscreverem em concursos, baixarem relatórios, ou assistirem vídeos.
- Quando estiver escrevendo suas mensagens, evite palavras que possam ser apanhadas pelos filtros de *spam*. Algumas das mais comuns são:
  - Grátis!
  - 50% de desconto!
  - Clique aqui.
  - Ligue agora!

- Inscreva-se.
- Desconto!
- Você é o vencedor!
- Informações que você solicitou.
- Milhões de dólares.
- Oportunidade.
- Compare.
- Remove.
- Receba.
- Incrível.
- Prometo-lhe.
- Crédito.
- Empréstimos.
- Satisfação garantida.

Sua empresa de Internet deve poder ajudá-lo a configurar uma campanha de mala direta eletrônica com 90% de automação.

Newsletters

Os boletins informativos impressos tomam muito tempo; as *newsletters*, a versão eletrônica dos boletins, também. As *newsletters* têm a vantagem de serem baratas. Se você tiver clientes fiéis e muitas informações para compartilhar sobre finanças, imóveis ou outros tópicos de grande cobertura na imprensa, uma *newsletter* pode ser uma ferramenta útil.

Se desejar criar uma, tenho duas palavras para você: Constant Contact. Essa empresa oferece ferramentas que possibilitam que qualquer um crie *newsletters* grátis, simplesmente escolhendo um *design*, adicionando o texto desejado e fornecendo uma lista de *e-mails*. A empresa até envia *e-mails* e telefona para você para conversar sobre o seu *marketing on-line* e propor estratégias para torná-lo mais efetivo.

Prós: É uma maneira barata e rápida de proporcionar um fluxo regular de informações aos seus clientes. Com a Constant Contact, é algo 100% grátis e pronto para o uso.

Contras: Leva tempo escrever um monte de notícias e artigos todo mês. Você pode ter que pagar um profissional autônomo.

A principal dica aqui é fazer com que todo o conteúdo da sua *newsletter* seja prático, relevante e útil. Não fale sobre suas férias de família a não ser no final; dê aos membros do seu público dicas, ideias e notícias que eles possam utilizar nas suas vidas imediatamente. Quanto à criação de uma *newsletter*, existem pacotes de *software* que podem ajudá-lo, e muitas firmas de desenvolvimento Web insistem que eles são a resposta para os seus problemas, mas eu continuaria utilizando a Constant Contact. Isso é tudo o que a empresa faz, e ela o faz direito.

Agora vá navegar!

A ESTA ALTURA VOCÊ DEVE ESTAR...

- Enviando *folders* pessoais para seus melhores clientes.
- Começando a perceber tráfego no seu *site*.
- Aparecendo em buscas do Google.
- Vendo seus novos anúncios no catálogo e no jornal.
- Ouvindo *feedback* não solicitado dos seus clientes sobre seus funcionários e seu novo modelo de negócios.
- Finalizando os detalhes das suas listas de mala direta impressa e eletrônica.

CAPÍTULO 10

RELAÇÕES PÚBLICAS E ENVOLVIMENTO COM A COMUNIDADE

Se sua marca é fraca ou inconsistente ou contraditória, você não fechará o negócio; você não conseguirá a promoção; você não conseguirá o emprego. Por quê? Porque as pessoas gostam de evitar riscos, e contam com (e compram/ promovem/empregam) as reputações que conhecem. No mundo moderno, assim como no velho oeste, você tem que controlar sua marca pessoal. Você tem que dar às pessoas um motivo para apostar em você.

– Rob Cuesta

Na maioria das comunidades, existe um corretor de imóveis, consultor financeiro ou decorador que escreve uma coluna semanal para o jornal local. Pode ser curta e não muito bem-escrita, mas é muito importante para aqueles que leem o jornal. Essa coluna semanal confere ao autor o *status* de especialista – o especialista – em seu ramo. Ela encaixa mais uma peça do quebra cabeça na mente do cliente que tenta decidir para quem ligar. Uma coisa é certa: esse profissional domina a dança das relações públicas.

Relações públicas é o nome da arte de fazer com que a mídia escreva, grave, filme ou entreviste você. É uma enorme indústria; celebridades e corporações gastam milhões de dólares a cada ano tentando fazer com que seus nomes e histórias meticulosas apareçam nas publicações e emissoras certas. Fazem isso por um motivo: a exposição na mídia influencia consumidores. Quando alguém aparece no programa de TV *Oprah* divulgando um novo livro, as vendas disparam. A mídia certa pode fazer com que seu telefone toque ou, pelo menos, dar aos consumidores que estão em cima do muro uma razão para escolher você.

Não há motivo para você não fazer o que estrelas de Hollywood e as grandes empresas fazem, mesmo que numa escala menor: gerar cobertura de imprensa e usá-la para expandir e fortalecer sua MP. Por que um repórter desejaria escrever sobre você? Por que não? Onde você acha que os editores de jornais e revistas conseguem material para preencher suas páginas, principalmente em pequenas publicações locais onde não existem tantas notícias? Eles fazem cobertura dos habitantes locais – donos de negócios, residentes notáveis, e assim por diante. Você tem tantas possibilidades quanto qualquer outra pessoa de conseguir espaço numa publicação local ou até mesmo nacional. Você só precisa saber como. Isso significa aprender a dança das relações públicas.

COMO AS RELAÇÕES PÚBLICAS AJUDAM SEU NEGÓCIO

A cobertura de imprensa é a melhor e mais barata maneira de se ganhar credibilidade no planeta. À medida que você desenvolve sua MP, chega uma hora em que é fundamental haver corroboração, ou seja, uma entidade neutra deve dizer que você é tão bom quanto afirma ser. É isso que a cobertura de imprensa faz. As pessoas confiam na mídia. Estejam certas ou erradas, elas presumem que a mídia é objetiva – que um jornal não tem interesses particulares ao escrever um artigo sobre um prêmio que você recebeu. Por isso, mais do que qualquer anúncio, a mídia tem a confiança das pessoas, que acreditam estar recebendo notícias diretas e imparciais. É por esse motivo que as relações públicas aumentam sua credibilidade. Aqui estão outros benefícios:

- Reconhecimento de nome – Poucas coisas são melhores que as relações públicas para tornar seu nome (ou voz ou rosto) familiar ao seu mercado-alvo. Se você é um convidado regular no programa sobre saúde da sua rádio local, seu nome se tornará conhecido rapidamente.

- Prestígio – Ter um artigo escrito sobre você ou aparecer na televisão faz com que você se torne mais visível. Você se lembra do que eu disse sobre a visibilidade? As relações públicas fazem com que você se torne uma pequena celebridade local; ela cria um tipo de "efeito holofote" que faz com que você pareça mais importante.

- Percepção de especialidade – Se você for o assunto de um artigo de jornal ou for citado por uma publicação de negócios, você deve ser parte da elite da sua profissão. Certo?

- Recursos de marketing – Recortes de jornais e aparições na TV ou rádio podem ser ótimos materiais para seu site, CDs e DVDs promocionais. Podem também ser ferramentas para atrair ainda mais cobertura da imprensa.

Se você ainda tiver dúvidas sobre o poder das relações públicas, tenho duas palavras para você: Tiger Woods. Cite um atleta cuja MP foi tão beneficiada pela cobertura da imprensa quanto a do jovem campeão de golfe. Woods não é nem particularmente eloquente ou charmoso; na verdade, ele já foi atacado em alguns círculos por não se pronunciar sobre problemas como a discriminação nos esportes. Mas a mídia não se cansa dele: ele é jovem, negro, bonito e extremamente talentoso nos campos de golfe, um esporte perfeito para as fotografias da imprensa. A poderosa MP de Woods deve tudo à mídia.

No lado negativo está Al Gore. Ele é ganhador do prêmio Nobel, já foi senador e vice-presidente dos EUA, e é provavelmente uma das principais vozes contra o aquecimento global. Mas quando eu o menciono, você sabe o que sempre ouço em menos de cinco minutos? Alguém dizendo, "Afinal, ele inventou a Internet." Um pequeno equívoco, interpretado fora de contexto, tem perseguido Al Gore por oito anos, apesar das suas conquistas.

> **COISAS QUE VOCÊ PODE FAZER HOJE**
>
> 1. Pedir a seu assistente que recolha qualquer *folder* promocional ou outros materiais baratos que você possa ter deixado no passado em associações comerciais, hotéis e lugares do gênero.
> 2. Inscrever-se em quaisquer *newsletters* sobre o desenvolvimento de marcas que você considerar úteis.
> 3. Pesquisar sobre feiras de negócios ou conferências profissionais que seriam locais ideais para o *networking*.
> 4. Anunciar vagas para novos funcionários nos classificados, principalmente um gerente de atendimento ao cliente.
> 5. Pedir um novo cartão de crédito empresarial que lhe dê pontos por seus gastos, que o ajude a controlar seus gastos profissionais melhor, ou ambos.
> 6. Pensar em ideias originais que você possa dar a um escritor freelance; os artigos escritos por ele serão a principal atração do seu *site*.

SENHOR DA DANÇA

Aqui estão os cinco passos básicos da dança das relações públicas. Não importa se esteja visando o editor do jornal da sua cidade natal ou de uma revista de negócios nacional. Você tem que aprender e seguir todos eles:

1. Facilite as coisas para os editores, repórteres e diretores. Envie informações no formato correto, e não seja difícil de contatar.
2. Respeite o tempo dos jornalistas. Eles são profissionais ocupados, muito preocupados com os prazos. Envie seu *release*, seguido por um *e-mail* uma semana mais tarde. Só isso. Não os persiga ou incomode.
3. Saiba do que os jornalistas precisam. Conheça as publicações, emissoras de rádio e canais de televisão da sua região para que você possa saber que tipo de material elas normalmente utilizam. Envie somente esse tipo de material.
4. Seja digno de notícias. Invente um novo tipo de negócio, um novo produto, um novo serviço – algo que valha a pena cobrir.
5. Seja diferente. Os jornais recebem dezenas ou centenas de *releases* e *kits* de imprensa toda semana. A maioria deles são conservadores,

entediantes e esquecíveis. Encontre alguma maneira de chamar a atenção do editor sem deixar de ser profissional.

No fim das contas, tudo o que qualquer editor ou produtor deseja é uma boa história que possa ser noticiada com o mínimo de tempo e esforço. Se você puder fornecer tais histórias consistentemente, não importa quem você é. Você receberá cobertura!

CIRURGIA DE MARCA
O PACIENTE: SUAS RELAÇÕES PÚBLICAS

- Não amole os editores. Seja paciente.
- Prometa a coluna ou *release*, e então a entregue antes do prazo. Certifique-se de que ela esteja dentro de uma tolerância de 25 palavras do limite proposto.
- Revise manualmente e verifique a ortografia de tudo o que enviar.
- Não inclua meia dúzia de *releases* e artigos antigos num *kit* de imprensa. Nenhum editor quer mais uma pilha de papel na mesa.
- Se um repórter cometer um erro factual ou citar um concorrente sem pedir uma citação sua, insista que haja uma correção ou uma cobertura igual dada a você.
- Disponibilize em seu *site* todos os seus materiais de imprensa – *releases*, artigos antigos, vídeos e sua biografia.
- No seu *site*, permita que editores e repórteres se registrem na sua lista de releases, para que você possa enviá-las automaticamente por *e-mail*.

TRÊS TIPOS DE RELAÇÕES PÚBLICAS

A maioria dos guias de relações públicas concentra-se primariamente no envio de *releases* e na publicação de artigos e notícias. Mas eu vou levá-lo mais longe, falando sobre outros meios efetivos de gerar cobertura de imprensa: publicar seus próprios trabalhos e se estabelecer como uma fonte especialista.

1. Releases e artigos

Esse é o pão com manteiga das relações públicas. O envio regular de *releases* com o nome da sua empresa é a maneira mais fácil de se manter visível aos editores e de ocasionalmente receber cobertura. O processo tem vários objetivos:

- Tornar-se conhecido dos editores.
- Manter seu nome visível a eles
- Fazer com que seus *releases* sejam usados como notícias curtas.
- Fazer com que um evento no qual você esteja envolvido seja incluído na seção de agenda da publicação.
- Fazer com que a revista ou jornal publique um artigo sobre você em algum momento.

Os editores precisam de material para preencher espaços. Se não conseguirem esse material de você, eles publicarão anúncios de casas ou artigos também publicados em outros veículos. Ao fornecer material para notícias, você resolve um problema deles. Então, à medida que um editor passa a conhecer você, você se torna assunto para matérias de interesse local ou profissional. Quanto mais bem-sucedido e proeminente você fica, melhor material de notícia você se torna. É um magnífico circulo virtuoso.

Então para quem você deve enviar seus *releases*? Depende do seu mercado-alvo. Se você está tentando desenvolver sua MP primariamente para atrair residentes locais, você deve incluir jornais, revistas e emissoras de rádio e televisão locais na sua lista de envio. Porém, se você quiser atrair mais fontes de recomendações profissionais ou um grupo de pessoas de uma determinada profissão, como engenheiros ou professores, as publicações que cobrem essas linhas de trabalho são as melhores apostas. Eu sugiro que comece ligando para a mídia local, e depois vá atrás das publicações profissionais.

Sobre o que podem ser seus *releases*? Qualquer coisa que desejar, desde que seja relevante para a publicação. Você irá encontrar alguns gurus das relações públicas dizendo que você deve enviar um *release* todo mês, mesmo que seja só para anunciar que você contratou uma nova secretária. Não faça isso. Enviar um *release* que desperdiça o tempo do editor é pior do que não enviar nada. Envie um *release* quando você tiver novidades que podem interessar o editor de uma publicação, mesmo que isso signifique enviar três *releases* numa semana e não enviar mais nenhuma por três meses. A relevância é mais importante que a frequência. Dê aos jornalistas notícias que eles possam usar. Aqui vão algumas possibilidades:

- Você ganha um prêmio.
- Você inaugura um novo escritório.
- Você alcança um novo marco, como estar há 25 anos no mercado.
- Você patrocina uma equipe de esportes ou um evento beneficente.
- Você lança um novo *site*.
- Você publica um livro.
- Você abre um novo negócio.
- Você contrata um parente de uma pessoa proeminente na região.
- Você lança uma ousada iniciativa de negócios.
- Você se junta a um grupo comunitário.
- Você se candidata a algum cargo público.
- Você organiza um seminário
- Um dos seus funcionários ganha um prêmio ou distinção especial.

ESTUDO DE CASO DE UMA MARCA

A Marca: Melissa Rivers.

Especialização: Rainha da crítica de moda no tapete vermelho nas preliminares das premiações.

Local: Los Angeles, na Califórnia (EUA).

Veículos: Internet, livros, televisão.

Destaques: Capturando a atenção do mundo anualmente com sua mãe, Joan Rivers, ao apresentar *Joan and Melissa Live* antes dos Oscars, Globos de Ouro, Grammys e Emmys.

On-line: www.melissarivers.com.

História: Por 12 anos, durante a temporada de premiações em Hollywood, um dos pequenos prazeres que todos nós tínhamos vergonha de admitir era o de assistir Joan e Melissa Rivers abordando as maiores estrelas no tapete vermelho e perguntando se estavam malucas quando escolheram seus figurinos. *Live with Joan and Melissa* tornou-se um campeão de audiência; e Melissa Rivers, que foi inicialmente ridicularizada por muitos por estar pegando carona no sucesso da mãe, mostrou saber se portar diante das câmeras. Aí veio o ano de 2007, quando a *TV Guide Network* desligou Joan e Melissa da franquia que haviam criado.

Bem, num período de adversidade, Melissa demonstrou suas habilidades como nunca tinha feito antes no tapete vermelho: ela se transformou numa empreendedora, lançando a versão da AOL do seu festival de moda nos tapetes vermelhos; abriu seu próprio mundo virtual ao estilo do *Second Life*; escreveu seu primeiro livro, *Life Lessons From the Red Carpet* (*Lições de Vida do Tapete Vermelho*); e criou vários novos programas de televisão. Presencie a recriação instantânea de uma MP.

Como tudo começou: Rivers havia se formado na Universidade da Pensilvânia e trabalhava no programa *Entertainment Tonight*. Em 1996, quando estava se tornando conhecida como produtora, o pessoal do canal de entretenimento E! convidou-a para participar do programa da sua mãe. "Eu estava, para não dizer pior, uma pilha de nervos", ela escreve em seu livro. "Por que não? Minha mãe e eu estávamos prestes a pisar no lendário tapete vermelho, na frente de milhões — não, para falar a verdade, bilhões — de telespectadores para criar um novo gênero de programas para o E! Network: uma mistura de entrevistas e espetáculo de moda, tudo direto do tapete vermelho. Ninguém havia feito algo tão audacioso." A aposta valeu, tornando mãe e filha queridinhas da mídia e dando ao mundo um novo passatempo na época das premiações: criticar o duvidoso senso de estilo das atrizes.

O que esta marca representa:

- Qualidade — "Acho que a qualidade vem sempre em primeiro lugar", diz Rivers. "Não quero colocar meu nome em algo ruim. Isso não significa que não haverá projetos malsucedidos, mas desde que eu me mantenha preocupada com a qualidade e a acessibilidade, ficarei bem. Isso se aplica às coisas a que empresto meu nome também. Se dou apoio a alguma causa ou iniciativa beneficente, não vou ao evento só para mostrar meu sorriso. As pessoas sabem que eu acredito no que estou fazendo."

- Honestidade — "Eu e minha mãe sempre fomos conhecidas por dar nossas opiniões sinceras sem nos importar com as consequências", afirma Melissa. "Se digo que gosto de algo, as pessoas sabem que eu realmente gosto. É por isso que as pessoas gostavam dos programas no tapete vermelho. A honestidade se traduz em qualidade."

- Inexorabilidade — Rivers é provavelmente uma das pessoas mais subestimadas de Hollywood, vista como alguém que atingiu o sucesso apenas por causa da mãe famosa. Mas como ela mesma diz, quando ela tem uma ideia, ela não desiste. Essa tenacidade levou-a a fundar, com capital de risco, uma empresa *on-line* que ninguém julgava possível; ela levou também o encanto do tapete vermelho para a AOL, onde ela e Joan atraíram mais de 1,4 milhões de visitantes únicos para sua autópsia da moda no Oscar.

> Ainda assim, ela sabe que sempre será associada à sua mãe famosa. "Definitivamente ainda sou vista como um apêndice da minha mãe", ela explica. "Consegui me reconciliar com isso, mas não tem sido fácil. Às vezes é muito frustrante ser apenas a 'filha de Joan'. Não importa o que eu faça, estarei sempre à sua sombra... a não ser que eu me torne presidente, mas tenho muitos rabos-de-palha para isso.
>
> "Porém, essa visão está mudando aos poucos. O tempo e muito trabalho estão mudando as coisas. O fato de eu sair e fazer as minhas próprias coisas tem ajudado nisso."
>
> **Fator-chave:** Dozes anos como uma das monarcas do tapete vermelho fez de Melissa Rivers um nome famoso, e permitiu que ela se desfizesse de grande parte do peso de ser descendente de uma lenda. As noites de moda antes dos Oscars, Emmys, Grammys e Globos de Ouro atraíam milhões de telespectadores que adoravam ou odiavam os comentários maldosos da mãe e da filha sobre os trajes das estrelas. Isso deu a Melissa notoriedade e influência para seguir novos caminhos após o fim da era do tapete vermelho.
>
> **Insights:** "Nos negócios, sou vista com muito mais respeito, como alguém que realmente acredita em mudar a cara da mídia e que participa ativamente dessa mudança", ela diz. "Está relacionado ao fato de eu estar chamando a atenção para a Internet há mais de um ano, inventado maneiras de integrá-la ao entretenimento e à mídia tradicional. Nunca fiz sequer uma reunião para propor um programa que não tivesse um elemento *on-line*. Tenho feito isso por muito, muito tempo, e as pessoas estão finalmente prestando atenção.
>
> "É por isso que amo o que faço – tenho a oportunidade de bater nas portas até que alguém me ouça."

Como fazê-lo corretamente

Quando aqueles eventos dignos de notícias aparecem, você deve enviar uma nota ou um *kit* de imprensa à mídia local. Aqui estão algumas dicas para conseguir os melhores resultados:

- Conheça as publicações com que você entra em contato, sejam elas jornais comunitários locais, revistas alternativas semanais, a edição local de um jornal de grande circulação, periódicos de negócios ou todas essas opções. Leia as publicações e descubra o que elas costumam publicar. Se elas nunca publicam o seu tipo de artigo, não presuma que você é um caso especial. Não envie um *release*.

Os editores adoram fontes de notícias que conhecem suas necessidades e enviam coisas relevantes aos seus leitores.

- Conheça o estilo profissional para *releases* – informações de contato no topo, uma pirâmide invertida com os dados sobre "quem, o que, quando, onde, porquê e como" no primeiro parágrafo, e depois informações corroborativas e citações suas. Visite a seção de imprensa de qualquer *site* corporativo e você encontrará *releases* profissionalmente escritos que podem ser usados como exemplos. Utilize esse formato até estar proficiente na redação de *releases*. Depois disso, você pode exercer um pouco de criatividade.

- Evite expressar opiniões desavergonhadamente nos seus *releases*. Os editores e repórteres procuram fatos, não opiniões. Quando tiver dominado o estilo, você pode até usar humor ou ironia e sair impune, mas no início não invente.

- Para se apresentar aos editores, nós recomendamos o envio de um *kit* de imprensa com seu primeiro *release*. Um *kit* de imprensa é uma pasta de alta qualidade que contém seu *release* inicial, sua biografia, seu *folder pessoal*, um cartão de visitas e uma foto sua em preto e branco. Inclua uma carta de apresentação explicando quem você é e por que decidiu enviar suas informações para essa publicação.

- Tente enviar pelo menos um *release* por trimestre. Você não deve enviar "lixo supérfluo" para os editores, mas também não quer que eles o esqueçam. Tente pensar em algo que possa ser noticiado pelo menos uma vez a cada três meses, e mensalmente se puder. Lembre-se, o que não é notícia para um telejornal transmitido nacionalmente pode ser notícia para um jornal local com tiragem de 30.000 exemplares.

- Inicie um relacionamento. Quando um editor ou jornalista finalmente liga, aproveite todas as oportunidades de começar um relacionamento bilateral. Leve o jornalista para almoçar. Envie ao editor um presente de agradecimento se a notícia for publicada. Seja cooperativo e afável. Mostre-se disponível como uma fonte para futuras notícias na sua área de especialização. Vale a pena.

- Responda agilmente. Os prazos não esperam ninguém, portanto quando receber um pedido de um repórter, aja rápido. Forneça a informação necessária dentro de 24h. Os repórteres o adorarão por isso.

- Quando um artigo for publicado, pegue algumas cópias. Quando seu programa de rádio for ao ar, pegue um CD. Quando seu programa de TV for ao ar, pegue um DVD. Desde que tenha permissão, você pode usar esses materiais para se promover.
- Não se esqueça das versões *on-line* de publicações impressas. Elas normalmente atualizam seu conteúdo muito mais frequentemente do que suas versões impressas, e muitas apresentam notícias exclusivas na Internet. Isso significa mais espaço para você preencher.

Finalmente, se você tiver recursos e estiver preparado para transformar as relações públicas numa importante engrenagem da sua máquina de promoção, contrate um agente publicitário. Isso pode lhe custar até 3 mil dólares por mês, então provavelmente não vale a pena a não ser que você viva numa grande região metropolitana com pelo menos 8 veículos impressos, radiofônicos e televisivos. Agentes publicitários conhecem a dança das relações públicas como ninguém; eles possuem a habilidade de criar relacionamentos e mantê-los nas mentes dos editores e produtores. A melhor maneira de encontrar bons agentes? Pergunte aos repórteres e editores do seu jornal local. Eles sabem quais deles são verdadeiros profissionais e quais devem ser evitados.

COISAS QUE VOCÊ PODE FAZER EM UMA SEMANA

1. Comprar um celular cujo número você só dá aos seus melhores clientes, parceiros e pessoas do gênero.
2. Se seu *laptop* for importante para o seu negócio, pedir a um profissional que troque ou atualize qualquer coisa que precisar.
3. Escrever 10 mensagens de mala direta para ocasiões muito pessoais: a morte de um ente querido, o nascimento de um bebê, o fim de um casamento.
4. Entrar em contato com organizadores de conferências ou outros eventos para saber como fazer parte de mesas-redondas profissionais e simpósios.
5. Assinar contratos com todos os seus principais prestadores de serviços (escritores, *designers*, e assim por diante), definindo pontos importantes como tarifas, confidencialidade e cláusulas de não-concorrência.
6. Certificar-se de que seu *site* está listado nos catálogos profissionais mais importantes *on-line*.

2. Publique sua própria coluna

Publicar sua própria coluna, tanto num periódico local quanto numa publicação profissional nacional, é um tremendo benefício à sua credibilidade. Uma ressalva: muitos colunistas que não são escritores profissionais não publicam suas próprias palavras, e você provavelmente também não deve fazer isso. A menos que tenha experiência como escritor profissional, contrate um *ghost-writer* para escrever sua coluna.

Por que os jornais e revistas locais publicariam sua coluna? Porque essas publicações estão sempre procurando material novo, e porque você é um especialista na sua área. Você é também (eu presumo) conhecido e respeitado na sua comunidade. Se você puder fornecer uma coluna bem-escrita sobre um assunto de interesse, você deve conseguir encontrar um lugar que a publique, mesmo que leve algum tempo

Como fazê-lo corretamente

- Encontre um bom escritor que possa escrever um texto de um determinado tamanho no prazo. Evite cursos universitários de jornalismo; não dá para saber a qualidade do serviço que você receberá. Uma boa maneira de encontrar escritores *freelance* nos dias de hoje é através de *sites* como Guru.com e Elance.com. Mas talvez a melhor maneira seja simplesmente contatar os jornalistas do seu jornal local. A maioria dos repórteres não ganha muito e aceitaria avidamente a oportunidade de receber US$ 200 extras por mês.
- Entre em contato com uma publicação de cada vez. O envio de uma proposta para mais de uma revista ou jornal é chamado de "apresentação simultânea", e é algo que causa desagrado. Compile uma lista de periódicos locais e regionais que precisam do que você tem a oferecer, e então envie a proposta para um editor de cada vez.
- Escolha uma ideia. Antes de escolher sua publicação, decida o assunto da coluna. Deve ser algo em que você tenha interesse, sobre o que você saiba muito, e que ainda não receba cobertura das publicações que você tem como alvo. Por exemplo, se você quiser escrever sobre os altos e baixos do mercado imobiliário local, uma revista regional de estilo de vida pode ser a melhor escolha; mas se o jornal diário local ainda não tem uma coluna sobre imóveis na seção de negócios, essa também é uma ótima oportunidade. Da mesma maneira que você fez ao escolher um mercado-alvo, procu-

re por uma necessidade não atendida que você possa suprir.
- Leia as diretrizes editoriais. Todas as publicações têm algumas, e elas lhe informarão o tamanho da coluna, os assuntos permitidos, o formato de envio, para quem enviá-la, e assim por diante. Siga-as à risca.
- Escolha sua primeira publicação e peça para que seu escritor produza uma coluna de amostra. Então envie-a com uma carta de apresentação ao editor. Na carta, explique quem você é e por que você acha que sua coluna deve ser aceita, e ofereça três ou quatro ideias para colunas futuras. Então espere e veja o que acontece.

3. Estabeleça-se como uma fonte especializada

Essa é uma grande maneira para se gerar cobertura de imprensa, porque ela envolve muito pouco trabalho após o esforço inicial. Você se estabelece perante os editores e produtores, tanto locais quanto nacionais, como uma fonte informada e digna de citação para reportagens na sua área de especialização. Você se torna o indivíduo para quem os repórteres telefonam para receber opiniões e comentários sobre títulos emergentes, atletas na mídia, precedência jurídica de ações populares, ou qualquer que seja seu campo de conhecimento.

Eu mesmo já fiz essas coisas. Por alguns anos, fui o especialista em marcas pessoais para quem a CNN, CNBC, MSNBC, e outros canais a cabo ligavam quando queriam comentários sobre crises de marcas populares como Michael Jackson e Martha Stewart. Eu fazia minha análise de três minutos e recebia alguma exposição nacional. Não sei o quanto isso ajudou meu negócio, mas eu me diverti e recebi um bom treinamento de mídia. Certamente não me prejudicou.

O extraordinário do *status* de especialista é que, a partir do momento em que você é incluído no cadastro dos editores e repórteres, eles entrarão em contato e mencionarão seu nome na publicação bem regularmente. Eles adoram ter um profissional informado com quem possam contar para receber citações expressivas de forma simples e rápida. E além de enviar um cartão de agradecimento de vez em quando, você não tem que fazer nada para ter seu nome publicado.

Como fazê-lo corretamente
- Especialize-se. Mesmo que você seja um arquiteto fantástico, não se apresente ao editor como genérico. É muito geral. Seja o "ar-

quiteto especialista na história arquitetônica do município e em construções históricas". Apresente-se como especialista e você será tratado como tal.

- Imprima cartões de fichários tipo Rolodex para combinar com seus cartões de visitas; envie-os aos editores das publicações escolhidas com uma carta de apresentação, oferecendo seus serviços como fonte especializada.
- Seja acessível. Se você se tornar uma fonte, é importante que possa ser contatado. Dê um número de celular aos editores e retorne as ligações o mais rápido possível. Os prazos não esperam ninguém.
- Seja sincero, e então pesquise. Quando ligarem para pedir um comentário, se você não souber a resposta, pergunte se pode retornar a ligação depois de dar uma olhada nos livros. Então ligue de volta dentro de uma hora. A maioria dos repórteres pode esperar um pouco por uma resposta precisa. Quando for citado, conte uma história. "Sim" e "não" são respostas inúteis.
- A cada trimestre, envie um cartão de Rolodex e uma carta lembrete até que receba resposta. Alguns mandarão você desaparecer. Outros agradecerão e prometerão entrar em contato. Um pequeno número expressará interesse de verdade.
- Seja oportunista. Quando uma notícia relacionada à sua área de especialização aparecer, entre em contato com os editores antes de precisarem de você. Diga a eles: "Tenho certeza de que estão planejando uma matéria sobre o recolhimento dos medicamentos; gostaria de informá-los que estou disponível para fornecer informações médicas aos seus repórteres."

COISAS QUE VOCÊ PODE FAZER EM UM MÊS

1. Participar de uma mesa redonda e usá-la como oportunidade de *networking*.
2. Completar a personalização de uma *newsletter* da Constant Contact e começar a enviá-la.
3. Definir as opções de incentivos e presentes de agradecimento para as pessoas que o recomendam.

> 4. Economizar dinheiro mudando o plano telefônico do seu escritório para um serviço VoIP (voz sobre IP – telefonia pela internet) como Vonage ou Skype.
> 5. Marcar um jantar com seus 10 melhores/mais antigos clientes e pedir para que eles façam uma crítica das suas estratégias e materiais de divulgação.
> 6. Planejar o cronograma do seu primeiro seminário.

A CONFUSA ERA DO RÁDIO

Concentrei-me principalmente nas publicações impressas – jornais e revistas – até agora. Há um motivo: elas são mais acessíveis e menos assustadoras que o rádio. Mas você não deve ignorar o rádio. As barreiras são maiores, mas se você conseguir ultrapassá-las, as recompensas são potencialmente enormes.

O rádio é tão bom porque, diferentemente da televisão, você não pode ser visto. Você só tem que falar; não tem que se preocupar com a timidez diante das câmeras, com o seu cabelo ou com a sua roupa. Além disso, muitas comunidades possuem estações FM de baixa potência, rádios universitárias, ou rádios públicas que estão sempre ávidas para encontrar materiais relevantes à comunidade. Pode ser difícil conseguir espaço no sábado de manhã numa filial de uma grande emissora, mas as estações menores são muito mais receptivas.

Há duas maneiras para fazer com que o rádio beneficie você: ser entrevistado e conseguir seu próprio programa. Obviamente, ser entrevistado é muito, muito mais fácil. Você pode simplesmente usar as mesmas táticas que usaria para a mídia impressa: envie *releases* regulares e relevantes, e coloque-se à disposição como especialista. Apenas verifique se você se sente seguro falando ao microfone. Peça a outras pessoas que avaliem sua voz. Ela é muito rápida? Muito rouca? Talvez você possa receber treinamento de voz se realmente quiser utilizar o rádio.

Conseguir seu próprio programa é um projeto muito mais complicado. Primeiramente, você deve ter uma ideia e tentar vendê-la aos diretores. Mais importante ainda, você quase certamente terá que trazer seus próprios anunciantes ou pagar pelo seu tempo no ar. Tenho constatado que poucos profissionais têm o tempo ou os contatos necessários para que isso dê certo; mas se você for um dos sortudos, um programa de rádio regular pode transformá-lo numa celebridade e ajudar muito sua MP.

Converse com uma rádio local e pergunte o que é necessário para que você tenha seu próprio programa.

E a televisão? Bem, as probabilidades são pequenas de um médico, advogado ou outro profissional ocupado ter tempo, recursos e talento para tornar um programa de televisão viável comercialmente. Sua melhor esperança seria provavelmente a de se estabelecer como uma fonte especializada para telejornais ou programas de entrevistas. Para isso, você precisaria de um agente publicitário que pudesse lidar com a burocracia das produtoras de televisão.

Eu fiz esse trabalho de especialista nas redes nacionais, e embora tenha sido divertido, não fez muita diferença para o meu negócio. É melhor permanecer com as publicações e as rádios locais, onde seu tempo tem mais chances de gerar benefícios financeiros.

ENVOLVIMENTO COM A COMUNIDADE

O envolvimento com a comunidade e as relações públicas andam de mãos dadas. Muitas vezes, as coisas que você faz para gerar notícias para a imprensa acabam por criar eventos comunitários. Esses eventos são similares aos eventos para clientes que foram discutidos no Capítulo 5, mas eles são organizados para o grande público ou para uma entidade de grande porte. O envolvimento com a comunidade tem dois objetivos: gerar notícias que podem receber cobertura da imprensa, e aumentar a boa vontade da comunidade em relação a você.

O envolvimento pode tomar várias formas:

- Seminários de serviço público sobre assuntos como roubo de identidade ou fraudes de investimento.
- Leilões ou torneios esportivos beneficentes.
- Festas para arrecadações de fundos para escolas.
- Degustações em restaurantes, estabelecimentos vinícolas ou destilarias locais.
- Entretenimento para residentes em asilos ou crianças em hospitais locais.
- Cerimônias do início das construções de prédios que você sustenta financeiramente.

- Mutirões para doação de sangue.
- Palestrantes convidados por você.
- Mesas-redondas com você e seus colegas de profissão nas quais vocês respondem perguntas do público.
- Eventos patrocinados como maratonas, onde você ganha dinheiro para causas beneficentes com seu desempenho atlético.

O segredo é que o evento deve oferecer um benefício à comunidade. Eventos em causa própria mais prejudicam do que ajudam. Mas se você fizer tudo certo, festas comunitárias podem se tornar eventos anuais muito antecipados que se tornam intimamente ligados ao seu nome.

Assim como tantas ideias ligadas ao desenvolvimento de marcas, esta aqui também se resume a tempo e dinheiro. Sugiro que, se você desejar se envolver com tais eventos, comece pequeno. Organize e patrocine um pequeno evento para um time de futebol amador local e veja como seus funcionários lidam com as coisas. Veja também se os gastos são manejáveis. Se funcionar e você vir a necessidade, faça algo maior. Aqui estão algumas ideias para fazer o envolvimento valer a pena:

- Encontre parceiros e patrocinadores para dividir ou cobrir alguns dos custos.
- Pelo menos 60 dias antes do seu evento, comece a enviar malas diretas ou *e-mails* para suas listas, promovendo o evento e convidando as pessoas a participarem.
- Pelo menos 30 dias antes, envie *releases* para receber cobertura antes do evento.
- Convide a imprensa. Não envie apenas os *releases*; envie também convites aos repórteres e às estações de rádio e televisão locais, e peça aos seus funcionários que façam ligações subsequentes.
- Certifique-se de que haja um fotógrafo presente cuja única responsabilidade seja tirar fotos de você com pessoas da comunidade, convidados especiais, e assim por diante.
- Filme o evento, contrate um serviço de edição profissional, e então envie os DVDs para as emissoras de TV locais.
- Publique todas as fotos e vídeos no seu *site*.

- Envie um release após o evento falando sobre o que aconteceu, quanto dinheiro foi arrecadado, e outras informações do gênero.

Existem muitas maneiras de se tornar notícia, mas a melhor maneira é apresentar-se não somente como um prestador de serviços importantes, mas também como um importante membro da comunidade. Isso traz recompensas que vão além de ter seu nome publicado nos jornais.

A ESTA ALTURA VOCÊ DEVE ESTAR...

- Enviando seu *kit* de imprensa ou seus *releases* aos editores regularmente.
- Certificando-se de que você esteja no cadastro de especialistas de vários repórteres.
- Começando suas campanhas de mala direta.
- Recebendo clientes devido às recomendações dos seus contatos profissionais.
- Usando sua fala sobre "o que você faz e para quem o faz" com todos que encontra.
- Recebendo opiniões úteis sobre seus novos sistemas de negócios e de atendimento ao cliente.

CAPÍTULO 11

NETWORKING E RECOMENDAÇÕES

Até pessoas comuns almejam uma marca pessoal que lhes trará riquezas além dos sonhos de Creso, ou pelo menos um escritório com uma janela.

– Don Aucoin, do *Boston Globe*

A imagem que as pessoas têm do *networking* é a de empresários jogando conversa fora: um monte de caras com suas vodcas-tônicas, vestidos em ternos espalhafatosos, conversando sobre suas BMWs e tacadas de golfe, num coquetel de alguma associação empresarial. Mas o *networking* feito por gestores de MPs inteligentes é algo completamente diferente. É a arte de criar relacionamentos e atiçar a curiosidade sobre você numa população.

Uma MP nunca está mais à vista do que numa situação de *networking*. As pessoas não têm mais do que alguns minutos para conhecer você, então elas não podem **realmente** o conhecer. Elas só podem conhecer a sua marca – quem você é, o que você faz, e para quem você o faz. Em tais situações, sua MP é também testada exaustivamente, porque, como eu disse antes, tudo o que você faz é parte da sua marca. Suas roupas, seu cartão de visitas ou *folder* pessoal, seus modos, talvez até pistas sutis como sua colônia ou seu relógio – tudo isso confirma ou contradiz sua marca. Se sua marca é consistente e organizada, o *networking* é uma formidável fonte de novas relações de negócios.

O *networking* resulta em recomendações, e as recomendações são um dos motores de uma MP de sucesso. O que é melhor do que um cliente ou paciente que já está 90% convencido por causa de uma recomendação? Nada. Conseguir recomendações de colegas profissionais e de clientes satisfeitos deve ser definitivamente uma das bases da MP. Já tive clientes cujas estratégias de recomendação eram tão bem-sucedidas que pararam de fazer qualquer outro tipo de promoção; as recomendações eram suas únicas fontes de negócios. O poder desse veículo é mesmo grande.

As pessoas frequentemente concentram-se em transformar seus contatos em clientes, mas isso é muito limitado. Existem muitas outras coisas que um contato de *networking* pode fazer para ajudá-lo:

1. Recomendar você a clientes.
2. Tornar-se um mentor.
3. Tornar-se um conselheiro importante.
4. Fornecer serviços necessários a você.
5. Oferecer consultoria em áreas como planos de negócios e arrecadação de fundos.
6. Proporcionar cobertura de mídia.
7. Propiciar acesso a membros influentes da mídia, líderes corporativos e políticos.

Existem dois tipos de *networking*, formal e informal, e neste capítulo falaremos sobre os dois. Conversaremos sobre o *networking* e as recomendações, como os dois estão relacionados, e as maneiras como ambos podem beneficiar você imensamente.

COISAS QUE VOCÊ PODE FAZER HOJE

1. Colecionar lembranças de atividades recreativas para compartilhar com seus clientes ou usar em sessões de fotos.
2. Cortar gastos pedindo um orçamento à gráfica para imprimir seus *folders*, postais e outros materiais com a mesma chapa.

> 3. Reservar qualquer domínio na Internet que possa ser útil em futuros empreendimentos, incluindo variações do seu nome.
> 4. Informar-se sobre como obter um número 0800 para o seu escritório.
> 5. Fazer uma lista de instituições beneficentes com que você possa se envolver como estratégia de relações públicas.
> 6. Escrever as perguntas mais frequentes (e suas respostas) no seu *site*.

NETWORKING FORMAL

O *networking* formal é caracterizado por eventos organizados com o objetivo expresso ou implícito de proporcionar oportunidades de relacionamento. Pode ser uma organização de *networking* como a LeTip ou a BNI, uma conferência profissional ou reunião de uma associação, ou até um evento beneficente com ingressos de alto custo. Em todos esses casos, o *networking* pode ser tanto a razão de ser do evento quanto a principal atração. Em eventos formais, você precisa estar preparado. Esteja com a sua abordagem de vendas bem afiada: quem você é, o que você faz, para quem você o faz, e talvez um pequeno toque sobre o valor dos seus serviços. Tenha *folders* pessoais prontos para serem distribuídos, e tenha objetivos em mente: particularmente, encontrar parceiros profissionais em potencial para recomendações.

Estes são alguns dos melhores locais para o *networking* formal:

- Reuniões de câmaras de comércio.
- Grupos de *networking* como o LeTip.
- Reuniões de associações profissionais.
- Feiras de negócios.
- Seminários.
- Eventos beneficentes.
- Eventos artísticos como óperas e balés.
- Reuniões de diretorias.
- Conselhos profissionais.
- Comitês organizacionais.
- Reuniões municipais.

Em eventos de *networking* formais, você deve procurar principalmente profissionais de indústrias relacionadas à sua, que possam se tornar fontes de recomendações profissionais. Como falamos no Capítulo 5, essas fontes são colegas com quem você firmou um acordo mútuo – você envia clientes que precisam dos serviços deles, e eles fazem o mesmo por você.

SUA REDE DE RECOMENDAÇÕES PROFISSIONAIS

Criar uma rede de recomendações profissionais (ou RRP), é de longe a melhor maneira de fazer do *networking* uma máquina de expandir negócios. Gestores de MPs realmente bem-sucedidos possuem de 7 a 10 fontes de recomendações em diferentes setores, todas enviando-lhes clientes pré-qualificados. É isso o que você procura em seu *networking*: pessoas altamente qualificadas e éticas em profissões complementares – pessoas que possam ter clientes que precisem de serviços que você possa prestar. Em 15 minutos, você provavelmente pode pensar em 8 a 10 possíveis profissões. Por exemplo:

Se você for um médico da família:
- Psicoterapeutas.
- Fisioterapeutas.
- Quiropráticos.
- Praticantes da medicina alternativa como acupunturistas.
- *Personal trainers.*
- Farmacêuticos.
- Obstetras.
- Parteiras.

Se você for um corretor de imóveis:
- Corretores de hipotecas.
- Avaliadores.
- Inspetores de imóveis.
- Corretores de seguros de imóveis.
- Empreiteiros.

- Construtores.
- Consultores financeiros.

Como pôde ver, não é difícil. Mas encontrar esses profissionais é apenas o primeiro passo. Você deve descobrir se eles são de confiança, já que você os recomendará aos seus clientes e ainda dependerá deles para receber novos clientes. Você também precisa encontrar pessoas que estejam interessadas em fazer parte da sua RRP; algumas não estarão. Não há formulas mágicas para essas coisas; você simplesmente precisa deixar a pressa de lado e conhecer essas pessoas. Eu recomendo não mencionar uma parceria de recomendações no seu primeiro encontro. Apenas converse e aumente o nível de confiança. Então, quando você entrar em contato novamente alguns dias depois, você pode puxar o assunto: "Você estaria interessado em fechar um acordo formal para a recomendação mútua de clientes?"

O próximo passo na criação de uma RRP é pedir referências de cada profissional – e oferecer o mesmo a ele ou ela, é claro. Então você telefonará e fará perguntas francas sobre a maneira com que esse profissional lida com seus clientes. Você precisa ter certeza de que as pessoas na sua RRP tratarão seus clientes como se fossem reis e rainhas; você não pode arcar nem mesmo com uma única experiência ruim, pois as ações dos profissionais que você recomenda repercutem em você.

Uma vez que você tenha feito tudo com a devida diligência e encontrado um grupo de profissionais em que possa confiar, é hora de propor formalmente um relacionamento de recomendações recíproco com regulamentos e benefícios básicos. Mantenha em mente que, em alguns lugares, pode haver leis contra a gratificação de outros profissionais por recomendações, portanto faça o dever de casa. Converse com a entidade que regula sua profissão para saber se incentivos e prêmios são permitidos.

Lembre-se de que você não está criando uma rede circular em que todos os seus parceiros compartilham clientes uns com os outros; isso seria algo muito complicado de se administrar. Algumas pessoas se confundem com isso. Não, você está criando um conjunto de relacionamentos bilaterais, em que um avaliador, um corretor de hipotecas e um empreiteiro enviam e recebem clientes de você, mas não enviam clientes uns para os outros. É possível até que eles não saibam da existência uns dos outros.

A formalidade da sua RRP é uma decisão sua e do seu parceiro. Algumas são apenas acordos informais, enquanto outras envolvem contratos vinculativos preparados por advogados. Mais uma vez, essa decisão é sua, mas acho sensato explicitar tudo por escrito. Aqui estão algumas áreas que você deve cobrir:

- Direito de preferência – Vocês concordam que, quando um de vocês tiver um cliente que possa ser perfeito para o outro, o cliente deverá ser oferecido ao parceiro antes de a qualquer outro profissional.
- Métodos de contato – Explicite como vocês entrarão em contato com os clientes que precisam de recomendações. Por exemplo, isso pode ser feito através do envio de um *folder* pessoal seguido de um telefonema, ou o parceiro que conhece o cliente pode enviar um *e-mail* primeiro para quebrar o gelo.
- Atendimento ao cliente – Explicite como vocês lidarão com o atendimento, desde a frequência com que os clientes serão contatados e receberão as últimas notícias até a velocidade com que as reclamações serão resolvidas.
- Incentivos e gratificações – Se tais medidas forem legais, especifique o quanto cada um irá receber pelo envio de um determinado número de clientes que se tornam pagantes. Por exemplo, se você recomenda seu parceiro a 10 clientes em um ano de trabalho, você recebe um cupom de US$ 100 para um bom restaurante local, e assim por diante.
- Cláusulas de rescisão e renovação – Se a parceria não funcionar, você não deseja ficar preso. Certifique-se de que qualquer um de vocês possa romper o relacionamento com um aviso prévio de 30 dias. Certifique-se também de que, no fim de cada período de 12 meses, haja uma opção de renovação mútua, para que ambos tenham que concordar em manter a parceria.
- Suporte de marketing – Que suporte de *marketing* você oferecerá? Isso pode significar qualquer coisa, desde simplesmente entregar 100 cópias do seu *folder* pessoal ao seu parceiro, até organizar seminários públicos juntos. Explicite tudo.

> **COISAS QUE VOCÊ PODE FAZER EM UMA SEMANA**
>
> 1. Pedir que um dos seus funcionários remova os endereços incorretos ou inválidos da sua lista de clientes (aquela que você mesmo criou ao longo dos anos).
> 2. Se seu escritório não estiver numa região atraente, explorar outras possibilidades de localização ou conversar com a prefeitura sobre um possível projeto de regeneração.
> 3. Após o envio de *releases*, enviar também um *e-mail* aos editores ou repórteres que os receberam.
> 4. Se você fizer propaganda de porta em porta, criar um detalhado mapa da rota pelos bairros do seu mercado-alvo.
> 5. Comparecer a três eventos locais de *networking*.
> 6. Telefonar para dar continuidade a qualquer pedido de informação vindo das suas malas diretas.

Tirando o melhor proveito das recomendações profissionais

As recomendações profissionais podem ser uma mina de ouro para o seu negócio. Mas mal conduzidas, elas podem causar danos permanentes à sua credibilidade e reputação. Aqui estão algumas sugestões tanto para evitar desastres quanto para obter o máximo benefício da sua RRP:

- Crie uma "equipe de resposta" para lidar com os clientes que chegarem até você através de recomendações de parceiros profissionais. Dê a um ou dois funcionários a responsabilidade de fazer com que todos esses clientes recebam o melhor tratamento. Crie um manual de RRP que determine o número de contatos e o intervalo entre eles, e treine a sua equipe para mimar os clientes até dizer chega.

- Entregue relatórios pós-serviço ao seu parceiro. Depois que tiver feito o trabalho inicial com o cliente (contabilizado seus impostos, por exemplo), informe seu parceiro sobre como as coisas andaram e peça ao seu novo cliente que faça o mesmo por telefone ou *e-mail*.

- Não liste seus parceiros profissionais no seu *site*. Pode ser tentador incluí-los numa página chamada "Recursos que Recomendo", mas com isso você estaria debilitando sua parceria, já que estaria permitindo que as pessoas fossem direto aos seus parceiros sem passar por você.

- Crie uma página no seu *site* que diz, "Sei que meus clientes/pacientes frequentemente precisam de prestadores de serviços de áreas relacionadas. Eu organizei uma lista com profissionais de ponta examinados pessoalmente por mim, e ficaria contente em conversar com você sobre uma recomendação a qualquer momento." Isso encoraja perguntas sem envenenar seu veículo.

- Tome cuidado com iniciativas de *marketing* mútuo. Qualquer coisa paga por ambos, como uma mala direta, pode se tornar desagradável se vocês não concordarem sobre a qualidade de impressão, redação e outras questões do gênero. É melhor oferecer suas próprias ferramentas de *marketing* à outra pessoa, e evitar gastos conjuntos a não ser que realmente estejam em sincronia.

- Acompanhe os clientes a quem você recomenda seus parceiros. É importante saber que as pessoas que você direciona aos seus parceiros estão sendo bem tratadas. Pergunte-lhes. Elas dirão como se sentem.

ESTUDO DE CASO DE UMA MARCA

A Marca: Shiva Rea.

Especialização: Ioga como evolução consciente.

Local: Los Angeles, na Califórnia (EUA).

Veículos: Internet, DVDs, aulas, retiros.

Destaques: Foi a primeira grande professora de ioga a oferecer aos estudantes ferramentas digitais para possibilitar a prática em casa.

On-line: www.shivarea.com

História: Shiva Rea tornou-se uma das maiores estrelas no crescente mundo da ioga. Cada vez mais pessoas buscam conteúdo espiritual nas suas vidas sem o envolvimento da religião institucionalizada, e a autenticidade espiritual de Rea as atrai. Rea é uma professora e praticante espiritual em primeiro lugar, e uma empresária... bem, num lugar muito mais distante. "É engraçado... eu ainda não percebo que há uma marca em volta daquilo que eu faço. Ainda não me dei conta disso completamente", ela diz.

Como tudo começou: O que há num simples nome? Muito no caso de Rea. Ao contrário do que muitos acreditam, ela não mudou de nome com o objetivo de parecer mais "exótica" para o mundo da ioga. Seu pai conferiu-lhe esse nome; e quando ela começou a explorar suas origens, começou também a descobrir seu caminho. "Meu pai me deu esse nome aos 19 anos, quando ele era surfista e estudante de arte. É uma parte tão extraordinária do meu desabrochamento", ela diz. "A maioria das pessoas conhece Shiva como a dança de Shiva, parte homem e parte mulher, a primeira mentora de ioga. Na mitologia, todas as *yoga asanas* (posturas) vêm da dança de Shiva.

"Ele tem se mostrado, um nome poderoso porque uma das coisas que eu faço, a **Yoga Trance Dance** (dança do transe iogue), foi desenvolvida a partir do meu trabalho na África e no Caribe, descobrindo danças indígenas. Às vezes as pessoas mostram-se negativas quando pensam que mudei meu nome. Na verdade, algumas pessoas mudam de nomes porque é algo importante para elas. Mas eu não aguento exoticismo na ioga; eu gosto de pensar que a ioga é para todo mundo."

O Que Esta Marca Representa:

- **Espiritualidade** – Acima de tudo, Rea é uma praticante espiritual legítima. Ela diz que sua marca cresceu de modo completamente orgânico, mais devido aos esforços das mentes de negócios do que do seu próprio planejamento deliberado. Ela prefere estudar e adotar tradições da linhagem de Krishnamacharya, tantra, *ayurveda*, *bhakti*, *kalaripayattu*, dança do mundo, arte iogue e movimentos somáticos, com o objetivo de desenvolver seu estilo único não só de ioga, mas também de alcançar a iluminação pessoal. Muito diferente de algumas marcas mais comerciais de ioga aeróbica, a marca de Rea é centrada principalmente na jornada espiritual.

- **Alcance global** – Um sabor sincrético permeia tudo o que Rea faz, com influências da África, Índia, Caribe, América Latina e Ásia. Ela é uma aventureira global que já liderou mais de 70 retiros de ioga em muitos países e locais sagrados. Essa sensação exótica, assim como a noção de que existe um mundo unificado, pode ser encontrada em suas mensagens, falas e ensinamentos.

- **Ecletismo** – Não é necessário aceitar nada no mundo iogue de Rea; os estudantes e praticantes podem pegar o que desejarem e abandonar o resto. Ela tem CDs, DVDs, livros, aulas e cursos de treinamento de professores, assim como roupas e acessórios para ioga, mas nada disso é forçado aos alunos com as táticas de *marketing* agressivas de alguns iogues famosos. Em vez disso, cada pessoa é encorajada a descobrir o que funciona melhor para ela mesma.

- **Respeito** – A linguagem amorosa, positiva, respeitosa e espiritual que é encontrada a cada contato com a marca de Rea pode fazer com que você pense que é tudo uma grande farsa. Ninguém pode ter tanta compaixão e ser tão protetora. Mas é tudo verdade. Isso é parte da visão de Rea de que tudo tem valor, de que a Terra é um lugar espiritual, e de que estamos todos aqui numa jornada de "evolução criativa". Rea respeita as pessoas que pagam por seus ensinamentos e produtos, e isso é algo difícil de encontrar nos dias de hoje.

Fator-chave: Os seus DVDs de *Shakti*. Esses cursos caseiros de ioga foram uma revolução. "Antes disso, as pessoas não podiam nem pular de uma cena para a outra nos vídeos", ela diz. "Assim, quando produzi *Yoga Shakti*, possibilitei que as pessoas criassem uma prática personalizada, quase como um *jukebox*. Eu comecei a me envolver na criação desses produtos para a prática da ioga, e agora tenho 12 DVDs únicos; é mais ou menos como uma marca de exercícios físicos, porém diferente da Denise Austin com seu foco na boa forma. A nossa marca é mais relacionada à criação de uma prática caseira tranquila, inspiradora e heterodoxa."

Insights: "Nunca escolhi fazer nenhum projeto criativo pensando no dinheiro", ela afirma. "O que eu acho desafiador é que as pessoas podem pensar que essa é a minha intenção, porque se eu vou a algum lugar, levo uma mesa com 10 tipos diferentes de DVD. As pessoas presumem que é comercialismo.

"É isto que eu digo aos jovens professores: dê atenção ao seu jardim. Faça com que o fruto do seu cultivo, aquilo que você está oferecendo, seja tão incrível que as pessoas sejam atraídas naturalmente. Não ponha a carroça diante dos bois. Muitas pessoas se tornam ambiciosas antes de terem algo a oferecer. Quando você tiver alguma coisa, as pessoas começarão a vir até você. Eu tenho uma regra: nunca convide a si mesmo a lugar nenhum. Acho que quando você é convidado pelas pessoas, elas estão genuinamente em busca do que você oferece.

"O ímpeto das nossas vidas vem da nossa chama interior. Alimente esse fogo; observe suas redondezas como um armador de ponta no basquete – eu era uma armadora de ponta no colégio – mantenha-se extremamente consciente de todas as possibilidades, e então participe a partir do núcleo do seu ser. Quando esse ímpeto vem, tanta criatividade e perspicácia são criadas. Essa é a marca."

NETWORKING INFORMAL

O *networking* informal acontece quando você frequenta apresentações de teatro, vai a campeonatos infantis de esportes, ou marca presença em festas particulares. Você não faz ideia de quem irá encontrar. Você provavelmente não leva *folders* pessoais a esses lugares, mas deve ter cartões de visita para distribuir. Nessas situações, você deve deixar de se preocupar tanto com seus objetivos e ser mais você mesmo. Sem vendas; seja apenas você. Permita que as pessoas o conheçam e façam perguntas. É possível que encontre futuros clientes em potencial ou fontes de recomendações pessoais nessas situações.

O ponto fraco do *networking* informal é que ele é aleatório. Você não sabe se encontrará alguém de valor, nem se os seus novos amigos ajudarão o seu negócio. Na verdade, pode levar muito tempo – dois ou três anos, se você é novo nos círculos sociais da comunidade – para que o *networking* informal dê resultados financeiros. Mas tudo bem. Há outros motivos para fazê-lo: diversão, encontrar pessoas novas que possam se tornar amigas, aprender mais sobre sua comunidade e organizações interessantes, e refinar suas habilidades de *networking*. Mas meu conselho para você vem direto de um manual da Nike: *just do it*. Simplesmente o faça. Circule, crie relacionamentos e se prepare o tanto quanto puder. Coloque-se numa posição em que possa se beneficiar dos contatos sociais informais, mas não fique obcecado em transformá-los em negócios. Se você for autêntico e claro em relação à sua pessoa, as coisas acontecerão sozinhas.

Uma das coisas mais importantes que você pode fazer para que o *networking* informal compense é se colocar numa posição em que possa encontrar pessoas influentes ao longo da sua vida social. O que eu quero dizer com pessoas influentes? Aqui está uma lista parcial de pessoas que você pode conhecer em ambientes informais:

- Líderes comunitários e políticos.
- Líderes de negócios.
- Membros da mídia local.
- Líderes de grupos sem fins lucrativos.
- Líderes religiosos.
- Educadores.
- Ativistas.
- Artistas e personalidades culturais locais.

Esses indivíduos têm a tendência de serem "**influenciadores-chave**", pessoas cujas opiniões afetam as dos outros. Se um membro da câmara municipal da sua cidade vem a pensar que você é um advogado brilhante, ele tem mais chances de contar isso aos amigos (incluindo aqueles que não precisam de serviços legais), e as opiniões dele terão mais peso para os outros do que as de um entregador de jornais. É também perfeitamente possível que você encontre clientes ideais em situações informais, principalmente se estiver em ambientes que eles frequentam.

CIRURGIA DE MARCA
O PACIENTE: SEUS CONTATOS DE *NETWORKING*

- Não tente transformar as pessoas em clientes cinco minutos após as encontrar.
- Não tenha materiais da sua MP com você "por acaso". As pessoas não são burras. Diga-lhes que você trouxe cópias do seu *folder* pessoal caso encontrasse pessoas de interesse.
- Não se concentre naquilo que as pessoas podem fazer por você; em vez disso, concentre-se naquilo que você pode fazer por elas.
- Não monopolize as pessoas. Não importa o valor que elas possam ter como contatos, aborde-as e então deixe-as voar livres após alguns minutos. Isso permite que ambos possam encontrar outras pessoas.
- Não fale sobre o quanto você ganha.
- Não peça indicações a clientes recém-indicados, antes mesmo de você ter feito algo por eles. **Você precisa plantar antes que possa colher!**
- Não entre em pânico. Você pode muito bem encontrar, comer e beber com contatos preciosos, e ser recomendado a 50 novos clientes em potencial, sem conseguir nenhum negócio novo por seis meses. É normal. As coisas levam tempo. Permaneça calmo e não comece a fazer telefonemas, ou você irá parecer desesperado. Se tiver tratado as pessoas bem, o *networking* e as recomendações darão resultados com o tempo – provavelmente com uma inundação súbita de novos negócios.

SEJA SOCIÁVEL

Essa é a chave. O *networking* informal funciona melhor quando você se esforça para participar de ocasiões em que influenciadores-chave ou clientes em potencial ideais têm mais chances de estarem presentes. Isso significa entrar em organizações de arte, tornar-se membro pagante da ópera ou da sinfonia, juntar-se a associações cívicas, envolver-se com causas políticas locais ou com igrejas, ou jogar golfe em clubes de campo onde as pessoas do seu mercado-alvo geralmente jogam golfe. Coloque-se em situações em que tenha mais chances de encontrar pessoas. Sente-se perto dos outros no avião ou no cinema. Jante em restaurantes cheios e vibrantes. Seja aquela pessoa que escuta e encontra os outros enquanto as outras pessoas protegem seus próprios espaços pessoais.

Uma vez que tenha feito isso, siga algumas regras básicas do *networking* informal que se resumem ao bom senso:

- Envolva-se – Não apareça e simplesmente distribua cartões de visitas. Sua intenção ficará evidente e você alienará as pessoas. Coloque as mãos na massa de alguma maneira.
- Seja verdadeiro – Não seja o indivíduo que tenta construir um império legal ou de saúde. Simplesmente seja você mesmo. Lembre-se, uma MP é um relacionamento.
- Tenha algo para distribuir que seja apropriado para a ocasião – Apenas cartões de visitas para eventos importantes como a ópera; *folders* pessoais para situações mais casuais.
- Continue comparecendo – Na sua primeira vez em um novo ambiente, ninguém o conhecerá, portanto você pode não conversar com muitas pessoas. Compareça regularmente e você conversará.
- Pesquise sobre as pessoas que provavelmente comparecerão – Por exemplo, se você estiver indo a uma arrecadação de fundos para caridade, é provável que o dirigente local da organização beneficente esteja lá. Se você souber algo sobre ele, você pode tornar sua conversa mais relevante e memorável.

NETWORKING INTELIGENTE

O *networking* não é feito só de eventos. Ele consiste em aproveitar cada oportunidade de encontrar alguém novo, e construir as fundações de um relacionamento com essa pessoa. Mais ainda, é importante participar de situações em que você possa encontrar pessoas novas sempre que puder. Um excelente exemplo é Paul Viti, diretor de vendas e *marketing* do escritório da Ernst & Young em Nova York, um bom amigo e um gigante do *networking*. Seu segredo chega a ser brilhante de tão simples: ele pega táxi. Seu escritório fica em Times Square, perto de muitos hotéis luxuosos; assim, quando Paul sai para pegar um taxi para uma reunião, ele tem boas chances de dividí-lo com um alto executivo de alguma corporação. Quando Paul entra no táxi com um diretor executivo, diretor financeiro ou outro alto executivo, ele pode conhecer aquela pessoa mais diretamente. Uma vez ele me disse que criou mais fundações para negócios dessa maneira do que através de todos os outros veículos de promoção juntos.

Mantendo Paul em mente, aqui estão algumas dicas para tornar o seu *networking* mais efetivo, seja ele profissional ou pessoal:

- Dê continuidade rapidamente – Um dia depois de encontrar alguém de potencial valor, continue o contato através de um *e-mail* ou bilhete escrito, dizendo que gostou muito da conversa e que espera poder ter outra oportunidade como aquela. Telefonar faz com que você pareça estar desesperado, então de maneira geral é melhor usar a Internet ou os correios.
- Mantenha as pessoas informadas – Até mesmo se ainda não tiver feito negócios com o contato, mantenha-o informado sobre suas atividades: prêmios, novas contratações, expansões e assim por diante. Você pode achar melhor não o incluir na sua lista mensal de mala direta, mas uma carta ou *e-mail* a cada dois meses seria o ideal.
- Informe-os sobre qualquer coisa que aumente sua credibilidade – Você deve fazer com que seus contatos formem uma imagem de você como uma pessoa confiável, profissional e capaz, portanto repasse qualquer informação que complete essa imagem. Isso pode significar mencionar artigos de jornal nos quais você é citado, ou dar o nome e telefone de alguns clientes satisfeitos para quem eles possam ligar.
- Construa uma comunidade – Reúna seus contatos, seja através de um fórum de discussões *on-line* ou de um jantar em um bom hotel. Possibilite que eles conversem, comparem anotações, produzam sinergia. Tudo pode acontecer.
- Seja verdadeiro – Se você é novo nos negócios, diga a verdade. Se você tem um senso de humor irreprimível, conte uma piada apropriada. As pessoas que apreciam quem você é serão atraídas, e elas o respeitarão por não ser artificial. Claro, você não atrairá a todos, mas quem disse que todos se tornariam clientes seus?

- Esteja sempre fazendo *networking* – Essa máxima deve se tornar seu princípio orientador. Sempre tenha a mentalidade de encontrar pessoas novas, de conhecê-las, e de fazer com que as pessoas conheçam sua MP. Você nunca sabe quando encontrará um novo parceiro, cliente ou investidor por acaso.
- Simplesmente tente conhecer as pessoas – Não tente extrair quaisquer benefícios das pessoas quando se encontrarem pela primeira vez. Lembre-se, as pessoas desejam ser apreciadas como pessoas, não como clientes.
- Escute duas vezes mais do que você fala numa conversa, e pergunte às pessoas sobre elas mesmas.
- Mostre interesse em continuar a conversa – A maioria das pessoas tem tanto interesse em *networking* quanto você. Portanto, quando encontrar alguma pessoa que possa beneficiar você, envie sinais de que está interessado em conhecê-la melhor. Sugira um almoço, entregue um cartão de visitas, pergunte sobre o jogo de golfe, e assim por diante.
- Emita energia positiva com sorrisos e alegria.

COISAS QUE VOCÊ PODE FAZER EM UM MÊS

1. Fazer um teste completo de todas as páginas e recursos do seu novo *site*.
2. Pedir ao seu redator que escreva uma lista de 20 depoimentos positivos. Depois, enviar a lista aos seus melhores clientes, pedindo que cada um assine a citação que ele ou ela gostaria de associar ao seu nome. Essa é uma excelente maneira de conseguir testemunhos de pessoas muito ocupadas.
3. Inscrever o seu *folder* pessoal em qualquer competição regional de *marketing* e propaganda de pequenos negócios.
4. Registrar-se em um serviço de recortes *on-line* como o Clip&Copy, que rastreia a cobertura que você recebe da mídia e envia-lhe avisos.
5. Produzir um relatório para os seus melhores clientes sobre a implementação das melhorias que eles sugeriram.
6. Acompanhar o retorno sobre investimento das suas malas diretas – quantas recomendações e quantos novos clientes.

RECOMENDAÇÕES PESSOAIS: NÃO APENAS NO NETWORKING

O *networking* frequentemente gera recomendações, mas elas não vêm só do *networking*. Recomendações, como você sabe, são de longe a melhor fonte de novos negócios. Recomendações pessoais vêm não de colegas mas de clientes, quando dizem a um parente ou amigo: "Você tem que ligar para o meu corretor de hipotecas. Ele vai tratar você muito bem." Há três razões para essas recomendações terem tanto poder:

1. A maioria das pessoas prefere encontrar um novo prestador de serviços através de uma recomendação do que de qualquer outro método, porque elas confiam na pessoa que faz a recomendação.
2. Recomendações trazem, por um preço muito baixo, clientes já dispostos a utilizar seus serviços. Trazer um novo cliente potencial através de malas diretas, *telemarketing*, publicidade, etc. pode custar centenas de dólares, mas as recomendações são baratas.
3. Se você puder mobilizar seus clientes atuais para que eles o recomendem, você pode criar um quadro de evangelizadores que sai por aí pregando sobre o quão fantástico você é.

Com as recomendações pessoais, há um mandamento: **proporcione qualidade e atendimento incríveis aos seus clientes atuais.** Faça com que se apaixonem por você. Agradeça-os, faça mais do que prometeu, encontre maneiras inovadoras de economizar o dinheiro deles, lembre-os de aniversários – qualquer coisa que faça com que eles amem você. Não importa o tamanho do seu orçamento, você pode fazê-lo. Qualquer um pode.

SEJA PROATIVO – PEÇA A RECOMENDAÇÃO!

Então por que mais profissionais não tiram vantagem das recomendações e ficam ricos? Porque eles não pedem a recomendação. Alguns empresários preferem esperar que os clientes os recomendem sozinhos. Essa postura passiva nunca vai fazer você ficar rico. Peça a recomendação! Se você tiver tratando seus clientes bem, eles ficarão felizes em ajudá-lo.

Uma das melhores maneiras de se fazer isso é incluir um pedido nos seus postais pessoais ou *e-mails* duas vezes por ano. Quando você enviar a correspondência aos seus clientes, afirme de maneira franca e educada que, mesmo que eles não precisem dos seus serviços agora, você apreciaria se fosse recomendado a amigos e parentes, caso eles tenham aprovado os seus serviços. As pessoas gostam de ajudar as outras, então na maioria das vezes ficarão contentes em ajudar. Outros métodos:

- Organize uma série de almoços ou jantares para seus melhores clientes, onde você diz que não gostaria de entrar no negócio de *marketing*, e por isso adoraria contar com a ajuda deles para expandir sua empresa. Esse tipo de psicologia reversa transformará os seus convidados em seu exército pessoal de *marketing*.
- Organize minisseminários privados para seus clientes em sua casa, e convide-os a trazer seus amigos. Esse método pode ser particularmente efetivo quando há pessoas com uma necessidade em comum, como um grande grupo de amigos que estão todos se aproximando da aposentadoria.
- Insira uma função no seu *site* que permita ao visitante contar a um amigo sobre você. O recurso permitiria que ele incluísse *e-mails* de conhecidos e enviasse uma mensagem pré-redigida. Como incentivo, você pode inscrever esses visitantes em concursos.

Nunca fique acanhado em pedir recomendações. É a única maneira de consegui-las.

CONSTRUA UM SISTEMA DE RECOMENDAÇÕES

As companhias de mais sucesso têm mecanismos perfeitamente ajustados para tirar vantagem desse valioso veículo de desenvolvimento de negócios. Você tem que fazer o mesmo. Aqui estão os componentes que recomendamos para a geração e a gestão de recomendações:

- Automatize suas malas diretas – Como foi discutido anteriormente, inclua pelo menos dois pedidos de recomendação no seu programa anual de mala direta. Faça o mesmo com as malas diretas eletrônicas ou *newsletters* que você envia: pelo menos duas vezes por ano, peça expressamente por recomendações. Já vi até mesmo pessoas distribuindo cartilhas aos clientes ensinando o que dizer!

- Envie cópias do seu folder pessoal pelo correio – Nada é melhor para comunicar a sua MP do que sua peça publicitária principal. Uma vez por ano, envie meia dúzia de *folders* aos clientes com uma carta pessoal, pedindo que os distribuam quando tiverem a oportunidade.
- Certifique-se de que sua marca é clara – É importante que seus clientes consigam expressar claramente quem você é e o que faz. Se você não tem certeza de que sua marca é clara, peça aos seus clientes que a descrevam. Se a descrição for vaga, faça o que for preciso para esclarecer a sua MP.
- Desenvolva um plano de incentivo – Ofereça aos seus clientes um programa de incentivo, como cupons para restaurantes ou ingressos de cinema, por recomendarem pessoas que se tornam seus clientes. Certifique-se de que os clientes saibam que quanto mais clientes de alta qualidade eles recomendarem, mais prêmios eles irão receber.
- Faça de tudo para agradecer os clientes pelas recomendações – Os clientes que recomendam você a amigos e familiares estão lhe fazendo um favor. Agradeça de forma apropriada, mesmo que essas pessoas ainda não tenham se tornado clientes. Quando alguém o recomenda para um grande cliente, presenteie-o com uma garrafa de vinho. Quando uma cliente recomenda você a 10 pessoas em um ano, pague um fim de semana numa pousada para ela e seu marido.
- Certifique-se de que seus clientes saibam como você está tratando os amigos deles – As pessoas se importam com a maneira com que você trata seus amigos e parentes, pois é algo que repercute nelas. Envie-lhes *e-mails* com relatórios trimestrais sobre andam as coisas com os amigos e parentes em questão.
- Mime os novos clientes – Assim como com os frutos de recomendações profissionais, desenvolva um sistema para dar um tratamento fantástico aos clientes provindos de recomendações pessoais. Comunique-se com eles, supere suas expectativas, e ofereça valor adicional. Lembre-se, você deseja transformar esses novos clientes em fontes de recomendações um dia.

Finalmente (e é surpreendente quantas pessoas se esquecem deste ponto), certifique-se de que seus clientes saibam qual tipo de cliente você procura. Diga explicitamente qual é o tipo de pessoa que você deseja atrair ao seu negócio. Tenha cuidado ao falar de renda, mas se você for um consultor de investimentos, é perfeitamente adequado dizer: "Bill, estou procurando pessoas razoavelmente afluentes e educadas, que vivem nesta área e que desejam transferir fundos de um plano de previdência privada. Se conhecer pessoas como essas, eu adoraria conversar com elas." Encontrar e mimar clientes não ideais desperdiça seu tempo e dinheiro; parte do sucesso das recomendações consiste em deixar seu cliente pré-qualificar seus clientes em potencial para você.

PRIMEIRO, FAÇA AMIGOS

Com o *networking* e as recomendações, a moral da história é a seguinte: trate as pessoas com respeito, dignidade, empatia e honestidade. O fator preponderante para as pessoas decidirem fazer negócios com você pode até ser suas habilidades, mas elas só arriscarão investir tempo e esforço se confiarem e gostarem de você. Então se esqueça dos negócios. Não "estabeleça contatos". Inicie relacionamentos. Faça amigos. O resto se ajeitará sozinho.

A ESTA ALTURA VOCÊ DEVE ESTAR...

- Enviando pedidos de recomendações aos seus melhores clientes.
- Percebendo um discreto fluxo de novos clientes em potencial trazidos pelas suas malas diretas, propagandas e a presença geral da sua marca.
- Recuperando-se da sua primeira crise com seu novo sistema de gestão de clientes.
- Trabalhando no piloto automático com suas malas diretas impressas e eletrônicas.
- Aproveitando mais o trabalho à medida que passa mais tempo com clientes com quem você gosta de trabalhar.
- Vendo um aumento contínuo no tráfego do seu *site*.

CAPÍTULO 12

PUBLICIDADE

Você já tem uma marca pessoal, tenha ela sido desenvolvida conscientemente ou não.

– Lesley Everett, em *Drop Dead Brilliant*

Ao fazer uma espécie de *Anatomia Gray* (o livro, não a série televisiva) de uma MP, por motivos de espaço e praticidade, eu tentei falar de ferramentas que 90% dos donos de negócios e profissionais usarão. A última dessas ferramentas é a **publicidade**, e eu falo dela com uma certa relutância – não porque ela não é uma ferramenta útil em alguns casos, mas porque as expectativas do que a publicidade pode realizar são frequentemente infundadas.

Mas você vai fazer alguma publicidade. Nós dois sabemos que vai. É a forma mais visível de *marketing*, de modo que é a primeira ideia de vários donos de negócios quando começam a pensar em expandir seus negócios. É também algo de certa forma obrigatório para empresas e profissionais locais: você simplesmente tem que ter um anúncio nas páginas amarelas. Todo mundo tem, então você sente que também deve ter um, embora não seja sempre um bom investimento. É uma questão de não ficar atrás da sua concorrência e ser pelo menos tão visível quanto ela. Portanto, já que não podemos ignorar a publicidade, vamos desfazer algumas ilusões relacionadas a ela.

O maior mito sobre a publicidade é que ela é ótima para fazer o telefone tocar. Em geral, isso não é verdade. Claro, se seu anúncio é o quarto ou quinto contato de alguém com sua MP – se essa pessoa já foi exposta ao seu *folder* pessoal, suas malas diretas e seu *site*, por exemplo – então um anúncio no jornal local pode ser a última exposição que o leva a fazer a ligação. Mas sozinha, a publicidade gera novos clientes e negócios muito raramente.

Isso ocorre, em parte, por causa da natureza do desenvolvimento das MPs. Você está tentando comunicar sua personalidade e se mostrar como parte de uma elite, um profissional de primeira classe diferenciado dos seus concorrentes. Mas um anúncio de jornal em preto e branco mistura você com vários outros anunciantes e faz com que você pareça um pouco precário e banal (é raro encontrar um *designer* que consiga fazer um anúncio de um quarto de página ficar verdadeiramente criativo e elegante), então ele não combina muito com a sua MP. É claro, os veículos de publicidade verdadeiramente elegantes, como anúncios de página inteira em revistas de imóveis ou estilo de vida, estão muito além do orçamento de todos exceto dos profissionais mais bem-sucedidos, que não precisam deles mesmo. Por isso, a publicidade pode ser um problema sem solução: sua propaganda tem o objetivo de lhe trazer destaque, mas fazer propaganda faz com que você se pareça mais com o resto.

COISAS QUE VOCÊ PODE FAZER HOJE

1. Conversar com organizações locais sobre oportunidades de palestras.

2. Escrever uma "Promessa de Recomendação" que você imprimirá de forma elegante e distribuirá a todos os seus clientes, especificando a maneira como você tratará qualquer pessoa a quem você for recomendado.

3. Certificar-se de que todos os *e-mails* da sua organização sejam mudados para nome@seunome.com.

4. Pedir para que sua empresa de *marketing on-line* pesquise os melhores preços de hospedagem – a melhor combinação de preço, serviço, velocidade e confiabilidade.

5. Se você tiver alguma companhia ou organização como alvo (como uma escola), procurar saber se há oportunidades de publicar nas suas revistas e boletins informativos internos.

6. Se você tiver parceiros de *marketing* ou negócios, marcar um almoço estratégico para ter certeza de que vocês estão de acordo com a direção das marcas e com os gastos.

AS COISAS QUE VOCÊ REALMENTE FARÁ

O outro grande mito sobre a publicidade é que ela pode expressar algo sobre sua MP, como seus valores ou senso de humor. Isso provavelmente não é verdade. Quando o assunto é publicidade, a maioria das pessoas comete o que eu chamo de "falácia da Budweiser": a ideia de que a publicidade gira em torno de enormes orçamentos e do lento processo de criação de uma marca penetrante. Está tudo bem se você for uma corporação gigante com US$ 200 milhões para jogar fora em tempo televisivo a cada ano, e US$ 8 milhões para gastar com uma propaganda no Super Bowl. Mas se você é um veterinário ou um *designer* de interiores de uma cidade pequena, você não pode arcar com esse luxo. Você precisa de anúncios que trazem resultados, ou então não terá recursos para fazer mais deles.

A maioria das propagandas de pequenos negócios tem o objetivo de realizar duas coisas: tornar o seu nome e rosto mais familiar, e fazer com que as pessoas conheçam as ofertas e descontos práticos que com sorte farão seu telefone tocar. Alguns anúncios fazem os dois papéis. Mas, na maioria das vezes, o anúncio de um pequeno negócio (seja ele num jornal ou num *outdoor*) é composto por sua foto, seu logotipo, suas informações de contato e uma frase sobre o que você faz e para quem. Talvez também inclua uma curta oferta para as pessoas que mencionarem o anúncio ao telefonar. Não há muito espaço para personalidade ou humor.

Não quero que você desperdice dinheiro em publicidade ruim. Escrevi este livro para ajudá-lo a investir no seu negócio da maneira certa, para dar a você uma vantagem sobre as pessoas que estão gastando todo o dinheiro em *marketing* que não funciona. Por isso, neste capítulo, passarei 95% do tempo falando sobre os cinco tipos de publicidade que fazem sentido para o seu negócio:

1. Catálogo telefônico.
2. Jornais e revistas.
3. Publicidade externa.
4. Catálogos *on-line* de empresas locais.
5. Patrocínios.

OS OUTROS 5%

Os outros 5% estão na publicidade de televisão e rádio. Você provavelmente nunca utilizará nenhuma das duas. Ou são muito caras, ou totalmente inapropriadas para sua profissão (medicina, advocacia e saúde mental vêm à mente), ou você não tem veículos viáveis de transmissão na sua comunidade. Não perca sono com isso. Para a maioria dos profissionais, aparecer na televisão ou no rádio só tem uma justificativa: o ego. Eles querem poder dizer, "Você viu meu comercial no canal 8?"

Não quero dizer que propagandas de televisão e rádio não podem ser excelentes maneiras de construir sua MP; elas podem. Mas a relação risco-benefício é completamente desproporcional. A produção de uma propaganda de TV ou rádio que não parece ter saído de uma garagem é difícil e cara; você normalmente precisa contratar locutores profissionais, atores, produtores, pessoal de som e assim por diante. Os preços, até em rádios e canais locais, podem ser absurdos. E se você decidir aparecer nas suas próprias propagandas, existe uma possibilidade muito real de você fazer papel de bobo. Quanto aos benefícios, talvez consiga fazer com que o telefone toque... talvez.

Eu aconselho meus clientes a se manterem longe dos anúncios de rádio e TV até que tenham desenvolvido sua MP por pelo menos cinco anos. Ou até que seus pais tenham comprado a emissora local. É um bom conselho. Há oportunidades de sobra para alcançar as pessoas com os outros cinco tipos de publicidade.

COISAS QUE VOCÊ PODE FAZER EM UMA SEMANA

1. Conversar com seu profissional de tecnologia da informação (TI) sobre um sistema de *backup* automático que faz cópias de segurança de todos os seus arquivos e dados vitais de clientes, todos os dias.
2. Utilizar *e-mails* para promover seu primeiro teleseminário para seus clientes.
3. Se você estiver pensando em escrever um livro, dar uma olhada no CreateSpace.com, uma companhia da Amazon.com que possibilita que você venda livros que só são impressos quando o cliente faz o pedido.
4. Pedir que três amigos façam uma crítica do seu guarda-roupa profissional e fazer mudanças se necessário.

> 5. Planejar um jantar para recompensar seus funcionários pelo árduo trabalho de lidar com a transição da marca e todas as mudanças concomitantes.
> 6. Negociar os direitos autorais com seu fotógrafo para permitir que você utilize as principais fotos da sua campanha numa maior variedade de situações.

ANÚNCIOS EM CATÁLOGOS TELEFÔNICOS

Os anúncios nas páginas amarelas são algo que você simplesmente tem que ter; todo mundo tem. Eu costumava tentar convencer as pessoas de desistirem deles até perceber que era tudo em vão. Ninguém quer correr o risco de ser o único advogado de divórcios na cidade sem um anúncio na seção "Advogados". E realmente, não é um investimento ruim do seu dinheiro de *marketing*, pois a lista telefônica é o único veículo de publicidade impressa que as pessoas consultam quando estão prontas para decidir qual prestador de serviços escolherão. No resto do tempo, quando alguém encontra seu anúncio, é por acidente.

Então é quase certo que você irá anunciar nas páginas amarelas. Tudo bem. Aqui estão algumas dicas para fazê-lo corretamente:

- Pague a tarifa extra por uma cor de contraste. O vermelho e outras cores definitivamente atraem os olhos nesses anúncios.
- Se puder, compre um anúncio de página inteira. A maioria dos anúncios é menor, portanto você se destacará.
- Sempre negocie as tarifas.
- Compre um anúncio de um ano se a lista lhe der um bom desconto. Você pode economizar muito dinheiro.
- Não complique seu anúncio: inclua sua foto, seu logotipo e um título impactante que "diz para o que veio". Em outras palavras, use poucas palavras para evocar a necessidade do leitor. Se você for um advogado de divórcios, talvez seu título possa ser, "Especializado em Divórcios sem Alvoroço". Inclua alguns itens que destacam seus principais serviços, assim como seu telefone e o endereço do seu *site*. Só isso.

ESTUDO DE CASO DE UMA MARCA

A Marca: David Riley, David Riley Associates Advertising Design.

Especialização: *Design* e desenvolvimento de marcas de primeira classe, principalmente para clientes cristãos.

Local: Costa Mesa, na Califórnia (EUA).

Veículos: Internet, portfólios, malas diretas, recomendações.

Destaques: Concebeu e escreveu um livro sobre o desenvolvimento de marcas e imagens.

On-line: www.rileydra.com.

História: A David Riley Associates não faz nada barato. A empresa se tornou conhecida como uma das mais caras criadoras de marcas e *design* de Orange County, na Califórnia; mas dá para enxergar todo o investimento nos resultados: embalagens, materiais de publicidade, anúncios, livros de mesa de centro e outros artigos belíssimos para grandes construtoras, igrejas e companhias, como a Aqua Lung. A marca pessoal de David Riley tem guiado a agência por todo esse trajeto, trazendo sua estética pessoal de *design* para primeiro plano.

Como tudo começou: "Deixei a Disney 22 anos atrás", diz Riley. "Tinha trabalhado para a Disneylândia como diretor criativo e diretor de arte. Planejei sair e começar meu próprio negócio, e eles se tornaram meu primeiro cliente." Riley encontrou escritórios no belo enclave costeiro de Corona Del mar e abriu sua agência com 3 pessoas. Agora ela tem mais de 20 pessoas e um rol de clientes que inclui os parques do grupo Paramount, o autor de best-sellers Joel Osteen, os centros de aprendizado New Horizons e a imobiliária Coldwell Banker, só para citar alguns.

O Que Esta Marca Representa:

- **Fé** – Riley é um cristão devoto, e muitos dos seus clientes são igrejas, universidades cristãs ou pastores famosos como Billy Graham. Isso não só abre um enorme e crescente mercado de companhias e organizações para a David Riley Associates, como também cria uma atitude positiva e humana em toda a agência. Mesmo com a constante pressão dos prazos, você nunca deve ter visto uma agência publicitária tão descontraída como a David Riley Associates.

- **O preço alto compensa** – "Eu considero nossos serviços caros", diz Riley. "Mas dá para perceber a diferença nos trabalhos únicos e memoráveis que temos condições de entregar. O preço funciona a nosso favor porque nos posiciona como uma elite. As pessoas nos dizem: 'Ouvi dizer que vocês são caros.' Agora eu simplesmente concordo. Estamos lá, junto às grandes firmas. O alto custo vale a pena pela qualidade do trabalho que nós oferecemos.

Publicidade

> "O preço também nos ajuda a pré-qualificar nossos clientes. Não me importo de ser mais caro. O encanto do nosso negócio é que os clientes estão comprando arte, por isso estão dispostos a pagar por mais criatividade."
>
> - **Beleza** – O negócio de Riley está ganhando renome no ramo pela produção de ferramentas de *marketing* de belíssima aparência e toque agradável. Essa é uma parte vital da sua marca, pois nessa área tudo deve cativar as emoções do público.
>
> **Fator-chave:** Portfólios tradicionais. Sim, esta é a era da Internet, e todas as agências possuem seus portfólios *on-line*, pois eles são mais simples e baratos do que reimprimir livros caros constantemente. Mas Riley diz que às vezes não há substituto para algo que você possa segurar nas mãos.
>
> "Eu ainda envio uma publicação trimestral que destaca alguns dos nossos clientes e projetos recentes", ele afirma. "Agora estou produzindo um livro de mesa de centro sobre a firma, mostrando nosso trabalho e nossos clientes. Uma bela peça tem um enorme peso. Eu lido com presidentes e diretores executivos, e eles não olham as coisas na Internet. Eles preferem tocar e sentir algo; eles gostam de ver as peças impressas. Nós percebemos que muitas companhias nos procuram pela Internet; mais tarde, quando chegamos para fazer a apresentação, os superiores não viram nosso *site*. Então uma peça impressa é algo ótimo para ser deixado com eles."
>
> *Insights*: "Escute o cliente", Riley alerta. "Descubra quem eles são, quais são suas atitudes, como eles tocam seus negócios. São conservadores ou progressistas? São sérios quando fazem negócios, ou despreocupados? Acho que muitos profissionais pensam que têm as respostas antes de conversarem com o cliente.
>
> "Não é só seu logotipo. Qual é a voz e a atitude da sua organização? Nós somos contratados para criar o logotipo, mas eu quero traduzir essa atitude no logotipo e no material impresso. Você tem senso de humor no seu negócio? Você tem uma visão? As pessoas fazem comentários sobre meu cartão de visita. Elas olham o verso e encontram comentários irreverentes sobre nosso pessoal, e elas riem. Eu digo a elas, 'Você acabou de ter um gostinho do meu negócio.'"

PUBLICIDADE EM JORNAIS E REVISTAS

Propagandas em jornais são definitivamente mais comuns; nem todas comunidades têm revistas locais, e anúncios em cores em alguns periódicos podem ser muito caros. Mas depois da publicidade nas páginas amarelas, esse é o tipo mais comum de propaganda. Anúncios em jornais são mais familiares e alcançam um grupo representativo da população, dois motivos pelos quais os donos de negócios se sentem confortáveis com eles. O maior benefício da publicidade em jornais vem da própria natureza do meio: é um veículo publicado regularmente. Se você anunciar num jornal diário todos os dias, seu nome e rosto chegarão às pessoas constantemente, reforçando a consciência que elas têm de você e fazendo com que haja mais chances de você ser lembrado quando elas precisarem dos serviços que você pode oferecer.

Com os anúncios de jornais, existem várias chaves para o sucesso. A primeira é saber qual seção do jornal é a melhor para o seu negócio. Seu jornal tem seções especiais semanais sobre assuntos como saúde e imóveis? Esses podem ser os melhores lugares para o seu anúncio, dependendo da sua profissão. Se você estiver na área financeira, a seção de negócios pode atender melhor às suas necessidades. Converse com o gerente de publicidade do jornal sobre oportunidades e tarifas em diferentes seções. O departamento de publicidade pode ter estatísticas sobre quais seções recebem mais resposta dos leitores.

Outra chave é: qual é o objetivo da sua propaganda no jornal? Se quiser fazer o telefone tocar, você precisa encher seu anúncio de incentivos e ofertas. Por outro lado, se seu objetivo é só aumentar a consciência da sua marca, um anúncio bem-desenhado que diz quem você é e o que você faz, junto com suas informações de contato, é o suficiente. Seu objetivo afetará o *design* do se anúncio – um anúncio cheio de ofertas será simples e utilitário por necessidade, enquanto um anúncio que visa construir uma imagem deve ser harmonioso, atrativo e profissional. Para anúncios que têm o objetivo de construir uma MP, a aparência é tudo: fontes modernas, uma excelente foto sua e um título simples e efetivo são tudo o que você precisa.

A última chave da publicidade em jornais é a negociação de tarifas e bônus. Por exemplo, se você comprar anúncios de um quarto de página diariamente, poderia receber também um "informe publicitário" uma vez por semana no jornal de domingo? Informes publicitários são falsos artigos, que são na verdade anúncios para o seu negócio, e eu já vi alguns fantásticos. Um dos melhores é uma peça que aparece toda semana no *Santa Barbara Independent*, uma revista semanal. É de um advogado que se especializa em casos de direção embriagada; o anúncio explica, passo a passo, o que acontecerá quando o motorista for parado e como lidar com cada estágio do processo. É uma leitura informativa e interessante. Na verdade, eu já li esse informe publicitário pelo menos quatro vezes, o que chega a ser algo inédito. Quando você estiver negociando tarifas de publicidade, lembre-se de perguntar sobre benefícios, descontos para anúncios maiores, e assim por diante.

Revistas são diferentes
Anúncios em revistas são um pouco mais complicados, se não por outro motivo, porque eles têm a tendência de serem coloridos e por isso são mais caros de produzir. Revistas são também publicações especializadas ao invés de de interesse geral, então você alcançará apenas seu público-alvo com elas. Elas também são de menor circulação do que o jornal diário típico. Portanto, se você está pensando em gastar dinheiro com publicidade em revistas, eu recomendo fazê-lo apenas se você encontrar uma publicação que atinge seu mercado-alvo na mosca.

Um exemplo perfeito é o *Homes and Land*, um periódico regional de imóveis. A maioria das regiões metropolitanas tem várias publicações sobre residências à venda, que são excelentes para anúncios não só de corretores de imóveis, mas também de corretores de hipotecas, avaliadores e inspetores. Por outro lado, se não existir nenhuma revista que visa sua profissão, você pode tentar uma de estilo de vida. Se a maioria dos seus clientes ideais praticarem golfe, e existe uma revista na sua região sobre o esporte, é lá que você deve colocar seus anúncios. Um quiroprático ou massagista pode anunciar numa revista de saúde e bem-estar, mas essa não é uma boa ideia para um clínico geral. Se você não encontrar uma revista cujos leitores sejam ideais para seu negócio, limite-se aos jornais.

A exceção seria se você possuísse um orçamento de *marketing* muito grande e tivesse pessoas muito ricas como alvo. Nesse caso, as sofisticadas revistas de estilo de vida presentes em tantas regiões são uma boa ferramenta para aprimorar a sua marca. Você sempre encontra anúncios de corretores de imóveis, consultores financeiros, contadores, advogados e outros profissionais nesses belos e elaborados periódicos. A publicidade nessas publicações enfatiza a grande diferença entre revistas e jornais: o nível do *design* é muito maior nas revistas. Você precisa de melhores fotos e uma aparência muito mais profissional para fazer com que os anúncios em revistas beneficiem você, porque você tem apenas um objetivo: aprimorar a sua marca. Nenhuma revista é publicada com frequência suficiente para ser uma geradora de clientes. A única coisa que você pode fazer é comunicar os pontos essenciais da sua marca: seu *status* de elite, sua qualidade e a sua classe.

> **CIRURGIA DE MARCA**
> **O PACIENTE: SUA PUBLICIDADE**
>
> - Seja cauteloso com acordos de publicidade em grupo, onde vários negócios similares fazem uma vaquinha para comprar espaço de publicidade. O único resultado será dizer aos leitores que você é igual aos outros.
> - Não se valha de estatísticas que contém o número total de visitantes de um *site* quando estiver pensando em propagandas ou patrocínios na Internet. Você precisa saber quantos visitantes únicos um *site* recebe a cada mês.
> - Não confunda engenhosidade ou criatividade nos anúncios com efetividade. Você não está interessado em ajudar seu *designer* ou redator a ganhar um prêmio; você quer trazer clientes à sua porta.
> - Faça seu dever de casa antes de patrocinar um evento com o qual não tem familiaridade. Você não gostaria de se associar com algo que seu mercado-alvo consideraria de mau gosto.
> - Utilize o recurso "visão de rua" no Google Maps para sondar locais de publicidade externa a partir de vários pontos de vista. Não está disponível em todo cruzamento, mas é uma excelente ferramenta.

Dicas de publicidade em jornais e revistas

- Sempre peça um *kit* de mídia. Informações verbais sobre tarifas e circulação não significam nada.
- Informe-se sobre a maneira como cada publicação deseja que os anúncios sejam entregues. Muitas trabalham apenas com meios digitais, o que significa que seu *designer* pode simplesmente enviar arquivos de alta resolução por *e-mail*. Mas algumas publicações em pequenas comunidades ainda trabalham com impressões físicas. Descubra do que elas precisam.
- Certifique-se de que seus anúncios funcionem em sintonia com outros veículos. Inclua o seu endereço na Internet e peça ao leitor que aja: "Ligue para receber um belo *folder* grátis!" ou um anúncio de um futuro seminário.

- Tente garantir que seu anúncio sempre aparecerá na mesma **parte** da mesma página do jornal. Os leitores acostumam-se a ver um certo anúncio numa certa página, e isso os ajuda a se lembrarem de você.
- Lembre-se, agora todas as publicações têm uma versão *on-line*. Veja se você pode conseguir um pacote com publicidade impressa e *on-line* por um preço único.
- Certifique-se de que todos os seus anúncios mantenham a aparência dos outros materiais da sua MP: as mesmas fontes, cores e assim por diante.
- Pergunte sobre edições especiais que podem combinar com seu negócio – uma seção ou edição especial sobre saúde, por exemplo, é uma oportunidade perfeita para um médico, dentista ou quiroprático.

PUBLICIDADE EXTERNA

Outdoors, pontos de ônibus, traseiras de lotações – esses são alguns dos lugares em que você comumente encontra a publicidade externa. Propagandas externas podem ser muito úteis para divulgar a sua presença e estabelecer sua MP a longo prazo. São algo que frequentemente você compra e deixa em paz, e depois de seis meses você já é o "dono" do *outdoor* no cruzamento entre duas avenidas. Mas lembre-se de que a publicidade externa pode ter várias formas nos dias de hoje:

- Murais nos prédios.
- Grafite temporário
- Pôsteres.
- Placas eletrônicas.
- *Skywriting*, mensagens de fumaça escritas por aviões.
- Faixas puxadas por aeronaves.
- Anúncios nos divisores de vagas de estacionamento.

Em grandes cidades, você pode encontrar anúncios que automaticamente detectam o sinal *wireless* dos celulares e enviam uma mensagem personalizada sobre um café ou restaurante quando as pessoas passam pela porta. Como todas as formas de publicidade, pode não estar disponível na sua região nem ser apropriada para seu negócio. Mas quando você está tentando ser percebido e se elevar acima do ruído de fundo, a criatividade ajuda. O que ajuda ainda mais, porém, é o lugar onde seus anúncios aparecem. A principal regra da publicidade externa é a mesma do ramo imobiliário: **localização, localização e localização**. Você quer que seus anúncios sejam visíveis para tantas pessoas quanto forem possíveis, e principalmente para o seu mercado-alvo. Por isso, se você é um consultor previdenciário, provavelmente não deseja um *outdoor* na frente de um colégio, mas adoraria um na frente do Hometown Buffet, um restaurante *self-service*.

A chave do sucesso da publicidade externa não é muito diferente da publicidade impressa: feche negócios inteligentes, se possível crie pacotes (comprando anúncios em pontos de ônibus, na traseira dos veículos e em *outdoors*, por exemplo) e mantenha seu *design* simples e claro. A questão do *design* é especialmente importante porque a maioria das pessoas está em movimento quando veem sua propaganda. Um motorista talvez veja seu *outdoor* por três segundos. Se você tentar dizer muitas coisas, fará com que ele fique confuso, ou até mesmo causará uma batida. Então faça com que sua publicidade externa seja à prova de idiotas: uma grande imagem, uma grande chamada, um grande telefone ou endereço na Internet, e só. Faça com que o *design* seja mais surpreendente e criativo (comparado com a publicidade impressa) para que chame a atenção, do mesmo modo que com o seu *folder* pessoal.

Acima de tudo, não negligencie a mais importante peça de publicidade externa que você pode ter: seu **letreiro**. Eu vejo isso acontecendo a todo o momento, e é uma tamanha oportunidade perdida. Quer tenha uma placa na calçada, quer tenha uma acima da porta do seu prédio, um grande letreiro deve ser seu primeiro investimento em publicidade externa. Não se esqueça de verificar com a prefeitura quais tipos de letreiros são permitidos; mas não importa o que você possa fazer, siga as três regras de letreiros para negócios:

1. Visibilidade.
2. Visibilidade.
3. Visibilidade.

O principal propósito do seu letreiro é facilitar a vida das pessoas, para que elas possam encontrá-lo e indicá-lo aos outros ("É só procurar o grande letreiro amarelo na avenida principal, logo depois da rua do Castanheiro"). Se ajudar a dar brilho à sua marca, também seria excelente. Certifique-se de que seu letreiro mantenha o estilo da sua MP principal e que seja também elegante. Colocar uma faixa temporária no seu prédio porque seu letreiro ainda está na fábrica é pior do que ficar sem letreiro nenhum.

Ao tentar fazer com que os anúncios externos tragam algum benefício, você realmente tem que fazer o seu dever de casa. Descubra através da observação (empresas de publicidade externa às vezes têm estatísticas sobre isto também) quais são os grupos de idade e renda que geralmente frequentam as áreas onde você pode colocar anúncios. Idealmente, você deve colocar seus anúncios em lugares que recebem um constante fluxo de pedestres ou veículos, além de serem frequentados regularmente por membros do seu grupo demográfico alvo. Pense criativamente: se você está indo atrás de mulheres com menos de 50, então talvez colocar o seu anúncio naquele ponto de ônibus na frente da franquia da Curves seja uma boa ideia. Por outro lado, se você for um paisagista, a melhor escolha pode ser um *outdoor* de frente para uma grande loja de artigos para o lar.

COISAS QUE VOCÊ PODE FAZER EM UM MÊS

1. Procurar saber como fazer anúncios em boas *newsletters* que atinjam o seu mercado-alvo.
2. Procurar por possibilidades criativas de publicidade externa, como pagar para escolher o nome de uma trilha de caminhada.
3. Conversar com uma produtora de vídeo sobre a criação de uma apresentação sobre seu negócio em DVD que possa ser apresentada em feiras de negócios.
4. Pedir orçamentos de custos e prazos para o planejamento e a construção de um estande para a sua companhia numa feira de negócios.
5. Conversar com colegas que trabalham no mesmo ramo sobre a possibilidade de uma exibição conjunta numa feira.
6. Entrar em contato com a associação de ex-alunos da sua universidade ou do curso de pós-graduação e perguntar sobre a possibilidade de fazer um discurso num encontro. Você pode também perguntar se é possível que escrevam sobre você em uma publicação de ex-alunos.

CATÁLOGOS *ON-LINE* DE EMPRESAS LOCAIS

Nós já falamos do Google Maps. Mas a busca local é uma das áreas da publicidade *on-line* que mais crescem, à medida que os clientes utilizam a Internet para encontrar prestadores de serviços em suas regiões e empreendedores tentam suprir suas necessidades. A Yahoo! tem seu próprio serviço de buscas locais, assim como a Ask.com. Empresas como a Citysearch têm construído seus negócios com base no fornecimento de informações locais completas, e catálogos como o YellowPages.com exploram o nome das suas marcas de catálogos impressos para captar usuários.

Graças a aparelhos modernos como o *iPhone*, a busca de negócios locais já está se tornando portátil. A maioria das companhias como a YellowPages.com tem serviços móveis que possibilitam a busca através do celular; e com aparelhos portáteis, até uma criança consegue acessar o Google Maps para encontrar um restaurante indiano local ou uma lavanderia. Como isso tudo é relevante para o seu negócio?

Eu sugiro que você se concentre nas buscas feitas em casa de maneira geral. As buscas pelos celulares têm a tendência de serem feitas por impulso, e poucas pessoas escolhem um advogado ou contador impulsivamente. Portanto, você tem dois objetivos: registrar-se em quaisquer serviços grátis como o Google Maps, e dar uma olhada nos pacotes publicitários de catálogos pagos. Com os serviços grátis, o melhor que você pode fazer é se certificar de que eles têm seu negócio nos seus bancos de dados para que as pessoas possam descobrir você. Com os serviços pagos, seu objetivo deve ser aparecer no topo (ou perto dele) dos *rankings* de buscas da sua comunidade.

Há lugar para a busca móvel na sua estratégia: as pessoas devem ser capazes de encontrar você. Quando seus clientes estiverem a caminho, é de vital importância que eles possam usar seus aparelhos para localizar seu endereço e talvez até acessar um mapa com a sua localização. O melhor conselho aqui é verificar se você pode conseguir um pacote com um plano móvel junto com a publicidade nas buscas locais feitas a partir de computadores. Assim, você cobre as buscas tanto em casa quanto no carro.

PATROCÍNIOS

Patrocínios não são a melhor escolha para todos os negócios. Se você estiver sem muito dinheiro, você ganha mais investindo em malas diretas e gerando recomendações. Além disso, se sua profissão for algo como a advocacia criminal, anunciar em ligas esportivas mirins pode não ser o melhor caminho. Mas se você estiver exaurido de outras táticas e estiver em busca de mais reconhecimento na sua comunidade, os patrocínios são excelentes.

Basicamente, você paga para dar suporte a um evento, equipe de esporte ou organização sem fins lucrativos, recebendo alguma publicidade grátis em troca. Algumas das melhores coisas que você pode patrocinar são:

- Equipes de futebol, basquetebol e voleibol locais.
- Museus, sinfonias e outras organizações artísticas.
- Eventos beneficentes como torneios de golfe e corridas de 10 km.
- Concertos e *shows*.
- Organizações de estudantes do ensino médio.
- Exposições e festivais municipais.

O patrocínio coloca seu nome na frente de uma grande variedade de pessoas, ligado a algo positivo. Também pinta você como alguém que se importa com a sua comunidade e/ou causas importantes. Por alguns milhares de dólares (frequentemente muito menos), um patrocínio pode comprar bastante boa vontade. Algumas dicas:

- Compareça ao evento que você patrocinar e leve cartões de visitas. Conte às pessoas que você é um patrocinador, e se certifique de que elas saibam o que você faz.
- Aproveite o patrocínio como uma oportunidade de fazer relações públicas. Se o evento não divulgar um *release* sobre seu patrocínio, faça isso você mesmo.
- Forneça seu próprio anúncio para o programa. Não permita que a organização crie seus anúncios simplesmente digitalizando seu cartão de visitas. Você precisa de algo mais elegante que isso.
- Aborde outros patrocinadores do mesmo evento sobre a possibilidade se promoverem mutuamente.

- Publicações e estações de rádio e TV frequentemente patrocinam eventos locais, portanto use seu patrocínio como uma oportunidade de criar relacionamentos com figuras da mídia local.

Quanto aos veículos e ferramentas de *marketing* de uso mais comum, as informações dadas aqui são suficientes. Como disse antes, se você precisar de informações e dicas sobre mais ferramentas, visite www.thebrandcalledyou.com. Agora vamos colocar a mão na massa e tratar de negócios de verdade: criar um **plano estratégico** para a sua MP e colocá-lo em prática.

A ESTA ALTURA VOCÊ DEVE ESTAR...

- Iniciando a análise do retorno dos seus anúncios, malas diretas e outras ferramentas, e começando a fazer ajustes.
- Construindo uma lista regular de *e-mails* a partir do tráfego do seu *site*
- Planejando o seu primeiro evento de envolvimento com a comunidade
- Distribuindo seu *folder* pessoal em todos os pontos de venda apropriados na sua cidade.
- Presente na caderneta de endereços ou no fichário da maioria dos editores e diretores de programas da sua região, e talvez até ter dado algumas entrevistas.

PARTE IV
ELA ESTÁ VIVA! TRAZENDO SUA MARCA À VIDA EM 12 MESES

PARTE IV

ELA ESTÁ VIVA! TRAZENDO SUA MARCA À VIDA EM 12 MESES

CAPÍTULO 13

CRIE SUA ESTRATÉGIA DE MARCA

A democratização das marcas pessoais não vai desacelerar tão cedo. Na verdade, mais e mais pessoas "normais" estão entrando na festa da criação de conteúdo.

– Beth Snyder Bulik, na *Advertising Age*

Se você tem lido com atenção as seções A Esta Altura Você Deve Estar... no final de cada capítulo, pode achar que já está bem-encaminhado no uso da sua marca pessoal (MP) para ganhar milhões de dólares. Não é verdade. Sim, com as informações que eu lhe dei, é possível pular de cabeça no *marketing* da sua marca e ser bem-sucedido; porém, para a grande maioria dos profissionais, um plano detalhado aumenta as possibilidades de sucesso por uma ordem de grandeza. Você é uma pessoa muito ocupada, e não há horas suficientes na semana para que você supervisione cada detalhe da promoção, *marketing* e atendimento ao cliente. É para isso que serve o **Plano de Um Ano**.

O Plano de Um Ano (PdUA) ajuda você a realizar algo que todo empresário precisa fazer: transformar seu investimento de tempo e capital em novos clientes e nova receita o mais rápido possível. Seu PdUA mapeia tudo o que você fará e gastará. Ele cria **sistemas** para garantir que tudo acontecerá quando precisar acontecer, e que a pessoa certa lidará com cada questão. Acredite em mim, os sistemas são seus amigos. Quando mais ocupado você ficar devido à expansão proporcionada pela sua MP, mais você precisará de sistemas automáticos para lidar com trabalhos importantes de rotina. Sistemas como o PdUA ajudam você a se tornar bem-sucedido sem que o sucesso acabe com a sua saúde, sua empresa e sua vida.

ESTUDO DE CASO DE UMA MARCA

A Marca: Tony Little.

Especialização: O *personal trainer* da América.

Local: St. Petersburg, na Flórida (EUA).

Veículos: Infomerciais, infomerciais, infomerciais. Também a Internet, varejo, livros e uma presença marcante no nosso imaginário cultural.

Destaques: Tornou-se o maior vendedor televisivo de todos os tempos.

On-line: www.tonylittle.com

História: Tony Little é tão conhecido que é parodiado. Isso é sinal de grandeza. Mas ele é um alvo fácil: um cara sarado com rabo-de-cavalo e adrenalina em excesso, tagarelando no *set* onde são filmados dezenas de infomerciais para seus aparelhos de exercícios cardiovasculares, gritando coisas como: "Você consegue!" Na realidade, Little é um homem calmo e muito gentil, que por acaso é também o mais bem-sucedido vendedor na história da televisão – mais de US$ 3 bilhões em produtos vendidos em mais de 81 países. Ele tornou-se uma indústria de um homem só, com livros, produtos alimentares, calçados, vestuário e, é claro, sua linha Gazelle de aparelhos aeróbicos, cujos infomeciais podem ser vistos todas as noites por qualquer um que fique acordado até mais tarde.

Como tudo começou: A história de Little é uma de "riqueza para a pobreza para a riqueza". Ele era um aclamado campeão júnior de fisiculturismo que parecia fadado à glória – até que foi atingido por um ônibus escolar enquanto dirigia. Ele sofreu graves ferimentos, mas surpreendentemente conseguiu se recuperar para competir num evento de fisiculturismo de grande porte. Porém, o que se seguiu foi uma espiral descendente de depressão e vício em analgésicos, levando Little a ficar 27 kg acima do peso.

Em 1985, ele ficou farto da situação. Decidiu voltar à forma e mudar de vida. Durante esse processo, ele percebeu que as informações normalmente dadas aos norte-americanos sobre a boa forma física eram equivocadas. Ele sentiu-se determinado a compartilhar sua mensagem, que combinava exercícios aeróbicos, treinamentos de força e disciplina mental – a atitude de que você pode fazer qualquer coisa se se mantiver focado e nunca desistir. Sendo um *personal trainer* certificado e um fisiculturista, ele já possuía o conhecimento. O que faltava era a oportunidade. Mas Little logo mudou essa situação.

"Muitas pessoas desistem antes de alcançarem seus objetivos", ele diz. "Quando você tem uma ideia, você deve agir de acordo com ela. Eu não tenho medo de fazer perguntas. Encontrei-me com Bud Paxson (fundador das emissoras Home Shopping Network e PAX TV) porque a HSN havia rejeitado o meu produto. Mas eu não pensei que aquele era o fim da minha carreira. Ao invés disso, eu descobri que o filho de Bud era o dono de uma academia. Fui até lá e fiz uma proposta a ele: eu promoveria a academia em troca de um encontro com Bud. Assim, segui seu filho de carro até a sua casa, os portões se abriram e, quando me encontrei com Bud, ele disse, 'Você tem cinco minutos.' Fiz meu discurso e consegui o negócio." E o resto é história.

O que esta marca representa:

- **Entusiasmo** – Little não é o mesmo cara hiperativo que você vê nos infomerciais, mas ele se importa veementemente com a saúde pessoal e com a qualidade do seu trabalho. "A habilidade de dar aulas à mãe, ao pai e às crianças através da televisão, vídeo ou multimídia é o foco daquilo que eu faço", ele diz. "Eu desenvolvi minha marca com o conceito de que sou um *personal trainer* de grande integridade, motivação e experiência. Minha ideia é poder ajudar as pessoas a mudarem suas vidas. Mas o negócio todo se expandiu e englobou também produtos nutricionais e de saúde. Já vendi 3 milhões de travesseiros. Foi engraçado, porque todos pensaram, 'Esse cara é tão hiperativo e energético, ele nunca dorme.' Mas quando você tem uma paixão por alguma coisa e realmente acredita que ela irá beneficiar as pessoas, você consegue vendê-la."

- **Bem-estar** – No começo, Little ficou realmente indignado com a maneira com que produtos e conceitos indesejáveis estavam sendo vendidos ao público norte-americano. A receita na época era fazer exercícios cardiovasculares e consumir grãos. Nada sobre treinamento de força, nada sobre treinamento de flexibilidade, nada sobre o sono ou atitude ou confiança. Por isso, ele resolveu abordar todas essas preocupações e dar às pessoas o que ele acreditava ser a solução completa para manter o corpo e a mente saudáveis.

- **Tenacidade** – Little retorna de um devastador acidente de carro em seis semanas para competir num evento de fisiculturismo, depois volta à forma após o vício, e **então** constrói do zero uma carreira milionária de vendas – acho que essa história diz tudo. Little não conhece o significado da palavra **desistir**.

Fator-chave: Paródias e televisão. Todo mundo já fez uma piada sobre aquela figura de rabo de cavalo que parece ter exagerado no café. O cara já fez até um daqueles comerciais bizarros da Geico Insurance. Tony Little adora todas essas coisas. "Eu causo uma forte impressão", ele diz. "Fui mencionado no filme *Juno*. Já apareci em todos os programas de entrevistas. Licenciei trechos de gravações dos meus infomerciais para uso na televisão e no cinema mais ou menos 80 vezes. Acabei de licenciar o meu infomercial sobre o aparelho *Rock 'n' Roll Stepper* para um filme do Jim Carrey chamado *Sim Senhor!*

"Fui mencionado numa música do Bruce Springsteen, '57 Channels and Nothing On' ('57 Canais e Nada Passando'). Imagino que ele chegou em casa após um show, querendo assistir um pouco de televisão, mas não conseguiu escapar de mim. A letra dizia algo como 'Tony Little, will you please kill yourself' ('Tony Little, por favor se mata'). Eu morro de rir. Eu adoro as paródias. Eu adoro comédia e gargalhadas. O Alec Baldwin fez um paródia em que ele se fantasiou para parecer comigo – acho que no Saturday Night Live. Beavis and Butt-head, South Park, esses programas todos já me imitaram.

"Tive duas participações na MADtv e fiz um esquete com Steven Austin (o lutador). Fiz também um esquete para a VH1 parodiando Matthew McConaughey: vendia a 'McConaughsizer', uma mesa de piqueniques transformada em aparelho de exercícios. Eu realmente adoro tudo isso."

Insights: "Você tem que encontrar um jeito de fazer as coisas e pensar de maneira original. O tradicional não funciona. Você tem que inventar maneiras criativas de fazer as coisas. Eu dou o meu apoio durante todo o processo. Não existe sucesso da noite para o dia", diz Tony Little.

ORÇAMENTO

Quanto esse processo de criação de uma MP custa? A resposta é: depende. Não é barato. Se estiver acostumado a fazer tudo para o seu negócio da maneira mais barata possível, você terá que mudar seu comportamento. Lembre-se, o objetivo de uma MP é vender você aos clientes, mas isso também inclui atrair clientes melhores que podem lhe pagar mais. Isso significa aprimorar a sua imagem, posicionando-o como um profissional de elite, entre os 1% mais capacitados da sua profissão – um dos **melhores dos melhores**. Você não consegue fazer isso com *folders* baratos e um *site* padrão. Você precisa de qualidade em todos os aspectos do seu negócio, e a qualidade se traduz em dinheiro.

Profissionais bem-sucedidos geralmente gastam entre 15% e 25% das suas rendas brutas com o *marketing* das suas MPs. Tudo bem, se você se engasgou com o café e derramou tudo no livro, por favor limpe-o e busque outra xícara. Sim, você leu corretamente. É muito dinheiro, mas você não pode criar uma marca brilhante e vencedora a baixo custo. Existem sempre maneiras de economizar, é claro, mas no final das contas você terá que contratar outros especialistas para prestar os serviços necessários para trazer sua MP à vida: tipógrafos, *designers*, desenvolvedores *Web*, redatores, produtores de letreiros, decoradores, fotógrafos.

Eles vão querer ser pagos pelo que valem. E se você procurar uma alternativa barata, receberá exatamente o que pagou.

Pense sobre o que você diz aos seus clientes quando está fazendo a declaração dos seus impostos, guiando-os através do sistema legal, ou vendendo as suas casas: quando algo é importante, o custo de contratar o melhor é muito menor do que o custo de não o contratar. Eu acho que podemos todos concordar que é muito melhor pagar US$ 750 para que um excelente contador faça a declaração dos seus impostos do ser chamado para uma auditoria na Receita Federal. Que diabo, pense sobre o que você dirá aos seus clientes ideais quando tiver se desligado dos clientes B e C e aumentado os preços em 25%! Você provavelmente dirá, "Estou trabalhando para elevar o nível das minhas habilidades e atendimento até estar entre os 1% melhores da minha profissão, e preciso fazer as mudanças apropriadas", ou algo semelhante. A questão é que a qualidade sempre tem um custo, mas você realmente precisa gastar para depois ganhar dinheiro. A chave aqui é gastar corretamente.

Você se lembra de quando eu disse que o bom desenvolvimento de uma MP traz um aumento de 100% da receita bruta de um negócio típico nos primeiros 12 meses? Digamos que você atualmente arrecada US$100.000 e normalmente gasta US$ 5.000 por ano em *marketing*. Você decide gastar US$ 20.000 numa campanha completa para aprimorar a sua marca. Vai ser um desafio, e você terá que fazer cortes, mas sabe também que é a única maneira de sair da sua situação. Então você lança sua marca, e ao longo de 12 meses, acaba precisando aumentar seus gastos para $25.000 por ano, mas sua renda bruta dobra nesse período, para US$ 200.000. Sim, você gastou US$ 25.000, mas também aumentou sua renda depois de descontar os gastos com *marketing* de US$ 95.000 para US$ 175.000 – um aumento de 84% em um único ano! O que conta não é o quanto você gasta, mas o quanto você ganha!

COISAS QUE VOCÊ PODE FAZER HOJE

1. Coletar pequenos fatos sobre o seu negócio e guardá-los num arquivo para *marketing* futuro.

2. Conversar com os seus funcionários mais competentes socialmente sobre a possibilidade de frequentarem eventos de *networking* em seu lugar, para que você possa estar em dois lugares ao mesmo tempo.

> 3. Conversar com alguém na agência de correio local sobre as melhores maneiras de se usar as malas diretas.
> 4. Conversar com a estação de rádio local sobre a troca de tempo de publicidade pelos seus serviços profissionais.
> 5. Oferecer palestras grátis a associações cívicas.
> 6. Juntar-se a grupos de *networking* como o LeTip.

1º PASSO: FAÇA AS CONTAS

Se quiser ir adiante, você precisará confiar em mim. Então esqueça os números assustadores e tentemos criar seu orçamento. Mas antes de começar, você precisa definir seus objetivos de renda:

Sua receita bruta anual anterior: _____
Seu objetivo para o próximo ano: _____

Agora você precisa de dois orçamentos:

1. **Orçamento de lançamento da marca** – Essa será a quantia que você precisará gastar no estágio caro de criação da MP, onde tudo está sendo desenhado, escrito e programado. É o custo inicial do seu negócio renovado. Há uma fórmula bem básica para isso que eu gosto de mostrar aos meus clientes:

Renda adicional desejada ÷ _____
= orçamento de lançamento da marca

O número no espaço depende da sua situação:

- Se você tem muito dinheiro, mas pouco tempo, divida por 3.
- Se você tiver muito tempo, mas pouco dinheiro, divida por 5.
- Se você tiver um pouco de cada, divida por 4.

Assim, imaginemos que você está em busca de US$ 80.000 em novos negócios no próximo ano. Caso tenha muito tempo e pouco capital, o lançamento da sua marca custará US$ 80.000 dividido por 5, ou US$ 16.000. Se você tiver muito dinheiro e nenhum tempo, daria mais ou menos US$ 27.000. O porquê da diferença? Se você tiver tempo, poderá fazer algumas coisas que normalmente seriam executadas por outras pessoas, como etiquetar cartões postais.

2. **Orçamento de retenção de clientes** – Esse é seu orçamento anual para o *marketing* contínuo da sua marca, que vai desde a impressão das mensagens nos seus postais pessoais até o envio de presentes para as fontes de recomendações profissionais, suas viagens e os eventos de *networking*. Tenho uma fórmula legal para isso também:

Receita do último ano x 10% = _____

Então se você arrecadou US$ 80.000 nos últimos 12 meses, você deve planejar gastar US$ 8.000, ou mais ou menos US$ 667 mensalmente, para manter os relacionamentos com seus clientes e a presença da sua marca. Isso cobre despesas como a compra de espaço para anúncios, viagens para eventos de *networking* e o envio de postais pessoais, excluindo os seus gastos regulares como os salários dos seus funcionários.

Adicione os dois e você descobrirá o quanto deve esperar gastar durante seu primeiro ano desenvolvendo sua MP. No caso do nosso exemplo hipotético (presumindo que a pessoa é rica em tempo e pobre em dinheiro), o orçamento total seria US$ 16.000 mais US$ 8.000, ou US$ 24.000. É muito dinheiro para gastar quando você está arrecadando US$ 80.000 brutos por ano. Mas se você arrecadar US$ 160.000 após 12 meses, não vale a pena?

Você irá querer saber quanto cada serviço custa, e aí as coisas ficam complicadas. Alguns preços serão diferentes em diferentes mercados. Na Tabela 1, eu relaciono minhas melhores estimativas quanto aos custos de alguns serviços, enquanto sugiro a melhor maneira de saber mais sobre os outros:

TABELA 1

Despesa	Estimativa/Fonte para Contato
Impressão	Pesquise em três gráficas.
Fotografia	Peça orçamento para três fotógrafos.
Design gráfico	US$ 50-US$ 100 por hora.
Redação	US$ 50-US$100 por hora.
Postagem	Se for feito o envio em massa, a tarifa depende do número de correspondências; entre em contato com uma agência de correio para saber mais.
Xerox	US$ 0,03 a US$ 0,06 por cópia.
Preparação e envio de correspondências	De acordo com o serviço, dependendo do volume; ligue para receber propostas.
Listas de mala direta	Podem variar muito; entre em contato com as companhias de listas para receber valores específicos.
Hospedagem *on-line*	Não deve custar mais de US$ 50 por mês por um pacote completo, US$25 pelo básico.
Espaço de publicidade	Peça ou faça *download* de *kits* de mídia.
Patrocínios	Entre contato com a organização do evento.
Presentes	Varia; veja a lista de sites de presentes no Apêndice

Neste estágio, também é o momento certo de fazer perguntas importantes sobre os objetivos que você deseja atingir – não só para o seu negócio, mas para você mesmo. Lembre-se, a finalidade da construção de uma MP não é só ganhar mais dinheiro, mas criar um estilo de vida. Quanto você deseja ganhar, e que tipo de vida você quer que esse dinheiro lhe proporcione?

- Qual é o seu objetivo mais geral (por exemplo, estar no grupo dos maiores corretores de seguros do Estado)?

_____

- Este ano minha renda antes da dedução de impostos foi de

_____.

- Meu objetivo de renda antes da dedução de impostos para o ano que vem é _____.
- Meu objetivo de renda antes da dedução de impostos para daqui a três anos é _____.
- Meu objetivo de renda antes da dedução de impostos para daqui a cinco anos é _____.
- Para alcançar meu objetivo de renda no ano que vem, eu preciso de _____ clientes ideais.
- Eu também desejo alcançar este marco:

_____

- Também gostaria de alcançar este outro marco:

_____

- Lembre-se, estou fazendo tudo isso para que eu possa:

_____

O último ponto é crucial. O motivo de você estar fazendo tudo isso é criar o estilo de vida que você deseja. Nunca perca isso de vista. O desenvolvimento de uma MP é caro e inquietante, e pode demorar algum tempo para dar resultados. Durante os primeiros três meses, você pode ter momentos de pânico nos quais você sente como se tivesse jogado seu dinheiro num buraco negro. Nesses períodos, talvez ajude lembrar que toda decisão inteligente que você toma é um passo a mais em direção à sua casa na praia e à folga toda sexta-feira para passar com os seus filhos.

COISAS QUE VOCÊ PODE FAZER EM UMA SEMANA

1. Criar uma "zona livre de trabalho" em casa, um espaço de tempo só para a família e o relaxamento, não para o desenvolvimento de uma marca.
2. Começar uma "lista de defensores". Essas são as pessoas com quem você pode contar para elogiar você e seus serviços. Manter contato com elas pelo menos uma vez a cada 30 dias.
3. Preparar uma noite de aconselhamento e esclarecimento de dúvidas para 20 clientes ideais em potencial.
4. Alugar um estúdio de gravações e pedir que um amigo o entreviste ao estilo do programa da CBS *60 Minutes*. Isso lhe dará uma entrevista pronta para as estações de rádio.

> 5. Entrar em contato com instituições beneficentes para doar seus serviços, como serviços legais.
>
> 6. Pesquisar sobre seminários e palestras motivacionais ou de *marketing* que parecem promissoras. Inscrever-se naquelas que cabem no seu orçamento e das quais você acha que irá gostar.

2º PASSO: COMO AS PESSOAS VEEM VOCÊ?

Você já tem uma MP. Seus clientes atuais e potenciais já têm uma imagem de você, percebem suas habilidades de uma certa maneira, e têm algumas palavras que vêm à mente quando seu nome é mencionado. Então você não está trabalhando num vácuo, o que é uma faca de dois gumes. Por um lado, os clientes podem ter uma percepção forte e positiva que está alinhada com o ideal da sua MP. Por outro lado, seu mercado-alvo pode ter algumas impressões equivocadas e danosas sobre você. Antes que você comece a criar sua MP, você precisa saber que tipo de "**bagagem de marca**" você anda carregando por aí.

Não dá para saber aonde ir a não ser que você saiba de onde está partindo. A solução é conversar com as pessoas. Vista seu traje de jornalista e saia entrevistando seus clientes. Você poderia enviar *e-mails* com um questionário, mas o índice de resposta é abismal. Eu sugiro que convide 20 clientes para jantar e faça as seguintes perguntas pessoalmente, gravando as respostas para não deixar passar nada:

1. Do que você gosta mais ao trabalhar comigo?
2. Do que você gosta menos?
3. Na sua opinião, quais são as três palavras que melhor me descrevem?
4. Como ofereço valor a você?
5. Na sua opinião, que ideias represento hoje na comunidade?

Não pare por aí. Entreviste colegas, líderes de negócios e outras pessoas que não são seus clientes. Pergunte-lhes:

1. Na sua opinião, quais são os meus pontos fortes?
2. O que você acha que eu faço?
3. Na sua opinião, o que as outras pessoas falam de mim?

Quando você decompuser as entrevistas para análise, deverá procurar certos padrões e conjuntos de dados: palavras ou frases que apareçam repetidamente, palavras que você nunca tenha ouvido sendo usadas sobre você, e opiniões que confirmem suas opiniões de si mesmo ou contradigam a sua autoimagem. A soma total dessas informações dirá como você é percebido hoje na comunidade. É a sua MP neste momento.

A pergunta-chave é a seguinte: como é a sua imagem pública de hoje diferente da maneira que você deseja ser visto como parte da sua nova MP? Uma boa maneira de controlar isso é desenhando duas colunas numa folha de papel:

Como sou percebido   Como preciso ser percebido

Preencha a segunda coluna primeiro. Anote as qualidades que você deseja ver associadas à MP que o tornará rico: especializado, pai de família e assim por diante. Então seja brutalmente honesto consigo mesmo; vá lendo os comentários feitos nas entrevistas e anote como as pessoas percebem você. Quão similares são as duas listas? Se forem bem parecidas, a tarefa que sua marca deve executar é reforçar a percepção que as pessoas já possuem. Se estiverem muito distantes – se sua MP precisa posicionar você como "**conservador**", mas as pessoas veem você como "**um liberal ardente**" – você terá que trabalhar para mudar a opinião das pessoas.

Muito provavelmente, você estará em algum ponto no meio do caminho. Mais ou menos 90% dos donos de negócios e profissionais se encaixam nessa categoria; e se você for um deles, não precisará fazer nada de extraordinário. Simplesmente crie sua MP com cuidado e a divulgue com originalidade e persistência. O tempo tomará conta do resto.

> **CIRURGIA DE MARCA**
> **O PACIENTE: A ESTRATÉGIA DA SUA MARCA**
>
> - Não promova sua "individualidade" e se esqueça do resto. Os clientes em potencial não ligam para as suas peculiaridades. Eles querem valor.
> - Não crie uma marca que prometa comportamentos públicos que você não possa continuar em privado. Se você se apresenta como um modelo de virtude, mas pode ser encontrado bebendo num boteco às 2 da madrugada, você irá alienar clientes.
> - Não prometa demais. Se você for inexperiente, concentre-se em outra coisa. Quando tiver mais experiência, você pode refazer a sua marca, mas se você prometer demais e não conseguir apresentar resultados, pode não haver volta do dano causado.
> - Não seja tímido. Se você hesita em contar às pessoas como você é bom na sua especialidade, supere isso. A criação de MPs não é para pessoas tímidas.
> - Diferencie-se vigorosamente da concorrência. Várias campanhas já acabaram antes mesmo de começar devido ao fato dos donos terem perdido a confiança e se tornado "só mais um insira-a-profissão-aqui".
> - Não entreviste amigos sobre a maneira como você é percebido. Eles não serão honestos com você. Converse com clientes que o conheçam bem, peça-lhes que sejam honestos, e se eles o magoarem, aguente o tranco. Como tomar remédio, será bom para você.

3º PASSO: CONSTRUA SUA MARCA PESSOAL

Agora é hora de decidir o que sua MP realmente é. Dois fatores motivam essa decisão:

1. Seus valores, sua personalidade e as coisas que são importantes para você.
2. A maneira como você precisa ser visto pelas pessoas para alcançar os seus objetivos de renda e crescimento.

Você deve ser autêntico acima de tudo. Porém, deve também saber que qualidades enfatizar e quais aspectos dos seus serviços devem ser expostos para que ganhe a quantia desejada. Você nunca deve adotar traços de personalidade somente para atrair mais clientes, mas se seu mercado-alvo valoriza muito a conveniência e a economia de tempo, não há nada de errado em dar ênfase a esses valores e ajustar o seu modelo de negócios para combinar com eles.

Esse processo tem três passos próprios.

A) Escolha Seu Mercado-Alvo

Você não pode terminar sua MP até que conheça seu mercado-alvo. Observe os tipos de cliente com os quais você tem trabalhado nos últimos um ou dois anos, e responda estas perguntas:

- Quais clientes produzem os maiores ganhos por hora?
- Quais clientes geram mais recomendações?
- Quais clientes em potencial parecem ser mais receptivos ao meu estilo de trabalho?
- Quais clientes em potencial têm o potencial de gerar mais dinheiro para mim?
- Quais clientes em potencial apresentam o maior potencial de crescimento?
- Com quais pessoas gosto mais de trabalhar?
- Com quais clientes em potencial tenho mais coisas em comum, em termos de estilo de vida e personalidade?

O resultado deve ser um grupo de clientes que se eleva bem acima dos outros. Uma vez que tenha esse resultado, responda as seguintes perguntas sobre o grupo:

- O que os membros desse grupo têm em comum?
- Posso mesmo atingir meus objetivos de renda com esse grupo?
- Há alguma necessidade não atendida que eu possa suprir?
- Qual é essa necessidade?
- Com base na cultura, valores e formação desse grupo, irão os seus membros perceber o valor da minha MP?
- Posso arcar com os custos do *marketing* para esse grupo?
- Existem veículos de *marketing* que alcançarão essas pessoas?
- O mercado é livre de concorrentes dominantes?

Se as pessoas nesse grupo tiverem algumas coisas em comum, como posição geográfica, interesses, religião ou idade, e as outras respostas forem afirmativas, você encontrou seu mercado-alvo. Se não, guarde-o para depois e escolha outro que passe no teste. Agora descreva seu mercado-alvo nos termos mais exatos possíveis. Exemplos:

- Casais afluentes morando perto do Clube Campestre Breezewood.
- Engenheiros da Boeing a três anos da aposentadoria.
- Mulheres divorciadas na casa dos 40 anos.
- Entusiastas do ciclismo.
- Descendentes de habitantes das ilhas do Pacífico.
- Pessoas interessadas em estilos de vida orgânicos e ecológicos.

Faça uma estimativa de quantos lares existem nesse mercado-alvo. Quantos desses você precisa conquistar para alcançar seus objetivos de renda? Quantos deles são clientes neste momento? Se você precisar conquistar mais de 20% de um mercado-alvo para ganhar a quantia que deseja, o mercado é pequeno demais. Certifique-se de que seu mercado é grande o suficiente para que você possa crescer realisticamente.

B) Escreva Sua Declaração de Especialização

Você sabe para quem vender sua marca. Agora você precisa determinar o que sua marca é. A especialização é a decisão mais importante que você pode tomar sobre sua marca, porque ela decide se as pessoas perceberão você como um prestador de serviços único ou igual aos demais. Lembrando-se de como as pessoas o veem agora e de como você quer ser visto, dê atenção a cada parte da Declaração de Especialização.

1. Quem Você É

   Não complique. Simplesmente diga ao mercado o que você faz. Você é um médico, um fisioterapeuta, um corretor de imóveis. Seja claro e breve.

2. O Que Você Faz e Para Quem

Aqui você pode começar a incluir algumas ideias mais precisas sobre sua marca, revelando como você oferece valor ao seu mercado-alvo. Vamos supor que "quem você é" é um fisioterapeuta. Dizer que você "ajuda as pessoas a se reabilitarem de contusões" é genérico e entediante. Não melhora em nada a sua marca. Mas a partir do momento em que você se concentra no seu cliente ideal e mercado-alvo, você pode ser mais preciso. Sua declaração se torna: "Ajudando atletas profissionais a voltar aos campos."

Essa declaração não só diz às pessoas em que tipo de cliente você se especializa, mas também sugere que você entende a cultura atlética profissional e que possui conhecimentos sobre as contusões esportivas.

A declaração de especialização desse profissional hipotético seria: "Um fisioterapeuta que ajuda atletas profissionais a voltarem a campo." Essa declaração pode levar a um *slogan* como, "Ajudando atletas profissionais a voltarem ao jogo."

C) Escolha Seu Atributo-Chefe

Não podemos terminar sem adicionar alguns elementos pessoais que tornam você uma pessoa única. Esse bocado de **"personalidade"** é o seu atributo-chefe, uma qualidade que torna você diferente de todos os outros no seu mercado. Não será parte da sua declaração de especialização; em vez disso, você o utilizará para orientar a aparência, sensação e estilo do *marketing* da sua marca. Seu atributo-chefe pode vir do seu estilo de vida, educação, origem familiar, religião, *hobbies* – qualquer coisa que reflita genuinamente a singular pessoa que você é. Também deve ser algo que provavelmente atrairá o seu mercado-alvo. Exemplos:

- Surfista.
- Formado em Harvard.
- Colecionador de carros antigos.
- Ex-piloto da Força Aérea.
- Natural da Alemanha.
- Cristão convertido.

Não importa qual atributo-chefe você escolha como base da sua MP, ele se tornará parte central da **expressão** da sua marca. Digamos que nosso fisioterapeuta seja uma mulher que pratique triatlo nas horas vagas. Esse é um atributo que com certeza atrairá atletas profissionais ultracompetitivos. Assim, seu *folder* pessoal poderia conter uma foto dela correndo por um deserto, enquanto seu logotipo poderia apresentar uma corredora como ícone... e assim por diante. Seu atributo-chefe influenciará a maneira como você comunica sua marca em fotos, gráficos, textos, cores, decoração, presentes, e até a localização do seu escritório.

COISAS QUE VOCÊ PODE FAZER EM UM MÊS

1. Reunir de três a cinco amigos de qualquer profissão para criar um grupo que se encontra todos os meses para compartilhar ideias, objetivos de vida e apoio.

2. Procurar um consultor de *marketing*, um experiente profissional de *marketing* que possa ajudá-lo a manter-se motivado e nos trilhos. Pode-se encontrar um profissional desse tipo pela Internet, fazendo uma busca por "consultor de marketing".

3. Transformar as histórias mais dramáticas de clientes/pacientes em estudos de caso que possam ser usados no *marketing*. Lembre-se de que você precisa mudar os nomes para proteger a confidencialidade do cliente.

4. Pensar em maneiras de criar versões mais simples, eficientes e baratas dos serviços que você oferece atualmente.

5. Pensar em maneiras de poupar o tempo dos seus clientes, e depois utilizar a economia de tempo como uma proeminente mensagem da sua MP.

6. Selecionar um **cliente do ano** e planejar algo especial para honrar essa pessoa.

4º PASSO: ESCOLHA SUAS ARMAS

Finalmente, quais veículos você utilizará para divulgar sua MP? Os 21 veículos de promoção são os seguintes (já citados anteriormente no Capítulo 5):

1. *Buzz marketing*.
2. Visitas.
3. Recomendações de clientes.

4. Mala direta.
5. Publicidade interna.
6. A Internet.
7. *Networking.*
8. Publicidade externa.
9. Publicidade em pontos de venda.
10. Publicidade impressa.
11. Recomendações profissionais.
12. Relações públicas.
13. Publicações.
14. Publicidade no rádio.
15. Seminários privados.
16. Seminários públicos.
17. Eventos especiais.
18. Patrocínios.
19. *Telemarketing.*
20. Publicidade televisiva.
21. Feiras de negócios.

Não importa em que ramo você trabalhe, eu recomendo que utilize os seguintes veículos, pois eles têm boas relações custo-benefício e tempo-benefício:

- Mala direta (*folders* pessoais e postais pessoais).
- A Internet (um *site*).
- Recomendações profissionais.
- Eventos especiais.

Em termos de ferramentas para o aprimoramento da sua MP, você deve ter a seu dispor um *folder* pessoal e um conjunto de identidade de marca – logotipo, cartões de visitas, papel timbrado e assim por diante. Esses são essenciais. Mas devido à **regra de cinco**, você precisará de pelo menos cinco maneiras de atingir seu mercado-alvo. Portanto, pense em quais outros veículos você poderá utilizar com as ferramentas que irá criar. Você pode usar seu *folder* pessoal como uma ferramenta de *networking* e comparecer a inúmeros eventos profissionais, ou transformar seu logotipo num espetacular letreiro, uma forma de publicidade externa.

Examine os veículos novamente e veja quais se encaixam melhor em 1º) seu tempo; 2º) seu orçamento; 3º) sua personalidade; 4º) seu mercado-alvo. Depois escolha suas armas e as relacione aqui:

O veículo que estou usando   **A ferramenta que estou usando para ele**
Pontos de venda   *Folder* pessoal

1. _____   _____
2. _____   _____
3. _____   _____
4. _____   _____
5. _____

Parabéns por ter chegado até aqui! Você escalou uma grande montanha: decidiu as características da sua MP e a maneira como ela será comunicada ao mundo. Agora é hora de darmos o próximo passo: a **organização** e o **lançamento** da sua MP.

A ESTA ALTURA VOCÊ DEVE ESTAR...

- Determinando se precisa aumentar seu orçamento.
- Começando a ver alguns clientes provindos de recomendações profissionais.
- Vendo uma mudança no modo como as pessoas o tratam após receber seu *folder* pessoal.
- Encontrando mais pessoas que sabem quem você é e o que faz.
- **Cobrando mais!**

CAPÍTULO 14

LANCE SEU PLANO DE UM ANO

Gostaria de ver o papa vestindo minha camiseta.

– Madonna

Todas as partes devem estar em seus lugares agora: sua declaração de especialização, seu atributo-chave, seu mercado-alvo, seus objetivos e sua escolha de veículos e ferramentas. Você tem pelo menos uma ideia de como será sua marca pessoal, assim como de quem você deseja atrair como clientes ou pacientes perfeitos. A única coisa que resta a fazer, como Alan Shepard disse no filme *Os Eleitos*, é "acender a vela". Seja bem-vindo ao fim do começo – o lançamento do seu Plano de Um Ano (PdUA).

Neste momento, há algumas perguntas que eu considero úteis:

- Meus trajes, joias e até mesmo meu carro reforçam a imagem da minha marca?
- Os sinais visíveis do meu estilo de vida fazem o mesmo?
- Tudo já foi revisado e todos os trabalhos de impressão já foram inspecionados quanto à qualidade?
- Há alguma peça faltando, como o letreiro?
- Sei o que responder quando alguém me pergunta a razão da mudança?

- Planejei um evento surpresa para agradecer meus funcionários por me ajudar a lançar minha marca?

É fácil ficar nervoso enquanto você se prepara para gastar todo esse dinheiro e colocar seu futuro profissional em risco; porém, perguntas simples e sensatas como essas não somente contribuem para clarear a sua mente, como também o ajudam a lidar com pequenos problemas antes que eles se tornem grandes. Agora vamos montar seu cronograma de promoção e lançar esse negócio.

COISAS QUE VOCÊ PODE FAZER HOJE

1. Criar uma caixa de sugestões (real ou on-line) para os seus funcionários.
2. Se o seu negócio é sazonal, como a declaração de impostos, procurar saber mais sobre tarifas de publicidade especiais para certas temporadas.
3. Pensar em outras línguas nas quais seus materiais de marketing podem precisar ser produzidos.
4. Seu letreiro precisa ser visível de noite? Dar uma olhada.
5. Designar um dia do mês como "Dia de Perguntas e Respostas". Nesse dia, você não encontrará nenhum cliente. Você só atenderá telefonemas e responderá perguntas, sem obrigações.
6. Fazer buscas nos maiores mecanismos de busca on-line e ver a posição do seu negócio com diferentes termos.

SEU CRONOGRAMA DE PROMOÇÃO

Um bom primeiro passo é recapitular todas as partes que você já colocou no lugar. Anote:

1. Seus objetivos.
2. Seu mercado-alvo.
3. Sua declaração de especialização.
4. Seu atributo-chave.
5. Seus veículos e ferramentas de promoção.

Ótimo! Só há mais uma coisa que você precisa para começar: um plano-mestre que decide cada ação e determina quando elas acontecerão nos próximos 12 meses. Sem muitas surpresas, é exatamente isso que eu vou ajudar você a fazer neste capítulo: um **cronograma de promoção**.

Seu cronograma de promoção é uma tabela semanal e mensal que lista todos os seus veículos de promoção. Ele exibe quando todas as coisas relacionadas ao funcionamento desses veículos precisam acontecer, além de determinar quem são os responsáveis por cada uma delas. É o cronograma-mestre com todas as suas iniciativas de criação de marca; quando você terminá-lo, sugiro que o imprima numa folha de 2,5 m de largura e o cole na parede do seu escritório para que todos o vejam. Seu cronograma de promoção deve listar:

1. Seus veículos de promoção.
2. As atividades e prazos relacionados a cada veículo; por exemplo, dentro de mala direta, você pode incluir redação, impressão, "*Blitz* de Seis Semanas", "Campanha de 12 Meses" e *folder* pessoal.
3. Quem é o responsável por assegurar que cada uma dessas atividades seja executada.
4. Colunas para cada mês do ano, divididas em semanas.

Seu cronograma de promoção deve se parecer com este:

Cronograma de Promoção												
Mês	Julho				Agosto				Setembro			
Semana	7	14	21	28	5	12	19	26	1	8	15	22
Atividade												
Recomendações profissionais												
Gerar oportunidades de negócios	X				X			X				
Resp.: Patti												
Reuniões			X				X			X		
Resp.: Patti												
Relacionamentos				X				X				X
Resp.: Patti												

Cronograma de Promoção (continuação)												
Mês	Julho				Agosto				Setembro			
Semana	7	14	21	28	5	12	19	26	1	8	15	22
Atividade												
Eventos de clientes												
Reserva do local		X										
Resp.: Geoff												
Convites							X					
Resp.: Geoff												
Entretenimento								X				
Resp.: Geoff												
Mala Direta												
Impressão			X									
Resp.: Mary												
Campanha de 12 meses	X				X				X			
Resp.: Mary												
Folder pessoal											X	
Resp.: Tom												
Blitz de 6 Semanas				X	X	X	X	X	X			
Resp.: Mary												

No final, você terá um cronograma de um ano inteiro, explicitando todas as atividades e ações logísticas da sua campanha, quando elas precisam acontecer, e quem é o responsável por elas. Você pode também adicionar uma coluna no final de cada atividade para anotar o quanto ela custou, e um campo no fim de cada mês com a soma de todos os gastos do período. Essas são grandes maneiras de acompanhar o retorno sobre o seu investimento em tempo real.

Também sugeriria reproduzir seu **cronograma de promoção** em forma eletrônica, usando um programa de calendário grátis como o Yahoo! Calendar ou o Google Calendar. Esses calendários são ferramentas sensacionais porque podem ser acessados de qualquer lugar com um computador e uma conexão à Internet, e porque você pode programá-los para enviar lembretes por *e-mail* ou mensagens de texto para celulares com o prazo de certas tarefas. Certifique-se de que todos no escritório saibam como usar e atualizar seu calendário *on-line*.

CIRURGIA DE MARCA
O PACIENTE: O LANÇAMENTO DA SUA MARCA

- Não lance sua marca pouco a pouco, enviando seus folders numa semana, malas diretas eletrônicas na outra, e assim por diante. Em vez disso, é mais prudente usar a estratégia de "ligar o interruptor", na qual você coloca tudo no lugar – anúncios, mala direta, site, releases – e implementa tudo em dois ou três dias. Isso produz mais impacto e traz mais atenção.

- Celebre o lançamento da sua marca com um evento especial, como uma grande festa de reabertura no seu escritório recém-decorado. Convide a imprensa.

- Inspecione completamente todos os seus materiais impressos antes de aprová-los. Na primeira rodada de correspondências, a qualidade perfeita é especialmente crucial.

- Concentre-se nas novidades da sua mensagem de marketing nos primeiros 30 dias após o lançamento. Isso lembrará as pessoas de que você está fazendo algo especial.

- Abandone a ênfase nas novidades após 30 dias. Você quer que todas as pessoas novas presumam que você sempre foi essa máquina de marketing refinada e charmosa.

Uma vez que esteja pronto, seu cronograma de promoção torna-se a bíblia do *marketing* da sua marca. É o calendário que controla todas as atividades; deve ser a primeira coisa que você e seus funcionários olham quando entram no escritório de manhã. Ele será a locomotiva de todas as atividades de *marketing* do seu negócio, e a melhor parte é que mesmo quando você está longe, as tarefas podem ser executadas. Isso liberta você da área de vendas e proporciona mais tempo para o *networking*, palestras ou férias. Nomeie-se o responsável pelo menor número possível de atividades de MP. Isso libera você para viajar, sair de férias ou se concentrar naquilo que faz melhor: proporcionar um valioso serviço que faz os clientes retornarem.

COISAS QUE VOCÊ PODE FAZER EM UMA SEMANA

1. Pedir que um dos seus funcionários faça uma lista de livros úteis e interessantes aos seus clientes, e criar uma biblioteca para sua sala de espera.
2. Estabelecer uma comissão de agenciamento para qualquer pessoa que recomende você a alguém que se tornar um cliente.
3. Se você envia faturas aos seus clientes, usá-las como uma oportunidade de enviar materiais de divulgação ou informações sobre ofertas especiais.
4. Planejar suas primeiras férias prolongadas (sem trabalho!) seis meses após o início da sua campanha, não importa o resultado.
5. Passar algum tempo comentando em blogs de outros profissionais da sua área, com o objetivo de estabelecer sua reputação e atrair mais pessoas ao seu site.
6. Pensar em personalizar os carros de trabalho com a sua marca e pesquisar os preços.

SEU MANUAL DE MARCA

A segunda ferramenta que você precisará para o lançamento da sua MP será seu **manual de marca**. Ele é um fichário de três argolas com abas ou um *site* (de preferência os dois) que detalha todas as minúcias envolvidas na gestão da sua MP. Algumas das informações que devem estar no seu manual são:

- Nomes e informações de contato de fornecedores e prestadores de serviços (gráficas, empresas de mala direta, *designers* e assim por diante).
- Preços de cada serviço que você recebe, de *design* gráfico até hospedagem na Internet.
- Nomes e informações de contato dos seus parceiros de recomendações profissionais.

Pode ser uma boa ideia combinar seu manual com os procedimentos de atendimento ao cliente para que tudo fique em um lugar só. Também sugiro a inclusão de "gatilhos" no seu manual de marca – condições pré-definidas que, quando cumpridas, desencadeiam certos eventos. Por exemplo, quando você conquista um novo cliente através de uma recomendação, uma nota na seção **"recomendações"** do seu manual lembra o funcionário de enviar um presente de agradecimento para a pessoa que fez a indicação.

Utilize a automação sempre que puder para ampliar as capacidades da sua equipe. Com companhias de mala direta eletrônica, os *e-mails* podem ser programados com meses de antecedência, enquanto coisas como a notificação de clientes podem ser feitas por *e-mail*. Sistemas automáticos podem enviar lembretes de compromissos para os celulares dos clientes. Transforme a tecnologia em uma aliada na economia de tempo.

ESTUDO DE CASO DE UMA MARCA

A Marca: Kathy Kaehler.

Especialização: Instrutora e porta-voz de celebridades.

Local: Los Angeles, na Califórnia (EUA).

Veículos: *Today Show*, Exercise TV, Lifetime Network, livros, artigos de jornal, Internet, *personal training*.

Destaques: Treze anos no *Today Show*.

On-line: www.kathykaehlerfitness.com

História: Kaehler havia sempre pretendido seguir carreira na área de ginástica e saúde, graduando-se como bacharel em Ciência do Exercício e como licenciada em Dança, com estágio no Coors Wellness Center. Mas ela nunca planejou ser uma *personal trainer* de celebridades. Ela começou a trabalhar com Jane Fonda no Laurel Springs Retreat, um exclusivo retiro rural em Santa Barbara, na Califórnia. Depois, ela se tornou a especialista oficial em saúde do *Today Show*, a autora de sete livros, e ficou conhecida no sul da Califórnia como a *personal trainer* das estrelas. Sim, ela ajuda celebridades como Julia Roberts e Kim Basinger a se manterem em forma regularmente, mas essa é apenas uma pequena parte de quem Kaehler é e de quem ela almeja ser.

Como tudo começou: "Simplesmente estava no lugar certo e na hora certa quando encontrei Jane Fonda", ela diz. "Ela estava procurando alguém que pudesse ser diretor e instrutor de um spa muito pequeno e exclusivo que ela estava abrindo em sua propriedade em Santa Barbara. Os seus clientes vinham da indústria do entretenimento. Foi aí que comecei a dar aulas para celebridades.

"Após dois anos dirigindo de Santa Barbara até Los Angeles todos os dias, comecei a conseguir mais clientes. Recebia o primeiro às 6 da manhã e o último às 7 da noite. Acabei formando uma lista de clientes A, e isso me levou ao trabalho no *Today Show*, um ano após a Katie Couric ter começado. Escrevi uma carta para a Katie dizendo que gostaria de fazer parte do programa, e em 24h recebi uma ligação dela própria. Eu disse, 'O *Today Show* está no ar desde antes de eu nascer, mas vocês não fazem nada pela boa forma. Vocês deveriam abrir um espaço para mim.' Eu me encontrei com ela, subimos as escadas, assinei o contrato e fiquei no ar por 13 anos."

O que esta marca representa:

- **Boa forma** – Kaehler planejou sua marca ao longo de toda a sua jornada; ela possui um empresário, um publicitário e um agente que a ajudam a tirar melhor proveito das oportunidades. Consequentemente, ela é muito conhecida no mundo da saúde e da boa forma. Porém, ela ainda é, em primeiro lugar, uma *personal trainer* ativa que conduz sessões toda semana com uma clientela muito exclusiva. "Ainda dou aulas cinco dias por semana quando estou na cidade", ela lembra. "Eu dou aula para uma turma semiprivada de treinamento em circuito na minha casa. É algo muito realizador para mim porque é todo o meu trabalho, derivado daquilo que aprendi treinando as pessoas, e eu ainda adoro o que faço. Esta é a minha marca: sou uma instrutora. Consigo pegar uma pessoa em má forma física e colocá-la em forma."

- **Profissionalismo** – Kaehler não é deslumbrada com seu papel de *personal trainer* dos belos e famosos. Como qualquer profissional, ela se dedica a fazer seu trabalho, mas tem consciência de que dar aulas aos famosos ajudou a sua carreira. "Não me importo com o título de '*personal trainer* das estrelas' porque meus primeiros clientes foram celebridades, e eu continuo trabalhando com celebridades. Tem sido um capítulo muito interessante na minha vida, e uma maneira de criar minha mensagem e divulgá-la", afirma Kaehler.

- **Comunicação** – Ela escreveu sete livros sobre a saúde e o bem-estar para mulheres, adolescentes e pessoas ocupadas. Ela faz um ótimo trabalho ao dividir a boa forma física, um assunto às vezes intimidador, em pequenos pedaços de fácil digestão, como em suas sessões de cinco minutos – sessões curtas e rigorosas que podem ser praticadas em qualquer dia cheio. Seu próximo produto é um aparelho de exercícios que ela mesma projetou e desenvolveu: o *Gym in a Box*, ou academia numa caixa.

Fator-chave: Ela se tornou a instrutora de plantão do *reality show Keeping Up with the Kardashians*, e também trabalha no canal Exercise TV. A impressão é a de que Kaehler está em todos os lugares: na revista *Time*, na Nissan como *master trainer*, na rede TV Guide com uma série de exercícios. Ela é prova de que você não precisa ser seguido por um bando de *paparazzi* para ser famoso.

> *Insights*: "Sou conhecida pela minha abordagem simples. Minhas técnicas de treinamento são fáceis de executar, mas desafiadoras. Sim, sou uma instrutora de celebridades, mas posso treinar as pessoas nas instalações mais modernas, na academia pessoal de uma celebridade, ou numa garagem. Meu objetivo é educar e motivar as pessoas a viverem vidas ativas e saudáveis. Eu permaneço com essas convicções básicas para que as pessoas sempre saibam o que receberão de mim."

OS PRIMEIROS TRINTA DIAS

Há tanto o que se fazer no lançamento de uma MP que pode parecer assombroso. A partir do momento em que você termina sua estratégia de marca, o cronômetro dispara, e esta lista é o suficiente para ajudá-lo a começar.

1. Faça o *design* do seu logotipo e imprima seus novos cartões de visita.
2. Produza papéis timbrados, etiquetas postais, cartões de anotações e envelopes com seu novo logotipo e *slogan*.
3. Encomende novos letreiros e qualquer outra coisa que apresentará seu logotipo.
4. Preencha seu cronograma de promoção.
5. Tire fotos da mais alta qualidade.
6. Faça o *design*, escreva e imprima seu *folder* pessoal e seu postal pessoal.
7. Faça o *design* e lance a versão básica do seu *site*: *homepage*, biografia, serviços, portfólios ou estudos de caso, e informações de contato. Você pode sempre adicionar outras páginas e recursos mais tarde.
8. Envie o seu *kit* de imprensa inicial.
9. Faça um anúncio no catálogo telefônico, se for apropriado para o seu negócio.
10. Envie cartas pessoais para seus clientes atuais, colegas e contatos profissionais, explicando o lançamento da sua MP, os motivos da sua decisão, e o que você espera poder fazer por eles no futuro.

11. Envie cartas para encerrar seu relacionamento com clientes B e C, desejando-lhes sorte e recomendando outros prestadores de serviços.
12. Caso necessário, modifique seu escritório para que ele combine bem com a sua marca e sua nova filosofia de atendimento ao cliente.
13. Crie seu manual de marca e um guia de atendimento ao cliente, em versão impressa e *on-line*.
14. Compre ou compile sua lista inicial de mala direta impressa e/ou eletrônica.

À medida que você implementa os estágios do lançamento da sua marca, vá marcado cada um deles no seu cronograma de promoção. Logo após esse período de 30 dias, você deve iniciar o envio de malas diretas e a expansão das suas recomendações profissionais. Você terá seu *folder* pessoal, postais pessoais e um *site*, portanto estará numa excelente posição para fazer *networking*, pedir recomendações, direcionar as pessoas para a Internet para saberem mais sobre você e causar uma impressão fantástica.

COISAS QUE VOCÊ PODE FAZER EM UM MÊS

1. Pedir ao seu *designer* gráfico que crie um "manual de estilo" que detalhe todos os elementos visuais da sua marca, de fontes e tamanhos até cores e posições de elementos.
2. Pensar na possibilidade (e verificar o *status* legal) de uma política de garantia de satisfação, se fizer sentido na sua profissão.
3. Tornar-se colaborador da seção de respostas do LinkedIn.com.
4. Pensar num concurso ou competição e pedir as opiniões do seu comitê consultivo de clientes.
5. Se isto for apropriado para a sua profissão, pensar na possibilidade de economizar dinheiro dividindo o escritório com outro profissional.
6. Conversar com 10 celebridades locais importantes sobre a possibilidade de receber endossamentos.

O QUE DIZER ÀS PESSOAS COM QUEM VOCÊ TRABALHA

É importante informar seus clientes atuais e potenciais sobre o motivo do lançamento da sua nova MP. Eles também precisam saber como isso os afeta. Malas diretas são aceitáveis; contatos por telefone ou pessoalmente são melhores. De qualquer maneira, explique que você está lançando essa nova identidade para ajudá-lo a expandir seu negócio e a se concentrar em áreas onde você pode proporcionar o maior valor possível aos clientes. Explique também que isso não irá alterar sua disponibilidade a eles de maneira alguma.

Isso dá segurança aos clientes, além de ser educado e de bom senso para os negócios. Quem sabe? Se seus clientes e colegas entendem de *marketing*, eles podem até ajudar você a divulgar seu trabalho.

OS MEMBROS DA SUA EQUIPE

Ao longo deste livro, tenho falado dos seus funcionários ou da sua equipe. Mas essa não é uma questão que admite respostas pré-definidas. Você pode ter um quadro de funcionários de **seis pessoas**, ou pode não ter nenhum. Então as coisas são mais complicadas do que simplesmente dizer: "Peça aos seus funcionários que façam isso ou aquilo." Enquanto você se prepara para lançar sua MP, a questão de quem ajudará você a lançar e manter a sua marca ganha vital importância.

Meu conselho básico é este: **não lance sua marca sozinho**. É quase impossível que uma única pessoa consiga lançar e manter uma MP complexa, pois ela ainda precisará fornecer serviços e atendimento de qualidade elevada. Se você tentar fazer tudo ao mesmo tempo, provavelmente acabará irritando clientes, desperdiçando dinheiro e empurrando seus objetivos para um futuro mais distante. Se estiver trabalhando sozinho hoje, meu conselho é que encontre dinheiro para contratar pelo menos um assistente pessoal. Melhor ainda, contrate uma pessoa e a nomeie gerente de marca. Ela se torna responsável por executar todos os passos do seu cronograma de promoção e por assegurar que seus procedimentos de atendimento estejam sendo seguidos. Depois disso, eu sugeriria que contratasse um assistente virtual (um ótimo lugar para procurar: Virtual Assistant Networking Association, www.vanetworking.com), alguém que lidará com suas necessidades básicas, como telefonemas, envios de *fax*, registro de informações e assim por diante. Assistentes virtuais cobram uma quantia fixa por mês para lidar com afazeres administrativos básicos, liberando seu gerente de marca para uma tarefa mais importante: manter sua marca arrumada e em ordem.

Se você tiver um escritório ou orçamento maior, ou se já tem funcionários, pense em contratar uma nova pessoa ou posicionar seus funcionários atuais em novos cargos, oferecendo treinamento para que fique focados na marca. Num mundo perfeito, este seria o pessoal que eu adoraria ver no seu escritório:

- **Gerente de marca** – Essa pessoa é responsável por todas as exigências diárias da campanha da sua MP, desde a negociação de tarifas de publicidade até o agendamento de entrevistas e a obtenção de orçamentos para impressão.
- **Gerente de escritório** – Essa pessoa administra seu escritório, lidando com tudo, desde a folha de pagamentos e recursos humanos até segurança e manutenção.
- **Gerente de atendimento ao cliente** – Essa pessoa supervisa todos os aspectos da assistência ao cliente, desde as primeiras impressões até relatórios de contas, faturas, presentes e resolução de crises.
- **Assistente pessoal** – Essa pessoa é seu braço direito, lidando com telefonemas e *e-mails*, atualizando sua agenda e fazendo o que for preciso para assegurar que você tenha tempo para dar o que tem de melhor.

Você pode terceirizar todos os outros serviços que precisar. Você receberá suporte técnico da sua empresa de hospedagem e *marketing on-line*. Você receberá trabalhos de *design* de um *designer* gráfico *freelance*, e redação de um escritor também *freelance*. Se você puder fazer isso, forme esse núcleo de funcionários internos na sua folha de pagamentos, para que essas pessoas trabalhem somente para você. Então suplemente seu trabalho com serviços terceirizados para manter os gastos sob controle.

Um último detalhe sobre seus funcionários: **trate-os muito bem**. Se eles o ajudarem a atingir aquele crescimento de 100%, trate-os melhor ainda. Recompense-os com presentes e reconhecimento, pois pessoas competentes capazes de ajudar você a fazer o seu melhor não crescem em árvores. Dê assistência a eles, reconheça seu trabalho e também os remunere bem (já vi empresas que davam bônus aos seus funcionários com base não na receita, mas na satisfação dos clientes). Fazendo isso, o tratamento será recíproco.

A ESTA ALTURA VOCÊ DEVE ESTAR...

- Vendo as primeiras respostas às suas malas diretas.
- Escrevendo sua *newsletter* ou *blog* se tiver tempo.
- Terminando seu cronograma de promoção.
- Fazendo a lista de convidados do seu primeiro evento para clientes.
- Começando a ver a diferença na sua renda mensal.
- Percebendo que você está menos estressado porque não está trabalhando com clientes desagradáveis.

CAPÍTULO 15

MANTENDO E DEFENDENDO SUA MARCA

"Marca Pessoal" é, hoje em dia, a expressão da moda. Não há uma só estratégia para todos os casos. Se você se sente melhor vestindo um terno, vista um terno. Se quiser ser mais casual, você pode ser. Simplesmente respeite a si mesmo.

– Mary Lou Andre, presidente da Organization by Design

Bem, não foi tão ruim assim, foi? Tudo bem, foi estressante, caro e um pouco assustador. Mas você aguentou firme. Você lançou sua nova MP. Você enviou seus cartões postais e *folders* pessoais, lançou seu *site*, entrou em contato com clientes que não queria mais e se desligou educadamente, e realizou sua grande festa de reabertura (dois repórteres locais até apareceram!). Agora é hora de colocar seus pés para cima, relaxar e assistir o dinheiro entrar, certo?

Você sabe a resposta dessa pergunta obviamente capciosa. O trabalho só está começando, e agora você tem duas grandes tarefas à sua frente: manter sua nova MP e cumprir as promessas que ela faz a todas as pessoas que entram em contato com ela. Com sorte, você nunca terá que lidar com a terceira tarefa: defender sua marca quando ela está em crise, como quando alguém acusa você de receber dinheiro por serviços que não prestou, ou abre um processo por negligência profissional. Espero que você nunca se encontre nessa situação, mas como eu gosto de lembrar aos meus clientes:

A esperança não é uma estratégia de sucesso.

Infelizmente essas coisas podem acontecer, não importa o quão cuidadosos somos no nosso planejamento, portanto também falarei das crises que podem acometer uma marca neste capítulo final.

COISAS QUE VOCÊ PODE FAZER HOJE

1. Comparar sua renda mensal antes de aumentar suas tarifas com sua renda atual.
2. Criar uma promoção com data de validade e ver como isso afeta a resposta dos clientes.
3. Rever seu modelo de negócios para saber se ele é adequado aos deficientes físicos ou pessoas com problemas visuais/auditivos.
4. Se você lida com idosos (com planejamento de aposentadorias, por exemplo), assegurar-se de que seus materiais são de fácil leitura para pessoas com visão reduzida.
5. Tomar providências para que seu escritório seja um ambiente conveniente para crianças, se você lida com pais de crianças pequenas.
6. Encomendar cartões de visita para todos os seus funcionários. Sim, todos eles precisam de cartões.

MANUTENÇÃO DE MARCA

Existem dois tipos de manutenção de marca. O primeiro envolve continuar com as rédeas de todos os serviços e eventos agendados nas mãos, pois eles precisam continuar acontecendo para manter sua MP no mercado. Isso significa verificar se as impressões estão sendo feitas no prazo, se o envio de correspondências acontece quando deveria, se os cartões de visita são encomendados, se as atualizações do seu *site* ocorrem na hora certa, se as cestas de presentes são enviadas, se as confirmações de presença para eventos são recebidas, e se são resolvidos inúmeros outros detalhes que necessitam de incontáveis telefonemas e *e-mails* num único dia.

Sinceramente, é por isso que você deve ter um **gerente de marca**. É um trabalho em tempo integral garantir que a estrutura básica da sua MP não desabe como uma ponte de madeira podre. Não há nenhuma possibilidade de você conseguir executar esse trabalho e ainda praticar a medicina, advocacia ou consultoria financeira. É essencial que você tenha uma pessoa cujo único trabalho seja ficar em cima das gráficas, empresas de mala direta, fotógrafos, *designers* e fornecedores. Alguém que possa confirmar que você está pagando a tarifa combinada pelo seu anúncio no jornal, e não um preço mais caro que um representante de vendas tentou passar desapercebidamente.

O segundo aspecto da manutenção de uma marca envolve a comunicação com seus clientes. Você precisa se comunicar com eles regularmente por cartas, *e-mails* ou telefonemas, mantendo-os atualizados e fazendo com que se sintam bem-atendidos. Um dos motivos disso ser tão importante é que os seres humanos odeiam sentir que estão sendo mantidos no escuro, sem informações. Quando você liga para o número de atendimento de uma empresa e não consegue receber uma explicação para as falhas do seu computador, o que faz você ficar mais irritado (além de ficar esperando por 45 minutos)? É não receber uma resposta franca. Se um profissional de TI inteligente entra na linha e diz que você provavelmente precisa de um novo computador, tudo bem, você pode lidar com isso. É com a incerteza que nós humanos não lidamos muito bem.

Então quando seus clientes não recebem comunicações regulares de você, eles se sentem no escuro. Isso pode fazer com que fiquem ressentidos, e esse ressentimento só aumenta se o primeiro contato que você faz em seis meses é para pedir recomendações. Essa é a mentalidade "ele só liga quando quer alguma coisa". Um filho ingrato já é ruim o bastante, mas um contador ingrato? Você será visto como negligente, calculista e oportunista, e perderá clientes.

Lembre-se, o desenvolvimento de uma MP é um relacionamento construído com base numa promessa implícita, e relacionamentos saudáveis demandam comunicação constante. Isso significa possuir sistemas que possibilitam que você tenha contato com seus clientes atuais pelo menos uma vez por mês: uma *newsletter*, avisos por *e-mail*, um boletim informativo impresso, uma carta pessoal, um telefonema e até um cartão de Natal. Não se trata de necessidades, demonstrações financeiras ou recomendações. Trata-se de "contato". Há um motivo para os profissionais de *marketing* utilizarem esse termo. Somos animais sociais. Gostamos de ter outras pessoas ao nosso redor; gostamos de saber que as pessoas em quem confiamos e que respeitamos também nos valorizam. A comunicação regular diz aos clientes que você os valoriza e respeita. Esse cultivo de boa vontade aumentará o número de recomendações e diminuirá as reclamações.

CIRURGIA DE MARCA
O PACIENTE: MANUTENÇÃO DE MARCAS

- Não dê oportunidade para o acaso. Planeje tudo.
- Não presuma que as pessoas saibam quem é responsável por cada tarefa. Determine tudo.
- Se você quer beber ou se comportar como um calouro na universidade, saia de férias.
- Se seu negócio for pequeno, utilize ferramentas automatizadas grátis, como o Yahoo Calendar, como versões simplificadas de sistemas de CRM (*Customer Relationship Management*, ou Gestão do Relacionamento com o Cliente).
- Entre em contato com cada um dos seus clientes pessoalmente pelo menos uma vez por ano.
- Se você não puder vencer um concorrente no seu mercado-alvo, tente uma parceria.

Gestão do Relacionamento com o Cliente

A mais nova ferramenta utilizada na comunicação com os clientes é um poderoso tipo de *software* conhecido como CRM. Vendidos por marcas como a Salesforce.com, esses programas costumavam ser conhecidos como ferramentas de "automação da força de vendas", pois eram projetados para que executivos de vendas acompanhassem seus bancos de dados de clientes e gerenciassem suas agendas de compromissos.

Nos dias de hoje, as ferramentas de CRM estão disponíveis muito mais amplamente, e eu as recomendo para muitos dos meus clientes com escritórios maiores ou que trabalham com um ou mais parceiros profissionais. Alguns sistemas de CRM funcionam estritamente *on-line*, sem a necessidade de comprar qualquer *software*, enquanto outros, como o vendido pela Siebel, são instalados na sua rede de computadores. De uma maneira ou de outra, produtos de CRM fornecem um conjunto de recursos extremamente eficientes para a gestão e otimização de relacionamentos com clientes:

- A operação do seu próprio *call center* para *telemarketing* e atendimento ao cliente, com acesso instantâneo ao histórico completo do cliente.
- Um portal que os clientes podem usar para sanar suas dúvidas a partir de uma base de conhecimentos *on-line*, e que você pode modificar para dar informações personalizadas a diferentes grupos de clientes.
- O redirecionamento automático de *e-mails* de clientes para o funcionário certo.
- O controle e a automação das suas campanhas de mala direta eletrônica.
- A gestão das suas listas de *e-mail* e mala direta.
- A análise dos dados do retorno sobre o seu investimento.
- A armazenagem de todos os seus documentos relevantes, o que possibilita transferências eletrônicas simples para impressoras e clientes.
- A captura automática de clientes em potencial que visitam seu *site*, incluindo o envio de um *e-mail* de boa-vindas ao visitante.

Se sua empresa for pequena, programas de CRM provavelmente não são necessários, nem devem caber no seu orçamento. Mas se você estiver, por exemplo, administrando um escritório de advocacia com 6 advogados, 50 clientes e mais deles chegando a todo o momento, você provavelmente precisará de uma ferramenta para ter certeza de que seus canais de comunicação continuem abertos, seus documentos essenciais não se percam, e assuntos confidenciais permaneçam confidenciais. Ferramentas de CRM proporcionam controle total do fluxo de informações por *e-mail*, telefone e papel. Se o seu negócio estiver se expandindo cada vez mais, eu recomendo muito que procure saber mais sobre essas ferramentas **antes do lançamento da sua MP.**

COISAS QUE VOCÊ PODE FAZER EM UMA SEMANA

1. Comparecer a uma feira de negócios ou conferência e fazer *networking* como um louco.

2. Determinar um dia e horário em que você sempre para de trabalhar para inserir novos contatos no seu banco de dados.

3. Começar uma coleção de recortes de jornal, *folders* e outras boas ideias que você pode "tomar emprestadas" mais tarde.

4. Se sua comunidade justifica esta medida e você se sente confortável com ela, encontrar maneiras de tornar seu negócio mais amistoso ao lucrativo mercado de *gays* e lésbicas.

5. Criar um formulário de reclamações no seu *site* e pedir aos clientes que digam tudo, não importa o quão insignificante, que não gostaram na experiência como clientes.

6. Gravar seu primeiro *podcast* e torná-lo disponível no seu *site*.

Ajustes em pleno voo

Vamos falar de Steve Jobs, cofundador da Apple Inc. Não há dúvidas de que ele é um visionário e brilhante perito em marcas; o "campo de distorção da realidade" de Jobs é considerado o responsável pelo sucesso estrondoso do *iPhone* e de outros gigantes do *marketing*. Mas tente se recordar de 1996, quando Jobs voltou à Apple, a empresa que havia criado com Steve Wozniak. As coisas não iam bem: a companhia vinha perdendo terreno para o *Windows* da Microsoft, um sistema operacional inferior mas fortemente estabelecido, e sua linha de produtos era confusa. A maioria dos especialistas imaginava que a Apple era pouco mais que um alvo de aquisição.

O que Jobs fez foi impressionante: ele ignorou tudo o que havia se passado, jogou fora diversos projetos tradicionais e reformou a empresa completamente. O que era chato saiu; o *design* criativo ficou. Os resultados – o *iMac*, *iPod*, *iTunes*, *iPhone* e assim por diante – tornaram uma corporação moribunda no motor de uma revolução cultural e tecnológica. A moral da história: a inércia mata. Você deve estar disposto a mudar as coisas em pleno voo se elas não estiverem funcionando. Isso é verdade para os diretores executivos das maiores companhias de informática, e é verdade também para aqueles que criam MPs. É absolutamente essencial que você esteja disposto a ajustar sua estratégia com o passar do tempo.

Você se lembra quando, muitos capítulos atrás, eu sugeri que você tomasse café da manhã com seu comitê consultivo de clientes a cada três ou seis meses para conversar sobre maneiras de melhorar seu negócio? Você precisa fazer o mesmo tipo de autoavaliação com cada aspecto da sua MP: seus gastos, seu fluxo de novos clientes, a efetividade do seu *marketing*, sua penetração no seu novo mercado. Por isso é tão importante controlar tudo o que você faz, do dinheiro que você gasta em publicidade em jornais até o número de ligações que você recebe após uma rodada de malas diretas.

Treine seu pessoal para perguntar e fazer anotações sobre onde os clientes ouviram falar de você. Eu até recomendaria a criação de um **formulário de entrada de clientes** que você possa usar para perguntar com quais veículos de promoção os clientes já tiveram contato.

Então, no mínimo a cada seis meses, sente-se com os dados e faça as seguintes perguntas:

- Tenho me mantido dentro do meu orçamento?
- Tenho visto o número de clientes de alta qualidade de que preciso?
- Tenho fechado negócios com um número suficiente de novos clientes ideais?
- Tenho criado novas fontes de receita suficientes? Se não, o que preciso fazer?
- Todos os meus veículos de promoção estão gerando uma resposta satisfatória? Se não, quais deles devo pensar em mudar?
- Tenho progredido num ritmo adequado no meu mercado-alvo?
- Estou trabalhando o número de horas que desejo, ou devo diminuir a promoção da minha marca?
- Tenho prazer ao fazer isso tudo?

Por exemplo, se você tiver anunciado na revista de estilo de vida local pelos últimos seis meses, mas nenhum dos seus novos clientes tiver mencionado o anúncio, talvez seja hora de retirá-lo e gastar seu dinheiro de outra maneira. Ou ainda, e se um forte concorrente tiver passado despercebido quando você pesquisou seu mercado-alvo? Quando você lança sua campanha de *marketing*, você subitamente percebe que está travando uma árdua batalha contra alguém que "possui" 40% dos clientes que você procura. Essa é a hora em que você deve pensar em ceder e procurar um grupo de clientes parecido porém menos desafiador. E se você tiver o agradável problema da sua MP estar funcionando melhor do que deveria, você precisa decidir como lidar com a enxurrada de novos negócios. Você desacelera seu *marketing*, rejeita novos clientes, ou expande seu negócio e encontra parceiros para lidar com a demanda?

Reorganizar-se e avaliar sua situação duas ou três vezes por ano pode ajudá-lo a refrear gastos que se tornaram insustentáveis, a se desfazer de ferramentas ineficazes e substituí-las por alternativas mais eficientes, e a se certificar de que sua MP está fazendo o que ela deve fazer: proporcionando-lhe uma carreira e um estilo de vida que você pode realmente apreciar.

COISAS QUE VOCÊ PODE FAZER EM UM MÊS

1. Anunciar numa publicação por alguns meses, e então se encontrar com o gerente de publicidade para discutir preços ou benefícios especiais, como informes publicitários.

2. Convidar um repórter para passar um dia típico com você para uma matéria de interesse humano. Melhor ainda, se você tiver um cliente ou caso dramático, convide um repórter para "pegar carona".

3. Gravar uma "atualização semanal" no seu sistema telefônico, permitindo que clientes em potencial liguem para receber novas informações toda semana.

4. Conduzir uma pesquisa pelo correio para descobrir a velocidade das conexões à Internet dos seus clientes em potencial. Talvez você possa também conseguir informações úteis das companhias locais de telefone ou de Internet a cabo.

5. Proteger todo o seu conteúdo com o símbolo do *copyright* (direitos autorais), e conversar com seu advogado sobre o registro de qualquer processo ou produto único que você tenha inventado.

6. Se você não aceita cartões de crédito, procurar saber mais sobre a afiliação a uma rede para que possa aceitá-los como pagamento.

UMA MARCA EM CRISE

Você não é nenhum Michael Jackson, nem uma Martha Stewart. As redes de notícias pediram que eu comentasse o estado das suas poderosas MPs quando foram julgados por abuso de menores e fraude, respectivamente. Fique agradecido; suas transgressões provavelmente não serão acompanhadas por todo o país e debatidas na CNN. Mas isso não significa que sua MP não possa embarcar numa canoa furada. Se isso acontecer, você precisa saber como evitar que ela afunde.

A crise de uma marca é simplesmente uma questão de confiança e incerteza. Algo acontece e faz com que os membros do seu mercado-alvo ou da sua comunidade de maneira geral duvidem que a identidade que você apresenta através da sua MP seja realmente quem você é. As pessoas começam a questionar se você é hipócrita ou falso. E como a fofoca negativa se espalha muito mais rápido que o boca a boca positivo, as coisas ruins podem ultrapassar o seu negócio muito mais rapidamente do que você imagina.

Uma crise não significa sempre que você "fez sexo com aquela mulher" ou outra coisa igualmente lasciva. Na verdade, ela normalmente é causada por um simples engano que sai do controle. Alguns exemplos:

- Alguém o acusa de copiar as propagandas de um concorrente.
- Você é processado por quebra de contrato.
- Você diz algo que inadvertidamente ofende a mulher de um funcionário do governo.
- Tolamente, você alega que estudou em uma universidade da *Ivy League* (as mais importantes faculdades dos EUA), e alguém aponta sua mentira.
- Alguém acusa você de enviar *spam* a todos os seus clientes.

Nenhum desses problemas é grande o suficiente para afetar sua MP ou seu negócio, mas cada um deles pode causar danos se você deixar que ele saia do controle. Por isso é especialmente importante monitorar sua imagem no mercado e dar respostas rápidas a possíveis escândalos ou equívocos. Alguns passos cruciais para o controle de danos:

- Primeiro, determine se o problema já se tornou público ou não. Se ainda é privado, encontre-se com as partes envolvidas para resolver as coisas. Explique quaisquer equívocos e ofereça uma compensação se for apropriado.
- Se o problema já for público, converse com seu advogado sobre o que você deve dizer sem aumentar sua responsabilidade legal. Se tiver um agente publicitário, converse com ele para saber se você deve exigir uma retratação de um jornal, divulgar um comunicado à imprensa, ou dar uma entrevista coletiva.
- Se você tiver cometido um erro, reconheça sua responsabilidade e aja para corrigi-lo imediatamente.
- Não se esconda. Negar a responsabilidade só torna a situação pior.
- Desculpe-se o mais rápido possível, se você puder fazê-lo sem se colocar numa situação difícil perante a lei.

O outro fator que torna as crises de marca tão desafiadoras é que, graças à Internet e a tecnologia *wireless*, nós vivemos numa cultura em que as notícias chegam quase instantaneamente. Um vídeo de você dançando numa festa da empresa com uma toga improvisada e uma garrafa de Jack Daniels na mão pode ser visto por 100.000 pessoas no YouTube na manhã seguinte. Blogueiros podem espalhar boatos sobre você que milhares lerão (e acreditarão). Perfis antigos no *Orkut*, *Myspace*, *Facebook* ou *LinkedIn* podem voltar para assombrar você.

Sua postura básica deve ser: **cuidado**. Seja cauteloso e prudente. Presuma que, toda vez que você estiver em público, as promessas da sua marca devam ser cumpridas. Até comportamentos irreverentes bem-intencionados, quando vistos fora de contexto, podem causar danos. Mande alguém que entenda de computadores apagar qualquer coisa incriminadora do seu passado – fotos da faculdade, poemas ruins, tiradas políticas, vídeos. Não dê oportunidade para que concorrentes e membros da comunidade mal-intencionados tentem derrubar você. Lembre-se, você é sua MP agora. Você é uma pessoa pública. Você tem a responsabilidade de cumprir as promessas que fez.

ESTUDO DE CASO DE UMA MARCA

A marca: Reverendo Carlton Pearson.

Especialização: Herege pentecostal e pastor do Evangelho da Inclusão.

Local: Tulsa, Oklahoma (EUA).

Veículos: Sua Igreja New Dimensions, livros, televisão.

Destaques: Apareceu no programa *Dateline NBC* após ter perdido o sacerdócio.

On-line: www.gospelofinclusion.com, www.newdimensions.us

História: Poucas pessoas já voaram tão alto quanto Carlton D. Pearson, ou caíram de maneira tão rápida devido às suas próprias ações. Antes uma das estrelas de mais rápida ascensão no ramo pentecostal da igreja cristã, considerado por alguns o herdeiro negro do evangelista Oral Roberts, Pearson tinha tudo: uma enorme igreja com um vasto número de seguidores, um púlpito de onde proclamar sua mensagem para milhões, *status*, dinheiro e influência. Mas ele jogou tudo fora porque numa noite ele decidiu que não acreditava no inferno. O alvoroço destruiu sua igreja e sua carreira. Agora ele está se reinventando como o guardião de uma mensagem revolucionária: o Evangelho da Inclusão, que diz que todos os homens são salvos, não apenas os cristãos convictos. É tão polêmico como, bem, o inferno, e é o assunto do seu primeiro livro, *The Gospel of Inclusion* (*O Evangelho da Inclusão*).

Como tudo começou: "Os homens da minha família eram ou pastores ou condenados", diz Pearson. Um homem garboso e carismático, ele cresceu numa região de várias raças e credos em torno de San Diego, sendo ele parte de uma longa sucessão de pentecostalistas afro-americanos. Parecia predestinado a se tornar um pastor. E ele realmente seguiu aquele caminho: frequentando a Universidade Oral Roberts; criando as conferências Azusa, que combinavam música e pregação evangélica e atraíam dezenas de milhares de fieis; cativando o público com sua pregação hipnotizante. Sua estrela parecia impossível de ser detida.

Então veio a noite em os telejornais mostravam mulheres e crianças famintas fazendo o caminho de volta a Ruanda, enquanto Pearson jantava e assistia tudo na sua televisão de tela grande. "Eu disse, 'Senhor, eu não posso acreditar que você deixaria essas pessoas sofrerem dessa maneira, para depois simplesmente arrastá-las para o inferno'", ele diz. "E eu ouvi uma voz dizendo a mim, 'É isso que você acha que estamos fazendo? Você não vê que eles já estão lá?'" Esse foi o começo de uma revelação que iria destruir suas crenças, seus sermões e sua carreira, e que lhe custou seu sustento e quase acabou com o seu casamento: o inferno é um lugar na Terra. Não existe um eterno abismo de fogo. Todos são redimidos perante Cristo, e a religião é o problema, não a solução.

Você pode imaginar o que aconteceu naquela conservadora comunidade pentecostal quando Pearson começou a pregar essa mensagem: "Fui tido como um herege. Costumava receber 4.000 pessoas nas minhas cerimônias, e em poucos meses fiquei com apenas 300." Resumindo, ele perdeu tudo. Até Oral Roberts, seu pai branco, o condenou. Ironicamente, um dos poucos seguimentos da comunidade que o aceitaram foi o grupo que sua fé conservadora havia sempre afrontado: *gays*, lésbicas, pessoas com AIDS e transexuais. Eles deram-lhe esperança e ajudaram-no a ressuscitar sua carreira como revolucionário religioso.

O que esta marca representa:

- **Coragem** – Quantas pessoas, ao passarem por uma experiência espiritual avassaladora como a de Pearson, teriam desistido das suas lucrativas carreiras e potencialmente arruinado suas vidas para seguir suas convicções? Poucas, eu diria. Mas Pearson fez exatamente isso, ganhando o respeito de um número de pessoas quase comparável ao daquelas que hoje o consideram um emissário do diabo. O drama da sua história acabou gerando cobertura nos programas *This American Life*, *Dateline* e *20/20* da ABC, entre outros. A HBO comprou os direitos da sua história. "Eu não poderia ter feito as coisas de nenhuma outra maneira", ele diz. "Deus falou comigo por um motivo; eu não conseguiria negar isso."

- **Visão** – O Evangelho da Inclusão de Pearson contempla um mundo onde toda a humanidade terá abandonado a ansiedade e o medo que vêm da crença em um Deus maligno que condena a maior parte da Sua criação ao inferno; um mundo onde as religiões agem como forças unificadoras ao invés de portadoras de dogmas autoritários; um mundo onde as pessoas buscam a paz. "As religiões do mundo não se ocupam com a construção de pontes até Deus ou nossos semelhantes, mas com a dominação das pessoas através do medo", ele afirma. "A partir do momento em que as pessoas passarem a viver na consciência de Cristo, com o conhecimento de que todos sempre estiveram não somente salvos mas a salvo, tudo mudará."

- **Revolução** – Ele sabe que tem uma árdua batalha pela frente, tendo sido condenado por praticamente todos os grandes líderes pentecostais e evangélicos dos EUA. Na verdade, ele vê isso como um sinal positivo. "Primeiro eles ignoram você, depois riem de você, depois lutam contra você, e então você vence", ele diz, citando Arun Ghandi, neto de Mahatma. "Eu acredito nisso. Quero ser parte do que eu vejo como um movimento significativo na história. Tudo começa com um homem muitas vezes modesto, e depois se torna um movimento. Com o tempo, construímos um monumento para comemorar como as coisas mudaram. Estamos hoje no estágio do movimento."

> **Fator-chave:** Livros. Seu primeiro livro, *The Gospel of Inclusion*, foi lançado em abril de 2008. O próximo, provocativamente chamado *God Is Not a Christian* (*Deus não é Cristão*), promete causar ainda mais irritação. Mas os livros são tangenciais à sua verdadeira missão: **transformar corações e mentes.** "Estou na segunda metade da minha vida e sei o que estou aqui para fazer", ele diz. "Se tenho uma marca para criar e administrar, essa marca está a serviço dessa mensagem. Não posso imaginar nada mais importante."
>
> ***Insights:*** "Saiba que você pode ter que pagar caro se quiser uma marca mais alinhada às suas paixões do que ao pensamento convencional", ele explica. "Eu escolhi escutar e seguir a voz que falou a mim, reavaliando tudo o que eu era e tudo o que eu fazia. Isso me custou muito, mas não tenho arrependimentos. Há um motivo para as pessoas falarem das chamas da paixão: a **paixão arde**. A jornada de Cristo até a cruz é chamada de 'A Paixão de Cristo' porque a paixão pode doer, e normalmente dói. Mas se sua paixão vale a pena, você resistirá. Tenho uma vida melhor agora do que poderia ter se meus olhos tivessem continuado fechados, porque agora vejo a verdade. Esse despertar é a minha libertação, feliz e sagrada."

A CONSISTÊNCIA DE UMA MARCA

A consistência do seu cronograma e da sua mensagem é crítica para o crescimento sadio da sua MP. Os clientes em potencial precisam ver os mesmos recursos visuais, os mesmos pontos de valor e as mesmas mensagens emocionais repetidamente antes que estes causem uma impressão perceptível. Se você mudar sua mensagem caprichosamente, enviar malas diretas quando tiver vontade e aparecer em coquetéis de *networking* quando lhe der na telha, você será visto como um amador.

Aqui estão algumas dicas para manter o *marketing* da sua marca consistente:

- Sempre verifique se sua mensagem mais recente condiz com sua declaração de especialização.
- Siga seu cronograma de promoção à risca.
- Atualize o conteúdo do seu *site* pelo menos mensalmente.
- Use seu logotipo em todos os lugares.
- Treine seu pessoal para apoiar os valores da sua MP.
- Ignore modismos.

- Ignore as ações da concorrência.
- Dê ao seu *marketing* 12 meses para gerar resultados antes de pensar na possibilidade de mudar a redação ou o *design*.
- Reúna uma equipe competente de profissionais independentes – escritores, desenvolvedores *Web*, tipógrafos e outros profissionais do gênero – e os utilize para tudo.

SEJA SUA MARCA

Finalmente, promover sua MP não é suficiente. Você tem que vivê-la. Por isso é tão importante escolher uma marca que reflita quem você é e o que realmente lhe interessa. Se sua MP reflete suas verdadeiras paixões, estilo de vida e personalidade, ela será facilmente construída. Você se divertirá e consequentemente fará um melhor trabalho.

Se sua MP diz que você corre maratonas, corra maratonas. Se ela diz às pessoas que você é um verdadeiro fã de *jazz*, saiba a diferença entre Stan Kenton e Dave Brubeck. **Seja sua marca.** Torne esse processo infalível, construindo sua marca com base naquilo que você faz bem, naquilo que você ama e na maneira que você vive, incluindo seus defeitos e fraquezas. Dessa maneira, você não precisa mudar nada. **Agora vá e fique rico.**

A ESTA ALTURA VOCÊ DEVE ESTAR...

- Fazendo *networking* como um louco.
- Administrando uma rede de pelo menos quatro parceiros de recomendações profissionais.
- Vendo sua renda aumentar.
- Vendo sua empresa aparecer mais frequentemente em buscas na Internet.
- Recebendo elogios pelos seus métodos de atendimento.
- Recuperando-se do seu primeiro evento especial bem-sucedido.

RECURSOS ÚTEIS

Caveat emptor (tenha cuidado, comprador). Reunimos esta biblioteca de recursos com base em nossas próprias experiências e em recomendações de clientes, mas não pesquisamos cada um deles minuciosamente, e por isso não os endossamos. Como com todas as coisas, utilize-a com os olhos abertos.

Informações
- AllExperts.com
- Business.gov
- BusinessAdviceDaily.com
- BusinessNetworkingAdvice.com
- BusinessTown.com
- Businessweek.com
- Entrepreneur.com/marketing
- Inc.com
- *On-line Business Advisor* – Onlinebusinessadv.com

Necessidades e serviços de negócios
- AllBusiness.com
- Cbiz.com
- Expectsolutions.com (consultoria de design para escritórios)
- Finewaters.com (água mineral com o nome da sua companhia na garrafa)
- Greatland.com
- Officedepot.com
- Officemax.com
- Officescapesdirect.com
- OfficeWorld.com
- Quill.com
- Score.org
- *Small Business Service Bureau* – sbsb.com
- Staples.com

Soluções de CRM
- Clpsuite.com
- Legrandcrm.com
- *Microsoft Dynamics CRM*
- Salesforce.com
- Shoestringcrm.com

Profissionais Freelance (*designers*, redatores)
- BizReef.com
- Craigslist.org
- Elance.com

- Getafreelancer.com
- Guru.com
- ifreelance.com
- Odesk.com
- Project4hire.com

Presentes
- 1800flowers.com
- BirthdayChocolates.com
- Cardstore.com
- CookiesByDesign.com
- Giftcards.com
- Giftcertificates.com
- GiftTree.com
- Harryanddavid.com
- Hersheysgift.com
- Omahasteaks.com
- Proflowers.com
- Shop.mms.com
- Starbucks.com

Serviços postais
- *Direct Marketing Association* – the-dma.org
- Directmail.com
- DirectMailQuotes.com
- FedEx.com
- PostcardMania.com
- SonicPrint.com
- *TFC Marketing Support Services* – tfcinc.com
- Usps.com/directmail

Fotógrafos
- Asmp.org/findaphotographer
- Photographers.com
- PhotographyPros.com
- Respond.com

Impressão
- Areaprinting.com
- GotPrint.com
- iPrint.com
- OvernightPrints.com
- PrintDirect.com
- PSPrint.com
- Uprinting.com
- VistaPrint.com

Pesquisa
- Business.com
- DemographicsNow.com
- HighBeam.com
- Hoovers.com
- MarketResearch.com
- NicheBOT.com
- Nichemarketresearch.com
- QuestionPro.com
- ResearchInfo.com
- SurveyMethods.com
- Wikipedia.org

Placas e letreiros
- AccentSignage.com
- BuildASign.com

- FastSigns.com
- *Signsnow* – standoutinacrowdedworld.com

Assistentes virtuais
- CallRuby.com
- IntelligentOffice.com
- IVAA.org
- PersonalFriday.com

Desenvolvedores *Web / Marketing On-line*
- ConstantContact.com
- DesignFirms.org
- Dice.com
- EmailLabs.com
- FindMyHost.com
- FindMyHosting.com
- GoDaddy.com
- ImnInc.com
- MailerMailer.com
- Mailworkz.com
- NetworkSolutions.com
- PRWeb.com
- Topica.com
- Web-development.com
- WebDesignFinders.net
- WebHero.com
- Xemion.com

ÍNDICE REMISSIVO

A

A (clientes), clientes
ideais *35–36, 41–42*
Acompanhamento
    cartões postais *145–146*
    networking e recomendações *198*
    recomendações *82*
Acordos, recomendações *80–81*
Afinidade como resposta
à marca *20–21*
Ano. *Ver* Plano de Um Ano (PdUA)
Apoio de marketing,
recomendações *190*
Apple *260*
Artigos e releases *171–172*
As 22 Consagradas Leis do
Marketing (Ries) *125*
Assistente Pessoal *252*
Assistentes virtuais,
recursos úteis *271*
Atendimento ao cliente,
recomendações *190*
Atendimento ao cliente
(satisfação) *97–109*
    cirurgia de marca no paciente:
equilibrando o pessoal e
o profissional *103*
coisas que você pode fazer em
uma semana *100–101*
coisas que você pode fazer
em um mês *107*
coisas que você pode fazer hoje *98*
desenvolver um plano de atendimento
ao cliente *98–99*
estudo de caso: Daniel Will-
Harris *104–106*
faça mais do que o
esperado *103–104*
melhoria contínua *109*
princípios *106–107*
prometa menos do que é
capaz *103–104*
recuperando-se de
reclamações *108–109*
saiba o que os clientes
querem *101–102*
segredos para criar *98–104*
Atributo-chefe *131, 237–238*
Autenticidade *29*
Avaliação, recomendações *81*

B

Bach, David, estudo de caso *9–11*
Banda larga *154*
Banners *161*
Bateson, Gregory *6*
B (clientes) *35, 40*
Benefícios fundamentais *43–45*
Blitz de Seis Semanas *144–145*
Blogs *163*
Bly, Robert *65*
Buzz marketing *68, 238*

C

Cadillac Escalade *18*
Calendário, desenvolvimento de marca *242–246, 249–250*
Call to Action (Eisenberg) *18*
Calvin Klein, Marca *64*
Campanha de 12 meses *144*
Campanhas cronometradas, cartões postais *145*
Capa e layout, folders *133–134*
Carrinho de compras *154*
Carson, Ron *32*
Cartões de visitas *113–114, 127*
Cartões postais *139–146*
    coisas que você pode fazer em um mês *143. Ver também* Folders
    design *139*
    elementos essenciais *140–141*
    impressão *142*
    mala direta *143–144*
    meios de resposta *141–142*
    PdUA *239–240*
    redação *140–141*
    tamanho de *139*
    uso ideal de *144–146*
Catálogos on-line de empresas locais *207, 218*
C (clientes) *35, 40*
Cirurgia de marca
    equilibrando o pessoal e o profissional *103*
    folders *138–139*
    logotipo *117–118*
    manutenção da sua marca *258*
    networking *196*
    orçamento *27–28*
    PdUA *234, 245*
    publicidade *214*
    relacionamentos profissionais e especialização *61*
    relações públicas (RP) *171*
    site *155*
    vendas e marketing *34*
Clareza, como segredo para uma marca de sucesso *26*
Cláusulas de escape, recomendações *190*
Cláusulas de renovação, recomendações *190*
Clientes em potencial *7. Ver*

também Clientes ideais

Clientes ideais *31–45*
   ações para dobrar a renda *32, 34*
   benefícios fundamentais *43–45*
   cirurgia de marca: vendas
      e marketing *34*
   clientes da lista A, clientes
      ideais *35–36, 40–41*
   clientes da lista B, clientes
      ideais *35, 40*
   clientes da lista C, clientes
      ideais *35, 40*
   coisas que você pode fazer em
      uma semana *36*
   coisas que você pode fazer
      em um mês *42*
   coisas que você pode fazer hoje *32*
   como cruciais *33–34*
   estudo de caso: Wyland *37–40*
   identificação *35–36*
   marca melhor *33–35*
   menos, e de mais qualidade *8–11*
   pré-qualificação como benefício
      da especialização *50*
   renda *31–32*
   tornando-se exclusivo *36, 43*

Coisas que você pode fazer
  em uma semana
   clientes, atraindo e mantendo
      bons *36–37*
   dando satisfação ao cliente *100–109*
   especialização *59*
   folders *134*
   identidade de marca *120*
   manutenção da sua marca *260*
   networking *191*
   PdUA *231–232, 246*
   processo de criação de Marcas
      Pessoais *22*
   publicidade *208–209*
   razões para Marca Pessoal *7*
   relações públicas (RP) *177*
   sites *153*
   veículos de promoção *77*

Coisas que você pode fazer em um mês
   cartões postais *143*
   clientes, atraindo e mantendo
      bons *42*
   dando satisfação ao cliente *107*
   especialização *64*
   identidade de marca *126*
   manutenção da sua marca *262*
   networking *199*
   PdUA *238*
   processo de criação de Marcas
      Pessoais *23–24*
   publicidade *217*
   razões para Marca Pessoal *14*
   relações públicas (RP) *180–181*
   sites *162*
   veículos de promoção *90*

Coisas que você pode fazer hoje

clientes, atraindo e mantendo bons *32*
dando satisfação ao cliente *98*
especialização *51*
folders *131*
identidade de marca *115*
manutenção da sua marca *256*
networking *186–187*
PdUA *227–228, 242*
processo de criação de Marcas Pessoais *18–19*
publicidade *206*
razões para Marca Pessoal *4*
relações públicas (RP) *170*
sites *149*
veículos de promoção *71*
Coluna, escrevendo sua própria coluna *178–179*
Come Away with Me (disco) *28*
Comitê consultivo de clientes *102*
Como funciona. *Ver* Processo de criação de Marcas Pessoais
Compromisso com a marca *15*
Comunicação *257*
Conexões discadas *162*
Conforto, nível de *7, 19–20*
Consistência *27, 267–268*
Constant Contact *165–166*
Contato, no site *151*
Cores no logotipo *124–125*
Correspondências. *Ver* Mala direta

Cramer, Jim *63*
Credibilidade *139, 148*
Crise de Marca *263–264*
CRM, gestão de relacionamento com o cliente *258–259, 269*
Cronograma de Promoção *242–245, 249–253*
Custos, com clientes ideais *43*

D

Declaração de especialização *61–62, 236–237*
Design
   cartões postais *139*
   folders *130–135*
   site *156*
Designer gráfico *114, 121, 124, 126–127*
Diferenciação, como benefício da especialização *50*
Diluição, como erro de especialização *64*
Direito de preferência, recomendações *190*
Diversificação, como erro de especialização *63*
DKNY *114*
Download *154*

E

Eisenberg, Bryan *18*

E-mail *151, 164–165, 247*
Ênfase nos pontos fortes, como benefício da especialização *50*
Entendimento como resposta à marca *21*
Entendimento por parte do cliente, como benefício da especialização *50*
Entregar serviço melhor que o prometido *103–104*
Equipe de resposta (recomendações) *191*
Erros *62–64, 108–109*
Especialização
   aprimorando *65*
   atrair e manter bons clientes *8–9*
   benefícios da *50–51*
   cirurgia de marca: relacionamentos profissionais *61*
   coisas que você pode fazer em uma semana *59*
   coisas que você pode fazer em um mês *64*
   coisas que você pode fazer hoje *51*
   como chave para uma marca vencedora *27*
   controle de percepção de marcas pessoais *6–7*
   declaração de especialização *61–62, 236–237*
   erros *62–65, 108–109*
   estudo de caso: Dr. Laura Schlessinger *56–57*
   identificar mercado-alvo *53–59*
   importância da *49–50*
   passos da *53–61*
   planejar serviços para o cliente ideal *59–60*
   reinventar modelo de negócios *60–61*
   riscos da *52–53*
Estabelecimento do status de especialista *178–180. Ver também* Especialização
Estilo de vida, com clientes ideais *44*
Estudos de Caso
   Carlton Pearson *265–267*
   Daniel Will-Harris *104–106*
   David Bach *9–12*
   David Riley *210–211*
   Dra. Laura Schlessinger *56–57*
   Kathy Kaehler *247–249*
   Kendra Todd *157–160*
   Marty Rodriguez *122–124*
   Melissa Rivers *173–175*
   Mike Parker *82–84*
   Shiva Rea *192–194*
   Todd Walkow *136–137*
   Tony Little *224–226*
   Wally Amos *24–26*
   Wyland *37–40*
Eventos especiais, veículos de promoção *90–91, 239*

Every Day (revista) *63*
Exclusivos, veículos de promoção *68*
Expectativas dos
　consumidores *5, 103–104*

F

Fácil localização, nome da
　companhia para *115*
Feiras de negócios, veículos de
　promoção *93–94, 239*
Finanças *43–45, 226–231*
Flash *154*
Folders *129–138*
　atributo-chefe *131*
　capa e layout *133–134*
　cirurgia de marca *138–139*
　coisas que você pode fazer em
　　uma semana *134*
　coisas que você pode fazer hoje *131*
　criação de confiança *130*
　criando afinidade com *132*
　design *130–135*
　envio de cópias *202*
　estudo de caso: Todd
　　Walkow *136–137*
　fotografias *134*
　história pessoal *133*
　impressão *138–139*
　layout *133–134*
　para interessar o cliente ideal *59–60*
　redação *132–133*
　sua história *132–133*
　tamanho de *135*
　usos ideiais para *137–138*
Folders e Postais Pessoais.
　Ver Folders; Cartões Postais
Fonte com serifa para
　logotipo *125–126*
Fonte para logotipos *125–126*
Fontes sem serifa para
　logotipo *125–126*
Fotografias em folders *134*
Fotógrafo, recursos úteis *270*
Freedemographics.com *54*
Future Now *18*

G

Gerente de atendimento
　ao cliente *252*
Gerente de Escritório *252*
Gerente de marca *251*
Gestalt *21*
Google Adwords *160*
Google Calendar *244*
Google Maps *161, 218*
Gratificações, recomendações *190*

H

Habilidade vs. visibilidade *29–30*
História pessoal em folders *131–132*
Hoje. *Ver* Coisas que você
　pode fazer hoje

Homepage, no site *150*
Homes and Land *213*
Horas trabalhadas, com clientes ideais *43*
Hospedagem *154*

I

Ícone *114, 121*
Ícone gráfico *114, 121*
Ideais, clientes. *Ver* Clientes ideais
Identidade de Marca *113–127*
    cartão de visita *113–114, 127*
    cirurgia de marca: logotipo *117–118*
    coisas que você pode fazer em uma semana *120*
    coisas que você pode fazer em um mês *126*
    coisas que você pode fazer hoje *115*
    estudo de caso: Marty Rodriguez *122–124*
    ícone gráfico *114, 121–122*
    logotipo *114, 117–127, 124–126*
    nome da sua companhia *114, 115–116*
    parcerias *118*
    sistema de materiais *127*
    slogan *114, 119–120*
Impressão *15, 138–139, 142*
Impressão, recursos úteis *270*
Incentivos, recomendações *190*
Inclusivos, veículos de promoção *67*

Informações, recursos úteis *269*
Interface do usuário *154*
Internet, como veículo de promoção *73–74, 239.* *Ver também* Site
ISP *154*

J

João de Ferro (Bly) *65*
Jobs, Steve *260*
Jones, Norah *28*

L

Lance seu Plano de Um Ano (PdUA) *241–253*
Largura de banda *154*
Layout de folders *133–134*
Letreiros como publicidade externa *76–77, 207, 215–217, 239*
Lifestyle Market Analyst *54*
Ligações "quentes" *92, 145*
Limiar de decisão como resposta à marca *21*
Link *154*
Lista de produtos, no site *151*
Logotipo *114, 117–118, 124–126*

M

Mad Money (programa de TV) *63*
Mala direta
    como veículo *71–72, 139–141*

e-mail *164-165, 247*
recomendações *201-202*. Ver
 também Folders, Cartões Postais
Recursos de serviços postais *270*
Mantendo e defendendo uma
 Marca Pessoal *255-268*
   adaptando-se rapidamente *260-262*
   cirurgia de marca *258*
   coisas que você pode fazer em
    uma semana *260*
   coisas que você pode fazer
    em um mês *262*
   coisas que você pode fazer hoje *256*
   comunicação *257*
   consistência *267-268*
   crise de marca *263-264*
   estudo de caso: Carlton
    Pearson *265-267*
   gestão de relacionamento com o
    cliente (CRM) *258-259*
   mantendo-se atualizado *256-257*
   seja sua marca *268*
Manual de Marca *246-247*
Marca, identidade de.
 Ver Identidade de Marca
Marca Pessoal
   atrair e manter bons clientes *31-45*
   criação de estratégia de
    marca *223-240*
   definição *4-6*

especialização *49-66*
folder e cartão postal *129-146*
identidade de marca *113-127*
mantendo e defendendo *255-268*
networking e recomendações *185-203*
nomeando o negócio *11, 115-116*
PdUA *223-240*
processo de criação de Marcas
 Pessoais *17-30*
publicidade *205-220*
razões para *3-16*
recursos online *269-271*
recursos úteis *269-271*
relações públicas (RP) *167-184*
satisfação ao cliente, dando *97-109*
site *147-166*
veículos para *67-96*
Marcas irracionais *15*
Marketing online, recursos úteis *271*
Marketresearch.com *54*
Medo, e foco no cliente ideal *33-34*
Meios de resposta *141-142*
Melhoria contínua, dando
 satisfação ao cliente *109*
Memorável, nome da
 companhia como *115*
Mercado-alvo *52-58, 235-236*
Mês. *Ver* Coisas que você
 pode fazer em um mês

Métodos de contato,
  recomendações *190*
Modelo de negócios,
  reinventado *60–61*
Mude quando as necessidades
  mudarem, e especialização *65*

N

Necessidades emocionais, e
  especialização *65*
Networking *185–203*
  benefícios de *186*
  cirurgia de marca *196*
  coisas que você pode fazer em
    uma semana *191*
  coisas que você pode fazer
    em um mês *199*
  coisas que você pode fazer
    hoje *186–187*
  estudo de caso: Shiva Rea *192–194*
  formal *186–188*
  informal *186, 194–195*
  involvendo-se *197*
  networking inteligente *197–199*
  recomendações. *Ver* Recomendações
  rede de recomendações profissionais
    (RRP) *188–190*
Networking formal *186, 187–188*
Networking informal *186, 194–195*
Networking inteligente *197–199*

Networking, veículos de
  promoção *75–76, 239*
Newsletters *165–166*
Nome da compania
  identidade de marca *11, 115–117*
  sites *151*
Nomes
  para a companhia *11, 114–116*
  sites *151*
Novidade, e especialização *65*

O

Objetivos
  da publicidade *207*
  razões para Marca Pessoal *6–7*
  sites *149–150*
Oportunidades de negócios *81,
  148*. *Ver também* Clientes
  ideais, Recomendações
Orçamento de lançamento
  da marca *228*
Orçamento de retenção de
  clientes *229–231*
Orçamento, Plano de Um
  Ano (PdUA) *226–231*
Otimização dos mecanismos
  de busca (SEO) *160*

P

Páginas amarelas, anúncios *79,
  205, 209, 211, 218*

Parcerias, e especialização 65
Parcerias e identidade de marca 118
Parker, Mike 82-84
Parques temáticos de
    Walt Disney 104
Patrocínios 91-92, 207, 219-220
PDF 154
PdUA. *Ver* Plano de Um Ano (PdUA)
Percepção 6-7, 232-234
Perícia pressuposta, como benefício
    da especialização 50
Personalidade (atributo-
    chefe) 237-238
Pesquisa de mercado 101-102
Pessoal 251-253
Pessoal, página no site 151
Placas e letreiros, recursos
    úteis 270-271
Plano. *Ver* Plano de Um Ano (PdUA)
Plano de atendimento ao
    cliente 97-98
Plano de Um Ano (PdUA) 223-240
    atributo-chefe 237-238
    avise seus clientes atuais 251
    cirurgia de marca 234, 245
    coisas que você pode fazer em
        uma semana 231, 246
    coisas que você pode fazer
        em um mês 238
    coisas que você pode fazer
        hoje 227-228, 242

    construindo sua marca
        pessoal 234-238
    cronograma de promoção 242-
        244, 249-250
    declaração de especialização 61-
        62, 236-237
    definição 223-224
    estudos de caso
        Kathy Kaehler 247-249
        Tony Little 224-226
    manual de marca 246-247
    mercado-alvo, escolha 235-236
    orçamento 226-231
    percepção 232-234
    primeiros 30 dias 249-250
    quadro de funcionários 251-252
    Regra de Cinco 239-240
    veículos de promoção 238-240
Pontos de venda, veículos de
    promoção 77-78, 239-240
Prazer, com clientes ideais 44
Pré-qualificação de clientes, como
    benefício da especialização 50
Presentes, recursos úteis 270
Primeiros 30 dias do Plano de
    Um Ano (PdUA) 249-250
Processo de criação de Marcas
    Pessoais 17-30
    autenticidade 29
    cirurgia de marca: orçamento 27-28

coisas que você pode fazer em
uma semana *22*
coisas que você pode fazer em
um mês *23–24*
coisas que você pode fazer hoje *18–19*
conforto, fazendo negócios
com *19–20*
estudo de caso: Wally Amos *24–26*
programa de oito passos *22–23*
resposta à marca *20–21*
segredos para uma marca
vencedora *26–27*
visibilidade vs. habilidade *29–30*
Profissionais Freelance,
recursos úteis *269*
Programação, site *156*
Programa de oito passos para
marcas pessoais *22–23*
Promessa, Marca Pessoal como *5*
Prometer menos do que
é capaz *103–104*
Publicações impressas *171–177*
Publicações, veículos de
promoção *86, 239*
Publicidade *205–220*
catálogos on-line de empresas
locais *207, 218*
catálogo telefônico *207, 209*
cirurgia de marca *214*
coisas que você pode fazer em
uma semana *208*

coisas que você pode fazer
em um mês *217*
coisas que você pode fazer hoje *206*
estudo de caso: David Riley *210–211*
jornais e revistas *207, 211–215*
objetivos *207*
patrocínios *91, 207, 219–220*
rádio *87, 181–182, 208, 239*
televisão *208*
veículos de publicidade externa *76–77, 207, 215–217, 239*
veículos de publicidade
interna *72–73, 239*
Publicidade em catálogos
telefônicos *79, 205, 207, 209, 211, 218*
Publicidade em jornais e
revistas *207, 211–215*
Publicidade externa *76–77, 207, 215–218, 239*
Publicidade impressa, veículos
de promoção *78–79*
Publicidade interna, veículos
de promoção *72–73, 239*
Publicidade televisiva *92–93, 208, 239*

R

Rádio *87, 181–182, 208, 239*
Randi, James "O Incrível" *63*
Ray, Rachel *62–63*

Razões para a Marca Pessoal *3–16*
   atrair e manter bons clientes *8–12*
   cirurgia de marca: a marca da
      sua companhia *9*
   coisas que você pode fazer
      em uma semana *7*
   coisas que você pode fazer
      em um mês *14*
   coisas que você pode fazer hoje *4*
   compromisso a marcas *15*
   crescimento orgânico *15*
   efeitos da marca *15*
   estudo de caso: David Bach *9–12*
   Marca Pessoal, definição *4–6*
   marcas irracionais *15*
   menos, e de maior qualidade *8–11*
   objetivos *3–4*
   tempo para criação de marcas *14*
   tudo é desenvolvimento de
      marca *12–13*
Rea, Shiva *192–194*
Reclamações contra o atendimento,
   recuperando-se de *108–109*
Recomendação profissional, veículos
   de promoção *80–82, 239*
Recomendações
   atendimento ao cliente,
      recomendações *190*
   construção de um sistema *201–203*
   de clientes ideais *43*
   nome da companhia para *115–116*
   pedido *200–201*
   pessoais *200*
   profissionais *80–82, 239*
   rede de recomendações profissionais
      (RRP) *188–190*
   veículos *69–70, 238–240*
Recomendações pessoais *200*
Reconhecimento como
   resposta à marca *20*
Recursos extras para sites *152–153*
Recursos úteis *269–271*
Redação e conteúdo
   cartões postais *140–141*
   coluna, escrevendo sua
      própria *178–179*
   folders *131–134*
   site *156*
Rede de recomendações
   profissionais (RRP) *188–190*
Registered Rep *33*
Regra de Cinco, veículos de
   promoção *95, 239–240*
Relacionamentos *5–6, 148*
Relações Públicas (RPs)
   cirurgia de marca *171*
   coisas você pode fazer em
      uma semana *177*
   coisas que você pode fazer em
      um mês *180–181*
   coisas que você pode fazer hoje *170*
   definição *167–168*

envolvimento com a
    comunidade   *182–184*
estabelecimento do status de
    especialista   *178–180*
estudo de caso: Melissa
    Rivers   *173–175*
importância de   *168–169*
passos básicos   *170–171*
publicações impressas   *171–177*
rádio   *181–182*
releases e artigos   *171–177*
sua própria coluna   *178*
tipos de   *171–177*
veículos para   *84–85, 239*
Releases e artigos   *171–177*
Renda, aumento   *31–33*
Renda, com clientes ideais   *43*
Resposta à marca   *20–21*
Reuniões, recomendações   *81*
Ries, Al e Laura   *125*
Riscos da especialização   *52–53*
Rivers, Melissa   *173–175*
Rodriguez, Marty   *122–124*
RP. *Ver* Relações Públicas (RPs)
RRP (rede de recomendações
  profissionais)   *188–190*

S

Santa Barbara Independent   *212*
Schlessinger, Dra. Laura   *56–57*
Seja sua marca   *268*
Semana. *Ver* Coisas que você
    pode fazer em uma semana
Seminários, como veículo de
    promoção   *87–89, 239*
Seminários privados, veículos
    de promoção   *87–89, 239*
Seminários públicos, veículos
    de promoção   *89–90, 239*
SEO (otimização dos mecanismos
    de busca)   *160*
Serviço de desenvolvimento
    Web, sites   *155–156*
Serviços (lista), no site   *151*
Serviços para negócios, recursos
    úteis   *269, 269–270*
Serviços Postais, recursos úteis   *270*
Servidor   *154*
Sinergia, veículos de
    promoção   *95–96*
Site   *147–166*
    atraia tráfego ao   *160–161*
    blogs   *163*
    cirurgia de marca: site   *155*
    coisas que você pode fazer em
        uma semana   *153–154*
    coisas que você pode fazer em
        um mês   *162–163*
    coisas que você pode fazer hoje   *149*
    como veículo de promoção   *73–74*
    desenvolvedores Web,
        recursos úteis   *271*

design 156
e-mail 151, 164–165, 247
estudo de caso: Kendra Todd 157–160
Internet, como veículo de
    promoção 73–74, 239
mala direta eletrônica 164–165
marketing online, recursos úteis 271
newsletters 165–166
objetivos do 149–150
páginas essenciais 150
PdUA 239–240
razões para 148
recomendações 192
recursos extras 152–153
recursos úteis de 269–271
serviços de desenvolvimento
    Web 155–156
terminologia 153–154
Slogan 114, 119–120
Sua história em folders 131–134

T

Tamanho
    de cartões postais 139
    de folders 135
    de logotipos 126
Tarifas, com clientes ideais 43
Taxa de transferência 154
Telemarketing, veículos de
    promoção 92, 239
Tempo

ano. *Ver* Plano de Um Ano (PdUA)
hoje. *Ver* Coisas que você
    pode fazer hoje
mês. *Ver* Coisas que você pode
    fazer em um mês
para a criação de uma marca 14
semana. *Ver* Coisas que você pode
    fazer em uma semana
Terminologia para sites 153–154
Todd, Kendra 157–160
Tráfego, na Internet 155
Tudo é desenvolvimento
    de marca 12–13

U

URL 155
USA Today 7
Uso ideal dos folders/
    postais 137–138, 144–146

V

Vantagem do pioneiro 65
Veículos. *Ver* Veículos e
    ferramentas de promoção
Veículos e ferramentas de
    promoção 67–96
    buzz marketing 68, 238
    coisas que você pode fazer em
        uma semana 77
    coisas que você pode fazer
        em um mês 90

coisas que você pode fazer hoje *71*
estudo de caso: Mike Parker *82–84*
eventos especiais *90–91, 239*
feiras de negócios *93–94, 239*
inclusivos e exclusivos *67–68*
internet *73–74, 239*
mala direta *71–72, 239*
networking *75–76, 239*
patrocínios *91, 207, 219–220*
PdUA *238–240*
pontos de venda *77–78, 239*
publicações *86, 239*
publicidade externa *76*
publicidade impressa *78–79, 239*
publicidade interna *72–73, 239*
publicidade no rádio *87, 239*
publicidade televisiva *92–93, 239*
recomendações *69–70, 80–82, 238*
recomendações profissionais *80–82, 188–192, 239*
Regra de Cinco *95*
relações públicas (RP) *84–85, 239*
seminários *87–90, 239*

seminários privados *87–88, 239*
seminários públicos *89, 239*
sinergia *95–96*
telemarketing *92, 239*
visitas *68–69, 238*
Vendendo seu negócio, e clientes ideais *44*
Visibilidade vs. habilidade *29–30*
Visitas *68–69, 238*
Você, Marca Pessoal como *4–5*

W

Walkow, Todd *136–137*
Wieden + Kennedy *15*
Wi-Fi *155*
Will-Harris, Daniel *104–106*
Winfrey, Oprah *11, 14*
Wozniak, Steve *260*
Wyland *37–40*

Y

Yahoo! Calendar *244*

SOBRE OS AUTORES

Peter Montoya é um renomado palestrante, instrutor e especialista em mídia e comunicação de marcas pessoais. Ele é amplamente conhecido como o mais proeminente professor do tema, discutindo o conceito, o potencial e a aplicação de marcas pessoais para a transformação de práticas profissionais independentes em bem-sucedidos negócios, que proporcionam lucro, realização profissional e um fluxo autossustentável de excelentes clientes.

Peter já divertiu e educou mais de 100 mil profissionais e donos de negócios nos Estados Unidos e Canadá. Fez diversas aparições nas emissoras Fox News, MSNBC, CNN e ABC, e recebeu destaque na mídia impressa e eletrônica, incluindo o *USA Today*, o *Los Angeles Times*, o *Chicago Tribune*, o *New York Newsday*, a BBC, a AFP, a Reuters e a CBS Marketwatch.

Tim Vandehey é um experiente escritor, colaborador e editor independente, tendo escrito ou editado mais de 20 livros de não-ficção.

SOBRE OS AUTORES

Peter Montoya é um renomado palestrante, instrutor e especialista em mídia e comunicação de marcas pessoais. Ele é empresário e conhecido como o mais proeminente professor do tema, discutindo o conceito do material e a aplicação de marcas pessoais para a transformação de crenças pro-fissionais [indivíduos] em bem-sucedidos negócios, que alcançaram lucro negócios institucional e um alto volume e vertical de excelentes vendas.

Peter já aconselhou e educou mais de 100 mil profissionais e donos de negócios. Seus treinamentos e consultoria foi divulgado pelas principais revistas Inc, Selling, SUCCESS, CNN e ABC, e recebeu destaque em inúmeras imprensas e publicações incluindo o USA Today, o Los Angeles Times, o Chicago Tribune, o New York Newsday, a BBC, a ABC, a revista e a CBS MarketWatch.

Tom Vandehey é um executivo escritor, colaborador e editor internacional freelancer, contribuinte e editor de 20 livros de não ficção.